初期中国語訳聖書の系譜に関する研究

塩山正純 著

白帝社

序　文

関西大学外国語学部教授
内田慶市

近年，漢訳聖書関係の新しい資料の，しかも第一級レベルの発見が相次いでいる。一つは，モリソン訳聖書の元になったと言われているジャン・バセ(Jean Basset 白日昇 1662-1707) 訳の新約聖書稿本であり，もう一つは，徐宗澤編著『明清間耶蘇會士譯著提要』などには所在（上海徐河合蔵書楼と北堂）も明らかにされていたのにも関わらず，これまで誰の目にも触れることがなく，筆者もこの 30 年間追い求めてきた幻の聖書，ポアロ（Louis de Poirot 賀清泰 1735-1814）の手になる『古新聖経』である。前者はまた，ローマのカサナテンセ図書館蔵本以外にもケンブリッジ大学図書館蔵も見つかっており，モリソン訳聖書と直接つながるバセ訳稿本は都合 4 種類が揃ったことになる。こうした発見は，漢訳聖書研究をこれまでとは違った次元に導く可能性を秘めたものであり，研究者にとっては，誠に喜ばしいものである。

ところで，これまでの漢訳聖書の研究を眺めてみた場合，キリスト教史，あるいは文化交渉史，日本語訳聖書との関係といった方面からの研究は数多くあるが，その言語，特に中国語学の面から真正面から取り組んだ論考は極めて少数であり，たとえあったとしても，個別的，断片的であり，全面的に系統立てた研究はほとんど行なわれてこなかった。そこに風穴を開けたのがこの塩山君の論考である。

塩山君は，ディアスの『聖経直解』を手始めに，その後の 19 世紀末までの主要な（初期）漢訳聖書を全て読破し，その全語彙索引を作成するという気の遠くなるような基礎的作業を経て，漢訳聖書の語彙及び文体的特徴を明らかにし，それぞれの漢訳聖書の系統，その後の漢訳聖書への影響関係を明らかにした。特に，バセの『四史攸編』とそれ以前のディアスの『聖経直解』とそれ以降のモリソンの『神天聖書』の継承関係については，これまでも指摘されてきたことではあるが，４福音書部分の抄訳の割合が，「マタイの福音書」６６％，「マルコの福音書」１８％，「ルカの福音書」５３％，「ヨハネの福音書」９５％で，全体では６０％であり，４福音書の約６割の内容から再構成したものであることなど，ここまで詳細に両者を比較対照した研究はこれまでなかったことである。モリソンとマーシュマンの聖書の比較も同様であり，塩山君の研究によって，カトリック宣教師の手になる聖書とプロテスタント宣教師のそれとの継承・影響関係がはっきりと証明されたのである。

文体の研究についても，宣教師の学んだ中国語が一体いかなるものであったのかが，この論考によって明確にされることになった。各聖書に使用されている「虚詞」や「人称代名詞」の用法を詳細に検討し，その文体的特徴を明らかにしているが，「文白混交体」と称されるこの中国語こそ，実は当時の欧米人の学んだ中国語そのものであったと結論づけている。

漢訳聖書における「時間の表し方」の考察は，中国人の時の表現と，欧米人の時の表現の差異を論じたものであり，塩山君の研究が単なる言語だけはなく，その背景にある文化の問題をも視野に入れたものであることが窺えるものである。

『古新聖経問答』の重要性の指摘もまた彼の創見である。１９世紀後半のカトリック宣教師の手になるこの書物の語彙，語法の特徴を考察し，これが清代中・後期の北方口語を反映したものであるとする本研究によって中国語史研究に新しい資料が加えられたことになる。

いずれにせよ，本論考は，今後の漢訳聖書研究，中国近代語研究において，新しい一つの道を切り拓いたものであり，学界に裨益すること大であろうと確信している。

もちろん，本論考にも不足するものがないわけではない。たとえば，漢訳聖書の比較に際して使用する外国語聖書にヘブライ語聖書（すなわち原語）が含まれていないこと，あるいは，「文白混交体」の「鑑定語」の選択がいわゆる「通説」に頼りすぎていることである。前者は，特殊な言語ということで，致し方ない面もあるが，後者については，「通説を鵜呑みにせず」，氏独自の新しい「鑑定語」を策定するという試みがあってもよいと考えるものである。大胆過ぎても構わない。それが「学問研究」の根本であるからであり，塩山君の資質と学問への情熱があれば，これは十分可能であるはずである。

本書の上梓は彼の学問研究においては，一つの区切りでしかない。ここをまた新たな出発点として今後の一層の研鑽を期待するものである。

塩山君とは彼が学部入学以来の付き合いであり，特に，'98 年以降はほぼ毎年共にヨーロッパの図書館への資料探しの旅に出かけてきた。そしていつも新しい発見があった。これからも，心が震える発見を求めて旅は続くはずである。その門出を祝して。

2013 年 2 月吉日

前言
初期中国語訳聖書の系譜に関する研究

中国語訳聖書は，西洋人キリスト教宣教師の中国語研究の概要を知る上で有用な資料である。本書は，最初期の４つの中国語訳聖書を対象として，その翻訳における文体と語彙，そして文化の翻訳の関する幾つかの語彙の特徴を考察し，後続の聖書翻訳の系譜，宣教師の学んだ中国語がどのようなものであったかを考察するものである。

カトリックの時代は，17 世紀のディアスの『聖経直解』など，主に新約聖書の抄訳が重ねられたが，その中でもバセ訳『四史攸編』は新約聖書のかなりの部分を抄訳したものである。さらに，プロテスタントが活躍する時代になり，モリソン訳『神天聖書』は，『四史攸編』を参照しつつ，他の部分はミルンの協力を得て，1823 年に初の聖書全文中国語訳として完成されたものである。また，マーシュマン訳『聖経』はモリソン訳と同時期に，漢語圏ではないインドで翻訳された。両者はいずれも，その後の中国語訳聖書，さらに聖書の日本語訳に大きな影響を与えた。以上の４聖書（前二者は抄訳の類）については，類似点が多いことがこれまで指摘されてきたものの，全体像についてはまだまだ不明な点が多い。本書では，『聖経直解』『四史攸編』『神天聖書』『聖経』の特に新約部分を中心に，聖書本文を比較対照し，４聖書の翻訳の過程で，どのような意図でどのような取捨選択が行われたのか，語彙の継承関係を中心に具体的な事例をもとに考察した。文体についても虚詞を中心に，上記の翻訳における原典であるラテン語ブルガタ訳，ギリシャ語原典（対訳英語），欽定訳（英語）の各聖書，代表的な白話文学作品や吏文，文言の文体との比較対照を通して考察した。

聖書翻訳は基本的に原典主義と言われるが，例えばモリソンは，原典の意図するところをよりよく伝えるため，キリスト教にとって重要な語彙を場面によって使い分け，例えば原典にあって中国には無いような事物を言う場合には，中国にあるもので中国人が容易に想像できる事物を充てて翻訳するなど，中国文化に傾斜した翻訳を行った。その一方で，相当数の語彙を原典の原語の発音に基づいて音訳し，欄外の注によって対応したりもした。聖書の中国語訳に際して，原典に忠実であろうとする原典主義と中国化という，モリソンの２つの立場を，本書では文化の翻訳という視点から，とくに時間表現に関する語彙をキーワードとして考察した。

また，本書は聖書を書誌や宗教の面からではなく，語学的な視点からアプローチし，先行研究などで言及されている聖書間の翻訳の継承関係，あるいは相互の参照について，その証左となりうる語彙と文体の特徴を明らかにしようとするものである。本書では，一部の後継翻訳や聖書に関する問答書，西洋人による中国語研究の著作における記述を参考にしつつ，『聖経直解』『四史攸編』『神天聖書』『聖経』の４聖書を中心に，聖書本文の書・章・節ごとに，具体的な語彙の異同を比較対照した。その結果，「ほぼ文言の規範に依って中国語に翻訳され，その中で，偶然のものから，場面や描写の必要性によるものまで，若干の白話的語彙をふくんでいる」という点が明らかになり，語彙の使用や文体についても，一定程度の傾向を示すことができた。

また，宣教師の翻訳に対する思想という，翻訳においてより重要な根幹をなす部分については，本書では，時間表現や人称代名詞など，一部のトピックを考察したものの，いまだ十分とは言えず，課題山積というのが正直なところである。例えば，人称代名詞で，「神」や「イエス」が一人称で登場するときには，人称代名詞には何を用いるのか，そしてその決定はどんな考え方に依るのか等々，考察すべき課題は多い。初期中国語訳聖書の本文として具現化した西洋人の中国語研究の特徴とあわせて，今後さらに具体例を示して明らかにしていきたい。

なお，本書の研究を行うにあたり，基礎資料として語彙索引や聖書本文対照表を作成した。初期中国語訳聖書の系譜についての調査，キリスト教に関する語彙，音訳語，西洋文化の受容と異文化の翻訳などの分野で資料として活用できるものである。中国語学に限らず様々な関連分野の研究に利用されることを期待したい。

目　次

初期中国語訳聖書の
系譜に関する研究

序章
初期中国語訳聖書の系譜と研究の歴史

1. 中国におけるキリスト教と聖書翻訳の歴史

近代中国における西学東漸の流れは「文化の受容と語彙の創造」という面で，中国語に大きな影響をもたらした。また，この時期には，キリスト教宣教師を中心とする西洋人たちが中国語研究の分野で非常に大きな成果を残している。キリスト教宣教師はとくに「英華・華英字書類の編纂」「中国語研究書や教科書（文法と会話）の執筆」及び「聖書の中国語訳」という3つの方面で活躍した。そして，これらの方面における成果は，当時の外国人が中国語を彼らにとっての外国語として観察・学習したものとして，資料的価値の大きいものである。なかでも中国語訳聖書は，宣教師が学んだ中国語が実際に翻訳という形で表現されたものであり，宣教師がどのような中国語を身につけていたのか，そして中国語をどのように見ていたのか，を知る手がかりとなる資料の宝庫である。本書では主として，中国語訳聖書の本文で使用されている語彙の特徴を考察し，宣教師の学んだ中国語がどのようなものであったかを見ると同時に，使用語彙の特徴の考察を通して，聖書の中国語訳史における継承関係を探ろうとするものである。

中国におけるキリスト教の聖書翻訳の歴史は，布教の歴史とも密接な関わりがある。まずは，近代までの中国におけるキリスト教布教の歴史について簡単に確認しておきたい。中国におけるキリスト教布教の歴史は大まかに次の3つの時期に分けることができる。[1)]

第1期　唐代から元代にかけての景教の時代と元代におけるフラン

シスコ会の時代。
第 2 期　大航海時代のカトリックのイエズス会の時代。
第 3 期　清仏黄浦条約以降のカトリック，プロテスタント併存時代。

志賀 1973 によれば，キリスト教聖書の中国語訳史は，上記の第 1 期は試訳時期で，第 2 期が訳成期，続く第 3 期が訳承期である，と定義される。また，翻訳の文体的特徴に基づいた場合には，次の 5 つの時期に分けられる。

第 1 期　漢文訳期　13 世紀末～19 世紀中頃　天主教，ギリシャ正教
第 2 期　文理訳期　19 世紀　新教[2)]
第 3 期　浅文理訳期　20 世紀前半　新教
第 4 期　国語訳期　19 世紀末～20 世紀
第 5 期　方言訳期　同じく 19 世紀末～20 世紀

聖書全文の中国語への翻訳はモリソン，マーシュマンを嚆矢とするから，上記の時代区分に従えば，モリソン，マーシュマン以前の中国語訳は全て第 1 期の試訳時期に区分される。本書で初期中国語訳聖書と称する聖書類はいずれも，この 3 つに分けた時期区分で言うところの第 1 期，第 2 期にあたるものである。また，矢崎 1970 の聖書翻訳に関する記述によれば，翻訳の文体ではなく，時代と宗派によって次のように区分することもできる。

第 1　景教
第 2　カトリック教会
第 3　東方正教会
第 4　プロテスタント

(1) モリソン・ミルン訳
(2) マーシュマン・ラサール訳
(3) 文理訳
(4) ブリッジマン・カルバートソン訳
(5) 文理和合訳
(6) 浅文理訳
(7) 国語訳
(8) 国語和合訳
(9) 方言訳

さらに川島・土岐 2001 では,「初期和訳聖書に影響を与えた漢訳聖書」として,『四史攸編』以降の中国語訳聖書 11 種を翻訳の継承関係の系統別に以下のようにまとめている。

第 1　バセ訳『四史攸編』
第 2　主流・委員会系
　(1) モリソン・ミルン訳
　(2) モリソン改訳
　(3) ブリッジマン・カルバートソン訳
　(4) ギュツラフ訳
　(5) 代表訳
　(6) 北京委員会訳
第 3　バプテスト・正教会系
　(1) マーシュマン・ラサール訳
　(2) ゴダード訳
　(3) ロード改訳
　(4) 正教会ゴーリー訳

このように,先行研究ではそれぞれの観点に基づいて,聖書の中国語訳を区分しているが，本書では聖書翻訳の区分を，翻訳された時代と継承関係の系統に基づいて整理し，ひとまず以下のようにまとめておきたい。

第 1 期　13 世紀末～19 世紀中頃　カトリック，ギリシャ正教
第 2 期　19 世紀　プロテスタントによる翻訳第 1 期
　(1) モリソン・ミルン訳（主流・委員会系の原点）
　(2) マーシュマン・ラサール訳（バプテスト・正教会系の原点）
第 3 期　19 世紀　プロテスタントによる翻訳第 2 期
　(1) 主流・委員会系
　(2) バプテスト・正教会系
第 4 期　国語訳，方言訳，その他の翻訳
　(1) 国語訳
　(2) 方言訳
　(3) その他の翻訳

このうち，第 3 期以降は委員会などの組織による翻訳が主流となる。第 2 期の翻訳から第 3 期以降への継承関係も重要ではあるが，本書では，主として宣教師個人による翻訳，つまりプロテスタントによる中国語訳の草創期である第 2 期，その源流となる第 1 期の翻訳を考察の対象とする。

つづいて，上記の区分に従って，中国におけるキリスト教の布教とその聖書の中国語訳の歴史について，順を追って見てみよう。

第 1　13 世紀末～19 世紀中頃　カトリック，ギリシャ正教

(1) 景教・その他の時代

ペルシアのネストリウス派，いわゆる景教が唐の都長安に入ったの

が，中国へのキリスト教伝来の始まりと言われている。はやくも，この時代には同時に聖書も伝わり，聖書の中国語への翻訳もすでに試みられていたと言われる。ワイリー（Alexander Wylie 偉烈亜力 1815-1883）の推測によれば，7 世紀前半には新約聖書が中国語に翻訳されていたとされ，[3] また，781 年に建立された「大秦景教流行中国碑」の碑文中にも「翻経書殿」など関連する文字が見られることから，7 世紀には聖書の中国語翻訳が始まっていたというのが大方の見方である。しかし，これらの物的証拠と言われるものには現存するものがなく，この時代の聖書の中国語訳については，いまだ推測の域を出るものではない。

13 世紀の末葉には，フランシスコ会宣教師のモンテコルビノ（Giovanni da Monte Corvino 孟高維諾 1247-1328）の書信などからも，新約聖書と詩編が，このころに韃靼文字を用いて翻訳されたことがうかがえる。

(2) カトリックの時代

16 世紀には，航路の発達にともない，キリスト教が世界にひろまったが，このころ，イエズス会が中国にも入り，まもなく聖書の一部が中国語に翻訳された。しかし，カトリックはその方針として信仰そのものを重視し，聖書の現地語への翻訳についてはあまり重視しなかった。中国語訳においても，聖書の一部分を翻訳したものは出たが，目録等に書名は記載されているものの，現在全訳として確認できるものは無い。

カトリックの宣教師たちの聖書に類する著作の主なものを見てみると，まず，マテオ・リッチ（Matteo Ricci 利瑪竇 1552-1610）が『琦人十規』と言う教理問答書を 1584 年に出版している。それから，約 50 年後の 1636 年に，ディアス（Emmanuel Diaz 陽瑪諾 1574-1659）が『聖経直解』を訳出し，4 福音書の一部をラテン語原典から中国語の文言に翻訳して，注釈を加えている。[4]『聖経直解』は，1930 年代に至るまで中国のカトリックの間で通用していた。[5] この『聖経直解』は後述する『四史攸編』の翻訳にも少なからず影響を与えたと思われることから，その特徴について，第 1 章で詳しく考察する。

徐宗澤 1949，方豪 1967-1973 によると，18 世紀後半にはイエズス会士のポワロ（Louis de Poirot 賀清泰 1735-1814）が聖書の大部分を『古新聖経』として中国語に翻訳したとされる。徐宗澤，方豪はともにその稿本が存在していると言い，最近になって中国国内で同稿本が発見されたとの情報も得ているが，筆者自身未だその存在を実際には確認できていない。また，このころ『古新聖経問答』という問答式の聖書の解説書が出版されている。序文に書かれている出版に至る経緯や書名，内容構成などから，あるいはこの解説書は『古新聖経』を翻訳したポワロによるものかもしれない。この『古新聖経問答』については，本書でも第 1 章第 2 節で詳しく見ていく。

ここで紹介したもの以外にも，カトリック宣教師の手で多くの翻訳がなされたが，なかでも特筆すべきは大英図書館所蔵の稿本いわゆる『四史攸編』で，新約聖書の約 3 分の 2 が翻訳された大部の稿本である。矢沢 1967 によると，『四史攸編』は，パリ外国宣教会の宣教師ジャン・バセが副代牧として四川に赴任して以後，[6] 18 世紀初頭に自ら訳したとみられている。この稿本は「四史攸編耶蘇基利斯督福音之会編」と題し，4 福音書を要約した部分と，「使徒言行録」から「ヘブライ人への手紙」第 1 章までの全訳を合わせたものである。この『四史攸編』と『聖経直解』の関係については，ごく最近までは僅かに竹中 1990 が触れたのみであったが，所謂『四史攸編』について，数年前に大英図書館所蔵本以外に，ローマ・カサナテンセ図書館所蔵本，ケンブリッジ大学図書館所蔵本の存在が明らかになり，その成立から各稿本の継承関係について，蔡錦圖 2008，内田 2011，塩山 2011 等により相次いで新たな発見があった。本書では第 2 章で，これら先行研究の成果を踏まえ，『聖経直解』と『四史攸編』各稿本の比較対照を通して考察を行う。また同時に，モリソン（馬禮遜）訳『神天聖書』とマーシュマン（馬士曼）訳『聖経』との継承関係についても，比較対照によって考察する。

第2　19世紀　プロテスタントによる聖書翻訳の嚆矢

(1) モリソン・ミルン訳（主流・委員会系）

プロテスタントで，中国にはじめて入ったのが，『神天聖書』の訳者であるイギリス人宣教師ロバート・モリソンである。当時，イギリスでは東インド会社を中心とするアジア進出が盛んになって，キリスト教の伝道，聖書の翻訳が重要視され，1804年に英国聖書協会が設立されると，聖書の中国語訳が課題とされ，宣教師を中国に派遣して翻訳にあたらせることになった。これにモリソンが選任され，1807年に広東に到着，プロテスタントの宣教師としてはじめて中国本土にはいり，中国人の協力を得ながら聖書の翻訳を行い，まず「使徒言行録」を翻訳し，1813年に新約聖書を訳了，1814年に出版した。翻訳にあたってモリソンは，大英博物館で筆写した『四史攸編』を中国に持参して参考にしている。またミルンの協力を得て，旧約聖書はモリソンとミルンが分担して翻訳し，1823年に新約部分とあわせて『神天聖書』の名で出版された。

(2) マーシュマン・ラサール訳（バプテスト・正教会系）

イギリス人でバプテスト伝道協会の宣教師であるマーシュマンは，インドのセランポールを活動の拠点として，前述のモリソンよりも早期から聖書の中国語訳を開始していたといわれる。マーシュマンは，マカオ生まれのアルメニヤ人ラサール（Joannes Lassar 拉撒）から中国語を学びながら，彼とともに1800年代に入ってまもなく聖書の翻訳にあたり，1810年の「マタイによる福音書」を皮切りに，新約聖書全文を訳了し，1822年には旧約聖書を訳了，新旧あわせて『聖経』として出版した。このマーシュマン訳の『聖経』は，のちに代表訳の翻訳委員会から離脱したバプテストによる改訳の基礎となった[7)]。『聖経』は，モリソン訳『神天聖書』とともに英国聖書協会の援助で翻訳された。中国で翻訳を行っていたモリソンは，遠く離れたインドで翻訳活動を行うマーシュマンの困難を気遣い，モリソン自身が翻訳の底本とした『四史攸編』と，自身の訳了部分をマーシュマンに送ったと述べている。一方で，マーシュマンからモリソンへ何らかの通信があったかどうかは，これまで確認されていない。この両者の中国語には，同一人物が翻訳しているのかと思われるほど一致している部分もあり，また，語彙などには意識的に使い分けているのではないかと思われる部分もある。こうした点を詳細に比較対照することによって，両者の言語に何らかの特徴が浮かび上がってくるのではないだろうか。

第3　19世紀　プロテスタントによる翻訳の第2期(文理，浅文理)[8)]

(1) 主流・委員会系のその後

a. モリソン改訳

1823年にモリソンによる『神天聖書』が翻訳出版されるに至った経緯については，上述の通りである。モリソンは『神天聖書』で訳出した中国語には満足しておらず，よりよい翻訳を目指して，早期に改訳を行うことを志していた。しかし志なかばに1834年この世を去った。生前モリソンは息子のJ.R. モリソンをその任にあたらせようと目論んでいた。しかし，息子のモリソンは政府の翻訳官となり聖書改訳だけに専従できなくなったために，メドハースト，ギュツラフ，ブリッジマンとともにJ.R. モリソン自身が委員会を組織し，新約部分がメドハースト，旧約部分はギュツラフによって改訂されることとなった。新約聖書は1835年に訳了し，1837年に石印され，1840年に出版された。旧約聖書は1838年に出版された。

b. 代表訳

1843年の南京条約による開港後は，宣教師による布教の地域が格段に広がって，各地での活動が本格化したことにより，聖書にも本格的な改訳が求められることとなった。ロンドン伝道会，アメリカ外国宣教会，アメリカバプテスト伝道協会などが香港に代表を集めて協議をおこない，「聖書の中国語訳は，往時に出版されたもの（『神天聖書』）よりも，普遍的であることをこころがけなければならない」など十幾つの決議に基づいて，委員会を組織したが，バプテスト伝道会の宣教師たちは委員会から脱退し，マーシュマン・ラサール訳をもとにして独自に聖書翻訳を行うことになった。委員会はメドハーストを中心に分担で翻訳にあたることになり，有名な“神”と“上帝”の用語問題をひとまず棚上げし，1847 年の初回会合から 5 年後の 1852 年に新約聖書を出版した。これと並行して，1849 年に会議を開催し，旧約聖書の改訳のための委員会を組織したが，これも意見の不一致からメドハースト，ミルンらが脱退し，レッグの協力を得ながら，独自に旧約聖書の改訳を開始し，1853 年に完成し翌 1854 年に出版された。メドハーストらによるこの旧約聖書と，さきの委員会が改訂にあたった新約聖書はあわせて代表訳本と名付けられた。なお，この代表訳本は「文章の理論を重んじている」ことから“文理（Wenli-version）”と呼ばれる。

c. ブリッジマン・カルバートソン訳

委員会を脱退したメドハーストとは一線を画した広東のブリッジマン，寧波のカルバートソンが中心になったもう 1 つのグループも独自に聖書の改訂を進め，新約聖書を 1859 年，旧約聖書を 1862 年にそれぞれ出版した。メドハーストらの代表訳本が「文章の理論を重んじている」ことで“文理（Wenli-version）”と呼ばれるのに対して，こちらは聖書の原文に非常に忠実であったために，一般向けではないが，聖書研究にとっては非常に有用であった。この聖書はアメリカ人宣教師の伝道地区に広く普及した。また，聖書の日本語訳に際して参考にされたのもこのブリッジマン・カルバートソン訳であった。

(2) バプテスト・正教会系のその後

用語問題などにおける不一致などから，バプテスト伝道会の宣教師たちは，モリソン訳『神天聖書』ではなくバプテストのマーシュマン訳『聖経』に基づく改訳を目指して，上述の代表訳の委員会から脱退し，独自に聖書翻訳を行うことになった。アメリカバプテスト伝道協会のゴダード（Josiah Goddard 高徳 1813-1854）が，マーシュマン・ラサール訳をもとに 1853 年に新約聖書全体の改訂を完成・出版した。旧約部分については，ディーン（Dean 怜為仁 1807-187?）が引継ぎ，1868 年に完成した。その後，ロード（Edward Clemens Lord 羅爾梯 1817-1887）によって，ゴダードの新約聖書の改訳が 1872 年に上海で出版されている。また，英国バプテスト伝道協会のハドソン（Thomas Hall Hudson 胡德遜 1800-1876）も 1867 年に新約聖書を改訂し寧波で出版している。

第 4　国語（官話）訳，方言訳，その他

(1) 国語（官話）訳

国語訳の需要は，中国における中国語そのものの改革にあわせておこったもので，最初の国語訳は，メドハースト（Walter Henry Medhurst 麦都思 1796-1857）とストロナッチ（John Stronach 施敦力）が南京官話をもとに，1854 年に翻訳を開始し，1857 年に新約聖書を出版した。その後，エドキンズ（Joseph Edkins 艾約瑟 1823-1905），マーティン（William Martin 丁韙良 1827-1916），シェレシェフスキー（Samuel Isaac Joseph Schereschewsky 施約瑟 1831-1906）らによる北京の委員会が北京官話によって新約聖書を翻訳し，1886 年に北京で初版を出版し，つづいて 1872 年に改訂本を出した。北京における新約聖書出版ののち，1874 年シェレシェフスキーにより旧約聖書が出版された。1878 年英国聖書協会が，これに訂正を加えたものと北京委員会訳の新約聖書を合わせて新旧訳聖書を出版した。

国語訳の頒布数は文理訳の数十倍にものぼると言われている。

1890年の宣教師大会の議案では，“文理”“浅文理（Easy Wenli）”とならんで，国語訳が重要な仕事として位置づけられ，1891年に組織された委員会が翻訳作業を開始し，まず1906年に新約聖書を出版し，度々改訂を行いつつ，それからさらに13年かけて旧約聖書の翻訳を行い，1919年に聖書全文の国語和合訳が出版された。この和合訳本の翻訳における原則は，（1）訳文は白話により，文字を読める人すべてが理解できること，（2）訳文は普通のことばで，方言を使用してはいけない，（3）文体は平易で，しかも流麗でなければならない，（4）訳文は原文と一致せねばならない，（5）比喩部分はできるだけ直接翻訳して，大意だけ訳さないこと，の5点であった。[9] この5原則に則って，のべ27年の年月を費やして完成されたこの和合訳本は，キリスト教布教に大きな影響を与えただけでなく，近代中国における口語文運動の先駆となり，北京官話が標準語の基礎となったことから，北方だけではなく南方でも使用され，この和合訳本が広く中国全土に普及した。

（2）方言訳

中国は国土がひろく，各地で話されている方言がさまざまで，とりわけ南方地区の方言は官話（国語）と通じなかったので，キリスト教の宣教師たちは各々の方言版での聖書翻訳につとめ，話者の多い大きな方言から弱小の方言まで，さまざまな方言で翻訳された。方言版の聖書の書誌については，游汝傑2000に詳しい。[10] ある方言では漢字表記ができないために，発音にもとづいてローマ字で表記されたものもある。

（3）その他

これまで紹介してきたものとは別に，ロシアの東方正教会による聖書翻訳がある。東方正教会の中国における聖書翻訳はカトリックに比べて遅れたが，19世紀なかば，1864年にロシア正教会の主教ゴーリー（Gowry 郭遂）が北京で新約聖書を翻訳した。『新遺詔聖経』と題し，福音書4冊，使徒書22冊からなり，正教会の排列にしたがって「使徒言行録」からはじまっている。

このように，唐代の景教以来，近代，現代のプロテスタントに至るまで，各時代，様々な宗派の西洋人宣教師達によって聖書の中国語訳が試みられてきた。世界各国に布教に赴いたキリスト教の宣教師たちはいずれも，すぐれた語学の才能の持ち主であり，各国語への聖書翻訳が試みられてきた。そのうちの一つである中国語訳聖書も，それぞれの西洋人キリスト教宣教師たちが翻訳活動をおこなった時点，地点（方言）における中国語研究の集大成であり，彼らが学んだ中国語が表現されているのである。

しかし，当時の宣教師たちが，断続的に聖書の翻訳を遂行していく際に交わされていた先行翻訳についての議論でも，“神”や“洗礼”といったキーワードの訳語に関するものがほとんどであった。中国語の語彙や文体に関するものは抽象的なものばかりで，具体的な議論は出ておらず，聖書の中国語が一体どのようなものであるのか，具体的な姿は見えてこなかった。近年のこの分野に関する研究でも，聖書で使用されている中国語そのものの特徴について考察したものは見当たらない。

本書では，カトリックの時代の聖書抄訳の中でもとくに，後継聖書の土台となって大きな影響を与えたと考えられる本格的な抄訳『聖経直解』『四史攸編』から，プロテスタントによる聖書全訳の嚆矢『神天聖書』と『聖経』を中心に，その翻訳における特徴を考察していきたい。

2. 初期中国語訳聖書の位置づけ

中国におけるキリスト教は，その端緒を唐代の景教にさかのぼり，明代のカトリック，とくにイエズス会が活躍した時代，そして清代，とくに清末のプロテスタントの時代を経て，現在に至っていることは1.で紹介した通りである。それぞれの時代に，宣教師たちは個人レベルで，或いは組織的に布教活動につとめ，同時に，数多くの著作を刊行してきた。しかし前節で述べたように，カトリックの時代には，聖書の翻訳の面での活動のベクトルは，『聖経直解』など一部を除いては，聖書そのものに正面から向き合い，全文を中国語に翻訳しようとする方向には向かなかった。『聖経直解』も，全体を網羅したものではあるが全訳ではなく，新約聖書の抄訳であった。

近代のプロテスタントの時代になると，中国におけるキリスト教の活動も盛んになり，プロテスタントの宣教師は，英華・華英辞書，中国語文法書の出版，中国語訳聖書の翻訳という中国語研究に関わる3つの面で活躍するようになった。

中国語訳聖書は，ラテン語（ブルガタ訳）やプロテスタントが原典としたギリシャ語，あるいは英語原典から，宣教師が研究して体得した中国語によって翻訳されている。聖書における語彙の用法には，意識的，無意識的に拘わらず，宣教師が考えるところの中国語の規範が反映されていると思われ，その本文に訳出された中国語には，宣教師が学んだ中国語の規範があると言える。

モリソン，マーシュマンらの中国語訳聖書が出版され，聖書原典もようやく全文が中国語に翻訳されることとなった。そして，これらは中国語訳聖書の嚆矢として，いずれも後継の聖書の翻訳に大きな影響を与えることになったことは，すでに先行の各研究でおおまかには触れられている。[11)] プロテスタントによる初期の中国語訳聖書と，その源流となって継承関係を持つと思われるカトリックによる聖書抄訳については，主要なものに次のものが挙げられる。

(1)『聖経直解』1636年

ポルトガル人宣教師のディアスによる。ラテン語ブルガタ訳聖書の4福音書からの抄訳で，総節数の約4分の1（26.5%）を訳出している。翻訳された中国語はほぼ完全な文言である。

(2)『四史攸編』18世紀初頭

フランス人宣教師バセによる。(1) と同じくラテン語ブルガタ訳聖書からの抄訳で，聖書4福音書の総節数の60%を訳出している。また「使徒言行録」以下については，「ヘブライ人への手紙」の一部分までを全訳している。

(3)『神天聖書』新約1814年，全書1823年

モリソンと協力者ミルンによる中国語への全訳である。なお，本書では，モリソンが中国で聖書の翻訳を開始してから1823年の新旧約全書の出版までの一連の中国語訳聖書を『神天聖書』と総称する。

(4)『聖経』新約1816年，全書1822年

マーシュマンと協力者ラサールによる中国語への全訳である。

(5)『救世主耶穌新遺詔書』(モリソン改訳) 1835年-1837年

モリソン訳『神天聖書』の改訂版である。

(6)『新約全書』(ブリッジマン・カルバートソン訳) 1864年

モリソン改訳をさらに原典に忠実なスタンスで改訳したものである。

(1) と (2) はいずれも，カトリックの宣教師によって翻訳されたもので，ラテン語ブルガタ訳聖書が底本で，両者はその訳文からも継承関係がうかがえる。(3) はモリソンがロンドンで筆写した (2) の稿本を参照しながら翻訳されており，とくに「使徒言行録」以下の部分では訳文，構文で表現が重なるところが多い。(4) は唯一，中国から遠く離れたインドにて翻訳されているが，(3) のモリソンがその回想で，マーシュマンの苦労を気遣って，(2) の筆写本を送った，と述べており，それが事実だとすると，同一の底本から翻訳を行っている。(3) と (4) は，訳文に似通ったところも多い。(5) はモリソンの子息やメドハーストらによる (3) の改訳である。さらに，(6) はブリッジマンらが，中国語の文法を重視した改訳をめざす代表訳の委員会から離脱し，同委員会と同じく (5) を底本としつつも，原典主義の独自の見解に基づいて翻訳したもので，原典に忠実であるところが特徴であると言われる。

これら最初期の中国語訳聖書の中だけでも，古いものから新しいものへ継承関係があり，先達の文体や語彙など，翻訳上の特徴が，後の聖書に受け継がれている。そして，その文体や語彙など，翻訳上の特徴が，そのまた後の改訳，継承を繰り返した後継聖書の翻訳にも少なからぬ影響を与えている。つまり中国語研究の成果の実践の出発点であると言える。よって，これら最初期における中国語訳聖書の文体や語彙などの翻訳上の特徴を明らかにすることは，宣教師による中国語研究の成果の一つである聖書の中国語訳の系譜の端緒を明らかにする上で重要であると考えられる。

本書における一連の考察は，モリソン訳から官話訳聖書に至る中国語訳聖書の系譜に関する研究の最初歩と位置付けられる。新旧約聖書全文の中国語訳の嚆矢であるモリソン訳『神天聖書』(1814-1823)，ならびにモリソンとほぼ同時期にインドで翻訳されたマーシュマン訳『聖経』(1815-1822)，そして，バセ訳稿本の一つでモリソンが翻訳時に参照したと言われる大英図書館所蔵『四史攸編』(18 世紀初頭) の 3 書と，その源流の『聖経直解』ついて，本文の比較対照，語彙及び文体の異同を調査し，白話作品や吏文などの語彙との比較対照も通して，その継承関係とそれぞれの特徴を探っていきたい。

また，中国語訳聖書は一般的に，これも極めて曖昧な表現であるが，その文体が“文理”“浅文理”など様々なカテゴリに分類される。カトリックによる抄訳である (1) と (2) はさておき，(3) から (6) の聖書については，いずれも“文理 (文言)”に数えられている。最初期の中国語訳聖書とその源流にあたる聖書抄訳についても各々，ある種の漠然としたイメージをもたれているが，具体的にはどんな特徴があると言えるのかについても考察したい。

3. 先行研究と参考文献について

3. 1　先行研究について

(1) 中国語訳聖書の書誌・歴史などの概略に関するもの

中国語訳聖書に関連するもののうち，宣教師個人の伝記や，聖書をはじめとするキリスト教関係書の書目については，19世紀以来の文献はかなりの数にのぼる。カトリックについては，『在華耶蘇会士列伝及書目』,[12]『在華耶蘇会士列伝及書目補編』,[13]徐宗澤の『明清間耶蘇会士訳著提要』(1949) が代表的である。プロテスタント宣教師の著作については，ワイリー（Alexander Wylie 偉烈亜力 1815-1883）による目録 *Memorials of Protestant Missionaries to the Chinese*1867 などがある。さらに，方言訳聖書については，游汝傑 2000「『聖経』方言訳本書目考録」が詳しい。このほかにも，目録ではウエスト（A.C.West）1998 の *Catalogue of the Morrison Collection of Chinese Books* があり，在華宣教師による聖書翻訳に関しては，許鈞 1999『中国翻訳史（上巻)』，顧長声 1981『傳教士與近代中国』などがある。とくにモリソンの伝記，書目に関しては，蘇精 2000『馬禮遜與中文印刷出版』など一連の著作があるが，語学的な面についてはいずれの先行研究でも触れられていない。また最近になって，『清代民國時期漢語研究文獻目錄』が出版され，この中の塩山・石崎・千葉 2011「泰西資料」に，初期中国語訳聖書と官話訳聖書に関する所蔵情報が載録されている。

日本国内でも，聖書の中国語訳，さらに日本語訳については，はやくも戦前には，村岡典嗣 1940「漢訳聖書源流考」や，玉井茂 1942「聖書の漢訳」があったが，いずれも初期中国語訳聖書については，簡単な紹介がある程度で，後者などは，*Chinese Repository* を簡潔にまとめ直したものである。また，石田幹之助 1932『欧人の支那研究』や同じく石田幹之助 1942『欧米に於ける支那研究』でも，在華宣教師による中国語研究については記述があるが，こと聖書の翻訳に限っては特に触れられていない。また，戦後では，志賀正年 1973『中国語訳聖書（Holy Scripture）の史料的考察』があり，中国語訳聖書の文体別の書目と，若干の宗教関係の語彙に関する考察がある。さらに，矢沢利彦 1967「最初の漢訳聖書について」になって，ようやく『四史攸編』の書誌についての詳細が明らかにされた。その後，竹中憲一 1990「漢訳聖書『聖経直解』『四史攸編』について」で，『聖経直解』と『四史攸編』の書誌が紹介された。蔡錦圖 2008 以降の一連の研究で，所謂『四史攸編』の系譜が解明されつつあることについては前述の通りである。

(2) 中国語研究の視点からアプローチしたもの

聖書を語学の面から総合的にアプローチしたものは，これまでほとんど無かったと言ってもよく，一部の先行研究で，部分的な対比，幾つかの名詞から，その特徴の一部を紹介しているにすぎない。

上述の，竹中憲一 1990「漢訳聖書『聖経直解』『四史攸編』について」では，一部本文とキリスト教に関する若干の語彙について対照させているが，それ以上の詳しい分析はなされていない。

また，吉田寅 1997『中国プロテスタント伝道史研究』では，第 1 章第 2 節「モリソンの著作活動」の中で『四史攸編』と『神天聖書』について，それぞれ「ヨハネによる福音書」の同一部分を掲示して以下のように述べている。

> 『四史攸編』とモリソン訳聖書の原文を対比して見ると，モリソン訳は用語において『四史攸編』を参照していること，また聖書の原文に極めて忠実な逐語訳を試みていることが看取される。しかしながら翻訳の場合，厳密な逐語訳は，構文全体よりみれば洗練された文章とはなりにくいことは一般的な傾向であり，モリソン訳聖書もその例外ではなかった。またゴッド，精霊のような重要な語彙にど

のような中国語を訳語として使用するかは簡単には解決できない問題であった。

その後，内田慶市2000で，官話研究における聖書の資料としての有用性が指摘されるに至った。塩山正純2000では，『神天聖書』の新約部分とくに「使徒行傳（使徒言行録）」をとりあげ，虚詞の用法や，白話作品との比較を通して，文体と語彙的特徴を考察し，その文体が基本的に文言としての体裁を持ちながらも，白話語彙を含む文白混淆体である，という特徴を指摘したが，語学的な考察に着手したとは言え，本格的に研究されたものとは言えない。

3.2　本書の参考文献と参考資料

『神天聖書』をはじめとする4聖書の書誌，その訳者であるディアス，バセ，モリソン，マーシュマンについての資料については，主に以下に挙げる文献を使用した。とくに上記の訳者である宣教師の活動や時代背景については，下記の文献に負うところが大きい。

1. Morrison, Eliza A. Mrs. Robert1839, *Memoirs of the life and labours of Robert Morrison*
2. 費頼之 1932, 1934『在華耶蘇会士列伝及書目』（Louis Pfister,1932,1934 *Notices Biographiques et Bibliographiques sur Les Jesuites de L'ancienne Mission de Chine1552-1773* 中華書局 1995 年版）
3. 徐宗澤 1949『明清間耶蘇会士訳著提要』（中華書局 1989 年版）
4. 矢沢利彦 1967「最初の漢訳聖書について」（『近代中国研究センター彙報』第 9 号 1-7 近代中国研究センター）
5. 榮振華 1973『在華耶蘇会士列伝及書目補編』（Joseph Dehergne, 1973 *Repertoire des Jesuites de Chine de 1552-1800* 中華書局 1995 年版）
6. 都田恒太郎 1974『ロバート・モリソンとその周辺』（教文館）
7. 柳父章 1986『ゴッドと上帝』（筑摩書房）

8. 竹中憲一 1990「漢訳聖書『聖経直解』『四史攸編』について」(『人文論集』29 号　早稲田大学法学会)
9. 譚樹林 2000「『聖経』“二馬訳本”関係辨析」(『世界宗教研究』2000 年　第 1 期中国社会科学院世界宗教研究所)
10. 譚樹林 2003「近代中文『聖経』翻訳史上的“二馬訳本”」(『煙台師範学院学報（哲学社会科学版)』第 20 巻　第 4 期)
11. 譚樹林 2004『馬礼遜与中西文化交流』(中国美術学院出版社)
12. 蔡錦圖 2008「白日陞的中文聖經抄本　及其對早期新教中文譯經的影響」(『華神期刊』創刊号 50-77 中華福音神學院)
13. 内田慶市 2010「モリソンが元にした漢譯聖書　新しく發見されたジャン・バセ譯新約聖書稿本」(『アジア文化交流研究』第 5 号 219-230 関西大学アジア文化交流研究センター)

また，中国語訳聖書における文体と語彙的特徴を考察する上では，以下の文献を中心に参照した。

太田辰夫 1958『中国語歴史文法』(江南書院)
郭明昆 1962「華語における形態観念」(『中国の家族制及び言語の研究』早稲田大学出版部)
周法高 1959『中国古代語法・称代編（上・下)』(中華書局 1990 年版)
太田辰夫 1964『古典中国語文法』(大安)
尾崎雄二郎 1980『中国語音韻史の研究』(創文社)
香坂順一 1983『白話語彙の研究』(光生館)

4. 研究の目的と研究方法

本書を中国語訳聖書の系譜の総合的な研究の最初歩と位置づける。新旧約聖書の全文の中国語訳の嚆矢であるモリソン訳『神天聖書』(1814-1823)，ならびにモリソンとほぼ同時期にインドで翻訳されたマーシュマン訳『聖経』(1815-1822)，そしてモリソン，マーシュマンが翻訳時に底本としたバセ訳『四史攸編』(18世紀初頭)，『四史攸編』の源流となったカトリックのディアスによる『聖経直解』を中心に，翻訳文の文体と語彙の用例を分析し，西洋人宣教師の手による中国語の文体と語彙それぞれの特徴と聖書間の継承関係について考察する。

さらに，聖書のラテン語，ギリシャ語原典（英語対訳）との比較対照，聖書の翻訳にあたって参照されたと思われる文言の文法や白話作品や吏文の語彙や文体との比較対照を通して，西洋人（宣教師）によって外国語として学習し研究され，実際に書面語として用いられた中国語がどのようなものであったのかについて考察したい。

5. 本書の内容構成

本書は第1章から第7章までの全7章を以て構成する。各章の内容についての概略は以下の通りである。

第1章　カトリックによる聖書抄訳の系譜

第1章では，カトリックによる新約聖書の抄訳の系譜について，抄訳の概要，語彙と文体の特徴の面から考察した。第1節では，ディアスの『聖経直解』について，虚詞の用例を中心に考察した結果，4福音書抄訳部分の本文は，ほぼ全て「書面語の特徴となる語彙」で占められていることが分かった。また，幾つかの書目で指摘されるラテン語ブルガタ訳聖書との関係についても，比較対照の結果，同聖書を底本に，ほぼ文言の文体で忠実に翻訳されていることが分かった。補足として，『聖経直解』が，新訳聖書4福音書のどの部分を抄訳したかを調査し，原典からの引用章節一覧を作成して付した。第2節では，19世紀に出版された『古新聖経問答』について，その本文の語彙から，「口語の特徴となる語彙」，「書面語の特徴となる語彙」をキーワードに，用例の特徴についての考察を通して，同書が19世紀前半に於ける中国の北方の口語であった，若しくは限りなく北方の口頭語に近いものであったと結論づけた。カトリックによる翻訳を通じて，宣教師たちが19世紀後半も高い中国語研究のレベルを保って活動していたことが見てとれる。この『古新聖経問答』のような存在は，中国語の，清代中・後期の口語，特に北方の口語がいかなるものであったか，を考えていく上で，我々に非常に大きなヒントを与えてくれる可能性があることを指摘した。

第2章　カトリックからプロテスタントへの橋渡し

第2章では，カトリックからプロテスタントへの橋渡しの役割をもち，その後のプロテスタントによる中国語聖書の翻訳に対して大きな影響をあたえた『四史攸編』について考察した。第1節では，まず訳者バセの略歴について紹介した。そして『四史攸編』，『聖経直解』，後続の『神天聖書』の本文の比較対照を通して，継承関係とその概要について考察した。なお，4福音書が抄訳されている割合はそれぞれ，「マタイによる福音書」66%，「マルコによる福音書」18%，「ルカによる福音書」53%，「ヨハネによる福音書」95%で，全体では60%であった。よって，4福音書の約6割を翻訳して再構成したものであることが明らかになった。『聖経直解』と同様に，『四史攸編』もまたバセがブルガタ訳聖書を底本としていることは，既に先行研究によってその可能性が指摘されているが，「マタイによる福音書」第8章の本文を比較対照した結果，『聖経直解』から若干の語彙の置き換えと補填があり，ブルガタ訳の完全な逐語訳とは言えないものの，ほぼ原文の意味するところを中国語の文言に忠実に翻訳していることが分かった。第2節では，『四史攸編』の4福音書抄訳（合訳）部分である「四史攸編耶穌基利斯督福音之會編」を対象に，文言と白話の特徴をもつ虚詞の用例の分析を通して，その語彙と文体の特徴について考察した。その結果，本文は，ほぼ文言としての特徴を網羅しており，虚詞も，ほとんどが文言的なもので占められていることが分かった。一方，白話の特徴となる虚詞がわずか 8 例しかなく，その他の白話語彙についても用例は稀で，とくに場面の描写のために白話の語彙を用いたという形跡は見られなかった。しかし，先行研究には「その文体が多分に口語的である」との指摘もあり，[14] この印象が何によるものなのかについては，今後詳細に調査することとしたい。なお，本章には補足として『四史攸編』抄訳部分の原典章節一覧を付した。

第 3 章　モリソン訳『神天聖書』について

第 3 章では，プロテスタント宣教師による聖書の中国語訳について，その嚆矢であるモリソン訳『神天聖書』を対象に考察した。第 1 節では，モリソンの略歴を紹介し，『神天聖書』の内容と構成について要約した。第 2 節では，4 福音書部分の文体と語彙的特徴について，虚詞と幾つかの語彙の用例に対して考察した結果，虚詞の用例が，ほとんど文言の虚詞で占められることが明らかになり，その本文は底本『四史攸編』4 福音書抄訳部分から，基本的に文言の特徴を踏襲し，文言の文体にほぼ忠実に翻訳されていることが分かった。ただ，虚詞の使用情況が各福音書で異なり，とくに「ルカによる福音書」ではその傾向が顕著である。順序こそ違え，4 福音書は基本的に同じ内容を描いており，同じ翻訳者が同じ内容を翻訳して著しい差がでるのは不自然であり，翻訳を実際に担当した人物が各福音書で異なり，各々の異なる言語観が現れた結果であると思われる。個々の語彙については，白話の特徴をもつ虚詞が大幅に増加し，量詞の“個”“箇”と，助詞の“的”が各々110 例ずつで，用例にも一定の傾向が見られた。とくに，助詞“了”が負のイメージを持つ動詞に使われるのが目立った特徴である。また，『神天聖書』は初期の中国語訳聖書としてはめずらしい欄外注を持っていることから，第 3 節では，この欄外注について，音訳語や人名に関する語彙などに分類し，用例とその解説の内容について考察した。とくにキリスト教に関する音訳語，例えば“何散拿 Hosanna（ホサナ）”に対して，「神を賛美し，今の救いを求め，祝福を請う」と言ったように，意味の解説を付けていることが分かった。モリソンの「原文の意味に忠実」な翻訳の姿勢の副産物として生まれた欄外注の形式は，中国人にとって馴染みのない聖書の語句を理解する上で，非常に役に立つ親切な配慮であったと考えられる。本章には第 3 節の補足として，『神天聖書』欄外注の索引を付した。

第 4 章　域外における中国語訳聖書
——マーシュマン（馬士曼）の『聖経』——

第 4 章では，海外における聖書の中国語訳の嚆矢，インドのセランポールで翻訳されたマーシュマン訳『聖経』について考察した。第 1 節では，マーシュマンの略歴と『聖経』の構成と内容について紹介した。また，『聖経』と『神天聖書』の中国語の類似性については諸説あり，とくに一部の先行研究は，両者が『四史攸編』という同一の底本を使って翻訳を行ったことの必然的な結果であると結論づけることに対する問題点を指摘し，第 2 節で，底本に当該部分の翻訳を持たない部分の具体的な語彙の比較対照を通して分析した。同じく，第 2 節では，4 福音書の文体と語彙的特徴について，『神天聖書』の同一節との比較対照を通して考察したが，両者の本文がほぼ同じであることから，基本的には文言の特徴を踏襲して翻訳されていることが分かった。『神天聖書』との類似性については，まず底本とされる『四史攸編』が抄訳であり，例えば「マルコによる福音書」は全体の 18% しか翻訳されていないことから，『四史攸編』の「マルコによる福音書」部分だけを共通の土台にして，ほぼ同じ中国語が訳出されると考えることには無理がある，と考えるのが自然であることを指摘した。本文を詳細に対照した結果からも，中国本土で翻訳を行ったモリソンから何らかの援助があったとも想像できる。『神天聖書』の本文のうち，中国語としてやや不自然なものが，『聖経』では見られないことも見逃せない。虚詞は，ほとんどが文言虚詞であった。また，一部の虚詞の使い方の特徴が各福音書で異なっている。

例えば，“也”や“則”は『神天聖書』と同様，「ルカによる福音書」で明らかに少なく，ここでも各福音書の翻訳担当者による言葉の使い方の癖の違いが現れている可能性が見て取れる。白話語彙では，『神天聖書』では多用される“了”が極めて少なく，また“了”の多くがマイナスイメージをもつ動詞に付くという特徴も見られない。但し，虚詞の用例数をみると，『神天聖書』349例に対して，『聖経』は296例で大きな差はなく，“個”“箇”や“的”といった虚詞が使用されている箇所（章節）もほぼ同じであることが分かった。

第5章　カトリックからプロテスタントの中国語訳聖書へ
——『神天聖書』「使徒行傳」（使徒言行録）のことばを中心に——

第5章では，カトリックからプロテスタントの聖書への継承関係の面から，『神天聖書』を中心に，ギリシャ語原典（英語対訳）と，『四史攸編』，『神天聖書』，『聖経』，そして『神天聖書』の後継のモリソン改訳，ブリッジマン・カルバートソン訳（BC訳）まで，「使徒行傳（使徒言行録）」本文の比較対照を通して，モリソンが『四史攸編』を底本としてどの程度踏襲しながら翻訳したのか，またそれがどう受け継がれたか，について考察した。なお，本章では資料として1823年刊『神天聖書』に収録された「使徒行傳」を使用した。『四史攸編』までのカトリックの翻訳は，4福音書についてはいずれも原典の抄訳であった。モリソンやマーシュマンがカトリックの成果を全面的に踏襲するのは物理的に無理であったが，「使徒言行録」から「ヘブライ人への手紙」の一部分までは『四史攸編』に全文訳があり，『神天聖書』や『聖経』はこの大部分を参照して，その中国語をほぼ踏襲して翻訳し，両者の訳文が殆ど一致することが『神天聖書』「使徒行傳」全文の比較対照を通して明らかになった。また，モリソン訳の1813年刊と1823年刊には若干語彙の異同があることも分かったが，『神天聖書』の版本間の語彙の異同については今後の課題としたい。のちにメドハーストが「余分な助辞を削り，不適当な表現を改める」必要性を指摘したように，モリソンは原典の語順に忠実であることを旨に意味を漏れなく翻訳したが，中国語の慣用表現には配慮が欠けていたり，中国語として不自然な語順になった例が多々みられることも分かった。文体の分類については，“文理”か“浅文理”かを線引きするのが実に難しい。また，異文化翻訳の面では，“麵包”や“議會”など，元々の中国にはなかった西洋の文化や概念を翻訳した用例も多々見られることから，新概念を表す語彙の形成過程や，その後の日本語訳聖書への影響などを見る上での資料としての可能性もあると言える。

第6章　聖書本文に見られる宣教師の中国語研究
——4聖書の本文・語彙の比較とのちの聖書への継承関係——

第6章では，初期中国語訳聖書の本文の文体・語彙の比較対照を通して，聖書の文面に書面語として具現化した西洋人キリスト教宣教師の中国語研究の成果について，のちの中国語訳聖書への継承関係と併せて考察した。まず，第1節では，宣教師の人称代名詞に対する認識について，人称代名詞の使い分けなどの点から考察した。その結果から，一人称については，文言の“我”と“吾”の使い分けの規範を，聖書の翻訳者たちが文言を正確に把握していたことが窺え，とりわけ，それは『神天聖書』で顕著であった。二人称は，徐々に“爾”“汝”の二者に集約されていくことが認められた。三人称は，基本的には主格・修飾格に“其”，目的格，とくに文末に“之”を使う文言の形式が大勢である。同時に，官吏が公文書に用いた文体である吏文の特徴的な語の一つである“伊，伊等”もかなりの用例があることが分かった。また，“伊”は後ろに“的”をとらないし，文末にも使われない。とくに『神天聖書』の用例では，使う対象の性格にも特徴が見られた。

第2節では，連詞と介詞の使い分けについて『聖経直解』『四史攸編』『神天聖書』『聖経』の4聖書の用例をもとに考察した。介詞は4聖書で一貫して“同”と“與”のみが使われ，“和”などの白話的な語彙は使われず，文言としての傾向が強い。『聖経直解』では連詞は“及”に限られ，介詞は“同”と“與”，連詞は“及”という使い分けがあった。『四史攸編』では，“與”に連詞の用法が加わり，“及”と同じ頻度で併用されるようになり，“與”と“及”の使い分けが無くなったが，“同”は依然として介詞としての用法しか持たない。『神天聖書』と『聖経』になると，さらに“同”にも連詞の用法が加わり，用例数は“與”と“及”の10分の1程度と少ないが，“同”“與”“及”の3語が共に連詞として用いられるようになった。白話の一般的な連詞“和”と“合”は，どの聖書にも見られず，連詞に関しても，文言的な傾向が強いと言える。また，連詞“連”が『神天聖書』，『聖経』で各々10数例あり，とくに『紅樓夢』（第93回）の“包管明兒連車連東西一併送來”にあるような，“連”の連用で「～も…も」の意を表す用法があり，当時の白話作品も参照していたであろうことが見て取れた。

第3節では，数詞と量詞の表現について考察した。『聖経直解』と『四史攸編』は，“兩”と“二”のうち，“二”の用例数が多く文言的であった。一方，『神天聖書』では“兩”の用例数が一挙に増えて“二”と逆転し，さらに“兩”が量詞を伴うことが多くなり，数の表現に関しては白話的な傾向が強くなったと言える。量詞は，『聖経直解』には用例が無く，『四史攸編』では度量衡の1例しか見られなかった。『神天聖書』は全体的に文言的な虚詞，とくに句末助詞の用例が多く非常に文言的な文体である一方で，量詞の多さが白話的な印象を強めている。モリソン改訳やBC訳に至っては，文言回帰の傾向が強く，量詞も意識的に排除されたと思われ，用例は見られない。

第4節では，白話語彙の用例について原典英語などとの比較対照を通して考察した。用例の大半を占める“的”“個”“了”の3語は，『三国演義』のように，会話のモードの区別をつけるために活用されたのではなく，“個”は専らヒトとお金とパンを数えるため，“的”は“別的”や“有的”となり，原典英語の“*another*”“*some*”“*the other*”の意味を表すため，“了”はマイナスイメージの語の完了を表すために使われたことが分かった。後続のモリソン改訳，BC 訳では，その白話的な成分は消えてなくなり，まがりなりにも存在した“雅俗共賞”的な特徴は姿を消した。

第 5 節では，中国語訳聖書における時間に関わる表現について，時点と時量の表現に分けて，聖書原典や字典類の解説とも比較対照しつつ考察した。時点の表現に関しては，夜の時間帯は，ギリシャ語原典での 4 分割の“*watch*”を中国の伝統的な 5 分割の“更”に置き換えたために，指す時間帯にずれが生じた。昼間の時間帯は，『聖経直解』は中国の伝統的な十二支による表現を使い，『四史攸編』，『神天聖書』，『聖経』は原典主義によって“～ hour（*o'clock*）”を当時の中国語として一般的でなかった“～時”を用いたが，後継の聖書では再び伝統的な十二支による表現に回帰した。時量の表現は，字典類や文法書，会話書の記述では西洋と中国の違いが正しく反映されていたが，初期中国語訳聖書では，西洋の 60 分単位と中国の 120 分単位との基準が曖昧に併用されており，時量の解釈は，当時まだ若干の混乱が存在していたことが明らかになった。

第 7 章　プロテスタントによる中国語訳聖書のその後の系譜

第 7 章では，プロテスタントによる中国語訳聖書のその後の系譜について，とくに第 1 節では，モリソン改訳，ブリッジマン・カルバートソン訳（BC 訳）について，その翻訳における特徴を，ギリシャ語原典の英語訳および先行各聖書との比較対照を通して考察した。まず，モリソン改訳について，幾つかの章節の翻訳における特徴を，先行の『四史攸編』，『神天聖書』と比較対照したところ，モリソン改訳では，原典の意味するところを更に細かく遺漏なく訳出しながら，中国語としても，先行聖書に比べ，より自然な表現を実現していることが分かった。虚詞の用例からみても，先行聖書よりも，かなり文言の文体としての纏りを持つようになった。また，BC 訳は基本的にはモリソン改訳より詳細に原典の意味するところを忠実に中国語に訳出している傾向が見えたが，この点については，さらに詳細に調査する必要がある。第 2 節では，いくつかの先行資料を参考にしながら，さらにその後の系譜についての概略をまとめた。

6. 主たる原書資料について

なお，本書では中国語訳聖書の原書資料として，主たる考察の対象である『聖経直解』『四史攸編』『神天聖書』『聖経』の 4 書と後継の 2 聖書（モリソン改訳，ブリッジマン・カルバートソン訳（BC 訳））については以下の資料を使用した。

1）『聖経直解』（『天主教東傳文献』台湾学生書局 1972）
2）『四史攸編』（大英図書館蔵マイクロコピー）
3）『古新聖経問答』1862（天津社会科学院出版社 1992）
4）『神天聖書』（1）ゆまに書房 1999「幕末邦訳聖書集成」所収
（2）（大英図書館蔵マイクロコピー）
（3）香港聖経公会 1997『新遺詔書』影印本
5）『聖経』（フランス国立図書館蔵マイクロコピー）
6）モリソン改訳『救世主耶穌新遺詔書』（大英図書館蔵マイクロコピー）
7）ブリッジマン・カルバートソン訳（本書では適宜，BC 訳と称す）
（1）『新約全書』上海美華書館 1864（愛知大学豊橋図書館蔵）
（2）ゆまに書房 1999「幕末邦訳聖書集成」所収

注

1） 矢沢 1940，竹中 1990 参照。
2） 志賀によると，第 2 期は，19 世紀後半とされるが，本論文では，プロテスタントによるものは，19 世紀初頭のものから，この第 2 期に入れて，時期も「19 世紀」とする。

3）矢崎 1970 参照。

4）徐宗澤の書目にも，『聖経直解』は，“極西耶穌會士陽瑪諾譯，一六四二年出版，有自序，共八卷。”と紹介されている。

5）*A.J.Garnier* の *Chinese Version of the Bible* は，“Commentary on the Gospels（聖経直解），a work which is still in use to-day among Roman Catholics in China.”と述べている。

6）「代牧」は，カトリックの布教国において，まだ司教区を設定するに至らない教会地区または後継司教の就任を見ない地区において立てられたものである。

7）川島第二郎・土岐健治 2001, p.445 参照。南京条約により開港された香港と五港（広東，厦門，福州，寧波，上海）の英米系宣教師たちが，1843 年 8 月 22 日香港に集まり，聖書改訳について七日間討議し，11 項目の方針を申し合わせた。この方針のもとにメドハーストを委員長として翻訳委員会が発足した。その後，宣教師の数が増えたために各地区の「代表」で構成される委員会に翻訳を委託することになった。後者の委員会が代表委員会（代表訳の委員会）である。

8）“文理”“浅文理”は，後述の通り，“文理（Wenli-version）”とは「文章の理論を重んじている」という意味で所謂文言訳を指す言い方で，“浅文理（Easy Wenli）”は，「平易な文理」ということである。

9）Broomhall 1934, *The Bible in China* 及びその中国語訳『漢文聖経訳本小史』p.76 の記述による。

10）游汝傑 2000「《聖経》方言訳本書目考録」は，方言訳聖書を（1）“方块汉字本”（2）“罗马字本”（3）“其他拼音符号本”の 3 種に分類する。

11）川島第二郎・土岐健治 2001，海老沢有道 1989 などでも，モリソン以降の聖書から日本語訳聖書の翻訳に至る系譜が紹介されている。

12）原書名は*Notices Biographiques et Bibliographiques sur Les Jesuites de L'ancienne Mission de Chine1552-1773*, 1932, 1934 である。

13）原書名は *Répertoire des Jésuites de Chine de 1552-1800*, 1973 である。

14）例えば，竹中 1990 は，『四史攸編』と『聖教直解』に関する比較対照による考察を通して，前者は後者に比べて口語的であり，俗語を多く用いている，と結論づけている。

第 1 章
カトリックによる聖書抄訳の系譜

第 1 節　ディアスの『聖経直解』

『聖経直解』は 1636 年に，ポルトガル人のイエズス会宣教師ディアス（Emmanuel Diaz Junior 陽瑪諾 1574-1659）が出版した聖書抄訳である。『聖経直解』はラテン語ブルガタ訳聖書を底本として，中国語の文言を用いて翻訳したものであると言われている。本書はイエズス会士による翻訳書のなかでも，中国語のレベルについて評価が高い。本章では，まず『聖経直解』の内容と構成について簡単に紹介する。次に，文言と白話の虚詞（26 字）などを基準にして，文体を識別する。考察の結果，『聖経直解』は，虚詞については，ほとんどが文言的特徴をもつもので占められており，ラテン語ブルガタ訳聖書を底本に，文言的特徴をもつ虚詞を使用して，ほぼ正確に文言の文体に翻訳されていることが分かった。

1.1.1　ディアスと『聖経直解』の出版

明の時代も末期になると，カトリックの各派が中国に宣教師を派遣し，イエズス会，ドミニコ派，フランシスコ派，アウグスティン派，ラザリスト派などの各派が，その布教活動を開始した。その先駆であるイエズス会は 1555 年から中国における伝道を開始した。そして，布教の当初から，中国において布教に従事する宣教師はまず中国語を習得しなければならないという活動方針を堅持した。例えば『天主実録』の著者であるルッジェーリ（Michele Ruggieri 羅明堅 1543-1607）は 2 年余りの短期間に「漢字一万二千を習得して悉く暗記して居た」と言われる[1)]。『天主実録』以後，80年間にイエズス会の多くの宣教師によって中国語による翻訳書や著作が170数種出版された。

イエズス会による伝道開始から約80年後，そしてマテオ・リッチ（Matteo Ricci　利瑪竇 1552-1610）が中国語による教理問答書『畸人十規』を出版してから約50年後，1636年に，『聖経直解』がポルトガル人イエズス会士のディアスによって出版された。

ディアスは中国名が陽瑪諾，字は演西である。1574年ポルトガル生まれで，1593年に修道院に入った。1601年に航路にて出国し，1610年にはゴアに到着，その後マカオに6年滞在し神学を教授した。1611年に韶州に移り布教活動に従事し，1613年には天文学者の身分で北京に滞在した。1614年には（中国）宣教区の巡按使となり，1616年には南京に滞在していたが，南京教難の際にマカオに流された。1621年には再び北京に滞在し，1623年に中国教区（管区）副区長となって，引き続き1635年まで副区長を務めた。また，この間1626年には南京，1627年には上海，その後杭州に移った。1634年には江西南昌，1638年には福建福州，1639年には寧波に滞在し，その後ふたたびマカオに流された。1648年には福建延平に滞在し，1650年から1654年にかけて再び中国教区の副区長を務めたが，1659年杭州にて逝去した。

その訳著は，最も著名な『聖経直解』のほか，『天主聖教十誡直詮』『代疑編』『景教碑詮』『聖若瑟行実』など数多い。とりわけ『聖経直解』は，イエズス会士の数ある翻訳書や著作のなかでもその中国語の評価が高いと言われる。本書は1636年北京にて14巻本が出版され，1642年，1790年に北京で8巻本が出されるなど版を重ねた。また，『聖経浅解』と言う官話本もある[2)]。

1.1.2　『聖経直解』の概要

『聖経直解』は前述の通り，ポルトガルのイエズス会士ディアスによる聖書抄訳で全14巻で，本書はキリスト教徒の安息日の聖経（聖書）の事理を説明するものである。さらに，礼拝日と節期（祭礼時）に唱和するために，注釈によって1年間のカトリックの祭日が詳しく明晰に説明されている。[3)] また，本書は巻末に索引を備えている。中国語による書物で索引を持つのは，本書をもってその嚆矢とする。[4)]

本書はラテン語ブルガタ訳聖書（4福音書部分）の中国語への抄訳と，その注釈からなる。カトリックでは，1545年から1563年にかけてのトリエント公会議で公認聖書として認められたラテン語ブルガタ訳聖書を用いている。[5)]『聖経直解』について，ガルニエ1933は「本書のあらゆる各段の聖書の翻訳は，当然すべて通俗ラテン語本から訳出されている」と言及しているが，この「通俗ラテン語本」は，ブルガタ訳と考えるのが妥当であろう。[6)]『在華耶蘇会士列伝及書目補編』には「ディアスは中国語の文言によって主日と聖徒祝日の福音書を翻訳した」と記されている。[7)] ガルニエ1933でも「本書は4福音書の多くの経文を，中国語の文言を用いて訳出している」と言われている。[8)] つまり，ディアスはブルガタ訳を底本として，聖書を中国語の文言に抄訳したと言えよう。また，ディアスの中国語は，フィスター（Louis Pfister 費頼之 1833-1891）が「この『聖経直解』は文章が簡潔で気品があり洗練されている（pure, elegant, chaste）が，一般の教徒が理解できるところのものではない。本書はディアスが中国の最も高深な古文に翻訳しているが，やはり最も理解が難しい。」と述べているように，格調高い文言であった。[9)] なお，本書が1933年当時も依然として中国のカトリックで通用していたことをつけ加えておく。[10)]

1. 1. 3『聖経直解』の体裁

『聖経直解』は，ブルガタ訳聖書4福音書の中の，カトリックの年間の安息日（日曜）と1年間の祭日に関わる部分を抄訳している。第1巻から第14巻まで全巻を通して，年間の順序にしたがって排列している。

例えば，第1巻は次のように，4つの“主日”に関する抄訳と解説によって構成されている。

ルカ	第21章	25～33節	題「吾主聖誕前第四主日」
マタイ	第11章	02～10節	題「吾主聖誕前第三主日」
ヨハネ	第01章	19～28節	題「吾主聖誕前第二主日」
ルカ	第03章	01～06節	題「吾主聖誕前第一主日」

このように排列された各巻，各項の中で，安息日と祭日に関する聖経（聖書）の事理を説明している。さらに注釈を加えて，礼拝日と節期（祭礼時）における唱和のために提供されている。

聖書の4福音書全文の章と節の総数は次の通りである。

「マタイによる福音書」	28章	1071節
「マルコによる福音書」	16章	678節
「ルカによる福音書」	24章	1151節
「ヨハネによる福音書」	21章	878節
	合計	3778節

ここに挙げた4福音書の章節の総数のうち，『聖経直解』に翻訳されている総節数はそれぞれ次の通りである。

「マタイによる福音書」	355節	（総節数の33.1%）
「マルコによる福音書」	37節	（総節数の5.4%）
「ルカによる福音書」	321節	（総節数の27.8%）
「ヨハネによる福音書」	291節	（総節数の33.1%）

4福音書から翻訳された節数を合計すると1004節であり，4福音書の総節数の約4分の1（26.5%）の抄訳であることが分かる。『聖経直解』

抄訳における4福音書の大体の割合はそれぞれ,「マタイによる福音書」が35.3%,「マルコによる福音書」が3.7%,「ルカによる福音書」が32%,「ヨハネによる福音書」が29%である。「マルコによる福音書」は,「とくに,イエスの最後の一日の叙述に約6分の1の紙幅を割き,最後の一週間の叙述に約3分の1を割くなど,最後の受難の経緯が中心をなしており,イエスの誕生や幼少時代,家庭環境などには一切触れられていない」ことから,極めて少ない部分しか翻訳されていない。[11)]

1.1.4『聖経直解』の翻訳

ディアスは,トリエント公会議で公認聖書となったラテン語ブルガタ訳聖書の4福音書を底本として中国語に抄訳し『聖経直解』を著している。ここで,「マタイによる福音書」第8章の数節を例にブルガタ訳ラテン語聖書(以下,表中では【ブ】と表記する。【直】は『聖経直解』)の本文と比較してみる。

まず「マタイによる福音書」第8章第2節を見てみよう。

【ブ】 et ecce leprosus veniens adorabat eum, dicens: Domine, si vis,
見よ 癩病人 来る ひれ伏す 彼に 曰く 主よ もし 欲する
potes me mundare.[12)]
できる 私を 浄める

【直】 一癩者伏曰主若肯輒克浄予

ブルガタ訳のうち,“et ecce(見よ)”“eum(彼に)”“veniens(来る)”などが省略されているので,完全な逐語訳とは言えないものの,“leprosus＝癩者”“adorabat＝伏”“dicens＝曰”“Domine＝主”“mundare＝克浄”“me＝予”など,ほぼ原文の意味するところを中国語の文言に忠実に翻訳していることが分かる。

続いて「マタイによる福音書」第8章第3節を見てみよう。

【ブ】Et extendens: Jesus　manum, tetigit eum, dicens: Volo.Mundare.
　　伸ばす　　イエス　手　　　触る　彼に　曰く　　欲す　清める

Et confestim mundata est　lepra ejus.[13)]
　　速く　　清める　である　癩病　その人

【直】耶穌舒手撫之曰肯淨矣廼厥體遽淨

本節では，ブルガタ訳のうち“Jesus = 耶穌”“extendens = 舒手”“tetigit = 撫”“eum = 之”“dicens = 曰”“Volo = 肯”“Mundare = 淨”“遽 = confestim”などは，ほぼ原文の意味するところが中国語の文言に翻訳されている。“est lepra ejus（癩病人そのひと）”については，前節までに癩病人がすでに登場しているので，三人称属格の“厥”によって，“厥體（その身体）”と訳されている。この他，文末助詞の“～矣”と副詞の“廼”が補われている。

このように，『聖経直解』では，完全な逐語訳ではないが，ラテン語ブルガタ訳聖書の各節の語句について原典の意味を損なうことなく，助詞，副詞などの虚詞を適宜補いつつ，中国語の文言に翻訳している様子が窺える。

1. 1. 5『聖経直解』の語彙　―文言と白話の虚字を中心に―

『聖経直解』の文体は一見したところ文言である。ここで，ヤホントフ（雅洪托夫）1969 が唐宋時代の文献について，その文体（文言・混淆体・白話（口語））を識別するために鑑定語として定めた文言から白話の虚字 26 語と関連する虚詞をキーワードに利用しつつ，その語彙の特徴について見ていきたい。[14)]

1. 1. 5. 1　文言（上古漢語）的要素について（1）

『聖経直解』における主な文言虚詞の用例について，ヤホントフ 1969 の上古漢語の特徴とされるＡ組の文言虚字の用例と用例数を中心に，関連する語彙も含めて見てみよう。用例数は下表の通りである。

其	之	以	于/於	也	者	所	矣	則
92	101	88	170	30	220	27	9	30

(1) “其”は主格，属格の三人称代名詞，および指示代名詞の役割としての用法である。各用例の前の数字は順に，巻・経・文・翻訳された4福音書の名称と章・節を表す。アルファベットは福音書を表すもので，“M”は「マタイによる福音書」，“Ma”は「マルコによる福音書」，“L”は「ルカによる福音書」，“J”は「ヨハネによる福音書」である。例えば1つ目の用例の数字“5-2-96-L23-6”は「第5巻の経の2番目の中の96番目の節で，「ルカによる福音書」第23章の第6節を翻訳している」ことを表す。

5-2-96-L23-6　比辣多問其為加理勒亞人否
5-2-120-M27-30　後唾其面以竹擿其首
6-14-8-J10-8　他人勿論從何來皆賊惟羊不聽其聲
8-9-3-M18-25　力莫償王命鬻其身其孥其家資以償
13-2-4-L1-60　母咈曰若翰其定名

(2) “之”は目的格の三人称代名詞，および指示代名詞の役割としての用法である。文末で三人称を表すものはいずれも“之”で11例ある。

1-1-8-L21-32　肆予確說于人類未滅前必僉驗之
5-2-31-L22-51　耶穌諭徒曰休乃輕捫厥耳愈之
6-14-3-J10-3　司門啟扃納羊聽其聲彼依各羊本名而名之
7-4-11-L5-11　即拋舟共舍業從之
8-10-5-M22-19　出視稅錢即出視之

この他，三人称代名詞および指示代名詞の属格を表す“厥”が139

例ある。

3-1-2-M20-2　定每工一錢令之營厥葡林
5-2-31-L22-51　耶穌諭徒曰休乃輕捫厥耳愈之
8-7-13-M22-13　王呼左右繫厥手足置之外冥有哭有切齒所
9-4-11-J1-11　來入厥地厥民猶罔迓
13-2-8-L1-64　厥父口立谿舌立伸興丕讚主恩

また，以下の用例のように，主格と思われるような“厥”もある。

1-3-9-J1-27　厥來予後厥成實予先予猶罔敢親釋厥綦
2-1-4-L2-36　亦有亞納先知者法努阨爾暨亞色爾宗枝之女年老厥婚七年
4-3-9-L11-22　倘有更勇者來而勝必奪厥攸恃兇器必將分厥攸藏財賄
7-4-1-L5-1　維時衆擁逼耶穌望聆聖訓厥止日逆匝肋湖濱
8-7-11-M22-11　王入視賓厥有不著禮服
8-12-13-M24-27　如霹靂東來厥閃達西人子之臨一然
9-2-1-L2-1　維時責撒肋奧吾斯多發令命厥攸屬邦人報名籍上

また“他”の字は14例あるが，いずれも「ほかの，別の」意を表すもので，白話で一般的な三人称の用例は無い。

1-2-2-M11-3　往詢曰爾其當來人抑尚望他來
6-2-21-L24-33　時起回京遇十一宗徒偕他門弟
6-14-5-J10-5　若聞他人音不從反皆竄散不習他人聲故
8-7-4-M22-4　次遣他使曰速客云吾宴已備禽牢已宰穀品已全請赴

この他，三人称を表すものでは“渠”が14例，“伊”が21例，複数語尾のついた“伊等”が4例ある。各例文末尾の（ ）内は，例文中の三人称代名詞が指すものである。

“渠”が14例。

3-3-9-L18-39　前行者止勿喧渠聲愈高曰達未子垂憐我　（盲人）
4-4-6-J6-6　斯試彼言渠豫知何處
（イエス，“斯”もイエス，“彼”はピリポ）
5-2-50-J18-21　奚為詢予詢聞予訓渠知予出辭
（私から聞いた人たち）
9-1-4-L1-29　渠聞驚異默思來繇　（マリア）
9-4-8-J1-8　渠非光惟光惟光真証　（ヨハネ）

“伊”が21例。

2-2-9-L2-50　伊等尚弗達于伊言　（イエス）
2-2-10-L2-51　時同伊下返納匝肋德而屬下之維茲眾辭母畜迺心　（イエス）
2-3-5-J2-5　聖母語僕曰從伊命可悉行　（イエス）
9-10-2-J6-56　領予體飲予血伊懷予予懷伊
（“領予體飲予血”の者を指す）
11-3-3-M4-20　伊即應命棄網而從　（シモンとアンデレ）

“伊等”が4例。

2-2-1-L2-42　耶穌一紀伊等上日路撒冷如瞻禮規　（イエスの両親）
2-2-2-L2-43　禮日既闋伊等行返乃童耶穌自止日路撒冷厥親弗知　（イエスの両親）
2-2-9-L2-50　伊等尚弗達于伊言　（イエスの両親）
2-7-3-M13-33　別設一喻於伊等曰天國者比發麵之肥婦以藏於麵三斗內麵乃悉動變蓬起　（群衆）

(3) 介詞としての“以”は 88 例である。

1-3-8-J1-26	答曰予惟以水洗人爾等中已居爾等自莫之知
2-6-2-M13-25	役寐時主之讎以莠稗布麥間去
5-2-21-M26-50	耶穌謂之曰友至此為何茹答以禮付人子
5-2-120-M27-30	後唾其面以竹撾其首
5-2-143-L23-33	釘于十字架以賊左右耶穌

(4)“于”と“於”のほとんどは,「動詞＋“于／於”＋場所」の形をとり,目的語がある場合はこれを動詞との間にはさむ。

“于”65 例。

2-2-11-L2-52	耶穌寖加上知漸增厥齡日益受寵愛于天主及眾人之前
2-4-6-M8-6	主予一僕臥于家病痿苦劇
4-4-15-J6-15	耶穌知眾欲強為王獨身急步再登于山
5-2-143-L23-33	釘于十字架以賊左右耶穌
8-2-7-M6-30	野草今日暫留翌朝付于窯天主猶勒厥衣乃弗愈勒于爾劣信者
12-1-4-J21-22	曰尚欲留之于世待予復來于汝何與汝第從予

“於”105 例。

1-3-10-J1-28	前事悉行於白大倪亞若爾當河之後是即若翰授洗於人處
5-2-49-J18-20	耶穌答曰予明講於世予時恆示人於聖殿眾集之所私地無出片言
5-2-85-L23-2	次曰是煽惑本國人心又禁納稅於責撒肋又自稱國王
6-5-12-J20-30	斯外猶有多異耶穌行於徒前不錄於斯冊
7-9-7-L19-47	厥後主日日誨眾於殿

8-10-1-M22-15　維時法利色義會議陷耶穌於言失
8-10-3-M22-17　請示納税於責匝勒可否

この“於”の105例のうち，「形容詞＋“於”」の形で比較を表すものが3例あり，全体でも比較を表すものはこの3例のみである。

11-1-4-M18-4　卑細者若孩則大於天國
5-2-46-M26-62　司教首起立問曰爾被面訐重多於此爾無一言以白
8-2-3-M6-26　視空中羽無勞稼穡無藏廩餼在天汝父養之爾詎弗貴於羽

(5)“也”30例。

6-6-3-J10-13　傭人為為傭人為於羊罔與走也
9-11-6-J3-6　受生於人人也受生於神神也
12-3-4-L6-15　瑪竇也多默也雅各伯亞爾弗阿也西滿伊名曰責落德也
12-3-5-L6-16　如達雅各伯也付主者茹答也
12-5-6-J15-22　令予弗降弗親諭人則人靡辜今也其辜靡有託故也

(6)“者”220例。

1-2-4-M11-5　瞽者明聾者聰癩者淨死者活貧者受教福音
2-7-1-M13-31　維時耶穌設喻於眾曰天國者比之芥種人以藝厥田
5-2-53-M26-63　教首者又問曰汝果天主子當明語吾等
13-1-3-M5-3　神貧者乃真福為其已得天上國
14-2-5-J5-29　善者復活以享嘗生惡者復活以受永苦

(7)“所”9例。

4-2-9-M17-9　下時耶穌命之曰玆所見勿露俟人子復活
5-2-148-J19-22　比辣多曰所書既書
5-2-156-J19-26　耶穌視母併視所愛之徒謂母曰女人彼為爾子
6-2-12-L24-24　又同道友若干迨塚覓屍而不見其所視一一盡符女言
6-4-7-J21-7　時耶穌所愛徒語伯鐸羅曰是主西滿伯鐸羅聞是主披裳下水

(8)“矣”は全体で7例しか無く，それほど用いられていない。

5-2-17-M26-46　已矣付予者近起偕予出迓
7-7-5-M7-20　然矣爾視人實即識厥人
10-2-6-L1-44　奇矣爾拜一言擊耳胎子若舞若踴甚喜
12-2-8-J14-8　斐理伯曰主允弟視聖父弟願滿矣足矣
12-6-6-M11-30　予軛飴矣予任輶矣

(9)承接を表す連詞では“則”が30例である。白話で承接を表す“就”は見られない。

1-1-7-L21-31　爾輩亦然見行玆兆則知天國已近
4-3-10-L11-23　弗合予則逆予弗偕予積則廢失
6-9-2-J16-24　至今爾輩未將予名以求求則受爾樂則滿
9-3-3-L2-17　視之則識聞見皆相應
12-2-7-J14-7　爾得知予則知予父未幾當知焉爾輩已見予父

1.1.5.2　文言（上古漢語）的要素について（2）

つづいて，B組の虚詞と関連する語彙を中心に見ていきたい。まず，主な語彙の用例数は下表に示した通りである。

而	之	何	無	此	乃	所	矣	則
53	124	41	70	25	110	27	9	30

(1)“而”によって動詞または動詞連語を並列するものが53例ある。

4-3-9-L11-22　倘有更勇者來而勝必奪厥攸恃兇器必將分厥攸藏財賄
6-2-22-L24-34　皆言主真復活而現于西滿
7-12-9-L10-31　適有撒責偶下是路視而去
11-3-3-M4-20　伊即應命棄網而從
12-2-13-J14-13　爾賴予名而禱聖父予悉允爾禱
12-3-8-L6-19　蓋厥德達布于外病者撫而立痊

(2)“之”は連体修飾の助詞としての用例で，連体修飾を表すのは全文を通して，この“之”のみである。後述するように，“的”は1例しかなく，また，この用例は後ろに名詞を持って連体修飾を表すものではなく，“主咸明的（主がすべて明らかにしたことである）”と言うように，名詞化，強調を表しており，また，文末に置かれたものである。

5-2-112-Ma15-12　爾輩之王當如之何
5-2-139-L23-28　耶穌回顧語之曰京都之女勿哭予當哭爾當哭爾子
8-6-6-M9-6　爾曹可知人子在世有赦罪之權謂痿者曰起肩榻歸室
9-1-8-L1-33　永王雅各伯家永無疆之國

13-1-9-M5-9　　和睦者乃真福為其將謂天主之子

⑶“何”は41例の他に，“何～”と“～何”が合わせて17例あるが，“甚麼”は用例が無い。この他，疑問副詞としての“曷”が13例ある。

1-3-7-J1-25　復問曰爾既匪契利斯督亦匪阨理亞亦匪先知者曷授洗於人
2-2-8-L2-49　答曰曷予覓哉弗知一有吾父之事予即可在玆
2-5-4-M8-26　曰劣信人曷怯乃起命風教海太平
3-1-6-M20-6　時幾酉初又出睹立者幾人曰汝曹曷為終日閑立
9-1-9-L1-34　瑪利亞應曰我既童身爾言曷行

⑷“無”が70例で，“沒有”は用例が無い。

5-2-14-M26-43　又起來視三徒時再寐厥目紅瞀無言對
7-6-2-Ma8-2　吾憐若眾自從我迄今經三日皆無食
8-7-8-M22-8　乃謂使者曰宴已具惟向召輩無幸以享
12-6-2-M11-26　父欲如是悉繇于父無測之意

“有”を“無”によって否定しているものが1例ある。

9-1-12-L1-37　天主無有莫能行之行

⑸近称の指示詞は“此”が25例で，“這”の用例は無い。

3-1-7-M20-7　此曰無雇曰汝等亦之予蔔林乃訖
3-1-16-M20-16　此者先為後後為先請者多簡者寡
4-4-9-J6-9　玆有小廝攜大麥餅五魚二此些微烏給此眾
5-2-21-M26-50　耶穌謂之曰友至此為何茹答以禮付人子
6-12-3-J14-25　此者予已言於爾偕爾居時

(6) "乃" 110 例。

2-2-3-L2-44	度在群行行及程乃訪求於親族知識
5-2-31-L22-51	耶穌諭徒曰休乃輕捫厥耳愈之
5-2-116-M27-26	比辣多乃命釋把拉把鞭耶穌
13-1-5-M5-5	泣涕者乃真福為其將受寬慰
8-1-6-L17-16	伏叩頌恩斯乃匝瑪利大諾人
3-3-13-L18-43	應命立見乃從乃揚主恩眾亦咸丕揚

1. 1. 5. 3　文言の文末助詞について

これまでに見たもの以外で，文言の特徴をもつ文末（句末）助詞の用例数については，下表の通りである。

乎	哉	與	歟	耳	然	焉
20	14	0	0	1	7	9

"乎" と "哉"，"焉" が主に使用されている。"與" と "歟" はいずれも用例が無い。この表に挙げた文末助詞の他では，"已" は 1 例のみで "夫" や "而已" については用例が無い。

(1) "乎" 20 例。

6-2-6-L24-18	其一名格勒阿法曰獨爾在京為旅曾不知近日事乎
7-1-4-L6-39	復喻云瞽者導瞽莫偕蹶陷乎
9-11-9-J3-9	倪閣曰夫俱奚能為乎
12-2-5-J14-5	多默曰徒概弗識師奚去奚識道乎
12-4-3-M9-11	司教者竊視謂徒曰汝師同征稅同罪人並席理乎

(2) “哉” 14 例。

2-2-8-L2-49　答曰曷予覔哉弗知一有吾父之事予即可在玆
2-6-5-M13-28　曰玆工吾皭工哉役曰主欲予遽往耨
5-2-133-J19-15　衆狂呼曰舉之舉之比辣多曰爾王奚可釘哉曰吾王惟責撒肋
7-9-2-L19-42　今安度爾日哉今安享爾平哉今烏知攸隱於爾目哉
8-3-6-L7-16　僉駭愕稱羨天主曰先知大聖降世哉天主顧眷其民哉

(3) “焉” 9 例。

6-2-23-L24-35　乃彼亦述行際之情及若何祈餅時認之焉
6-3-1-L24-36　維時耶穌焂現立徒中語曰予平安居與爾偕焉
12-5-5-J15-21　予二三子來日為予必遭多逆但汝逆皆繇于世不知遣予聖父焉
13-2-10-L1-66　聞者曰斯嬰來日將為誰奇矣斯孩天主親手之工焉
13-4-3-J12-26　事予者宜從予逝時則居予現攸居在天予父必榮光從予者焉

1.1.5.4　白話の虚詞について

C組

便	得	個/箇	了	裏/裡	這	底/的	着	只	兒	子
5	0	0	1	0	0	1	0	0	0	0

この表における“兒”と“子”は接尾辞としての用法である。

(1) まず承接を表す連詞の“便”が5例あるが，“就”は用例が無い。

5-2-3-M26-32　予復活後便現爾於加理勒亞
5-2-122-J19-4　比辣多攜耶穌出外謂衆曰我今攜此人欲爾便知我不知其辜
6-1-7-Ma16-7　爾今往告厥徒偕告伯鐸羅曰主前爾迨加理勒亞在彼便得見主若彼先說於爾
7-7-2-M7-16　汝視厥實便識厥蘊誰摘葡萄於荊棘無花果於蒺藜
9-9-4-Ma16-17　信者倚予名便行多奇能驅惡神能談異語

(2)“了”は1例である。

5-2-6-M26-35　曰使偕師致命了弗背師衆徒說一然

(3)“的”は文末での用例が1例である。

6-2-15-L24-27　即從每瑟以至多先知聖人所預發論因解主情乃主咸明的

『聖経直解』は，4福音書の約4分の1を抄訳しており文字数がかなり多いが，このように，白話虚字の鑑定語を含む用例が合わせて7例だけである。翻訳全体を見ると，やはり文言で翻訳されていることが一目瞭然であると言えよう。

1.1.5.5　白話・文言の特徴となる語彙の対比を通して

(1)“甚”“狠”について
副詞の“甚”と“狠”について見てみる。
まず“甚”については形容詞の後ろに置く用法が多い。

2-7-2-M13-32　是種在萬種間眇甚微甚惟一長越諸蔬成幹樹以棲戻天禽
4-2-4-M17-4　伯鐸羅告耶穌曰主我等在此樂甚倘許我等肯搆三居主一每瑟一阨理亞一
6-14-10-J10-10　盜獨來以竊以殺以敗予來以活予羊以牧厚甚
9-6-10-M2-10　見星忻喜異甚

副詞としての用法は以下の通りである。

4-2-6-M17-6　徒聞偃仆甚怖
5-2-98-L23-8　渠以夙問耶穌奇異諸蹟得見懽甚望吾主當面行異
7-3-5-L15-5　獲之甚喜

“狠”或は“很”は用例が無い。

⑵“無”“沒有”について

存在の否定を表す“無”と“沒有”については，すでに前節で見たが，結果は“無”が70例で，“沒有”は用例が無い。

⑶“何”“甚麼”について

疑問を表す“何”と“甚麼”については，前節で見たように，“何”は41例の他に，“何～”と“～何”が合わせて17例あるが，“甚麼”は用例が無い。この他，文言の疑問副詞としての“曷”が13例ある。

⑷“彼”“那”について

近称を表す“此”と“這”については，前節ですでに見てきたが，遠称を表す“彼”は三人称としての用法，指示詞（場所，ヒト）を全て合わせて66例あるが，“那”は用例が無い。

(5) 介詞“合”“同”“與”“和”“跟”について

“同”と“與”は，いずれも動詞であるか介詞であるか，曖昧なところではあるが，ヒトと動詞を後置する用例が，それぞれ“同”と“與”とが7例ずつである。また“同”は連詞の用例は無い。このほか“合”“和”“跟”の3語についてはいずれも用例が無い。

“同”の用例は以下の通りである。

2-2-10-L2-51	時同伊下返納匝肋德而屬下之維玆眾辭母畜迺心
2-4-11-M8-11	並語爾自東自西有多人來同亞巴浪義撒雅各宴於天國
5-2-1-M26-30	耶穌同厥門徒出往責多亂溪後
5-2-11-M26-40	禱畢還視三徒皆甚憂寐乃謂伯鐸羅曰西滿眠弗克同予寤半晷
5-2-40-J18-15	伯鐸羅及他徒遠跡隨耶穌掌教者熟識是徒因同耶穌得進在掌教之墀
6-3-8-L24-44	餕分與謂予同汝居時已云每瑟及先知聖人指予所記必當一一悉符
12-4-3-M9-11	司教者竊視謂徒曰汝師同征稅同罪人並席理乎

“與”の用例は以下の通りである。

2-3-4-J2-4	耶穌應曰女者予與汝何與予時尚未至
4-5-10-J8-55	而猶弗知之予知之若云不知必為誕人與爾等同之而懷厥言焉
5-2-54-M26-64	耶穌謂之曰爾言是我又與爾說異日爾目將見人子坐天主右乘雲降來
5-2-135-M27-24	比辣多既設多計盡無益又眾洶洶群噪將水對眾

盥手曰斯無辜人之血與我無與爾輩自顧
6-3-1-L24-36　維時耶穌焂現立徒中語曰予平安居與爾偕焉
6-7-2-J16-17　徒中或互謂曰師與我等說未時弗得見予未時復徳見予因將詣予父
9-1-3-L1-28　神入室朝曰亞物滿被額辣濟亞者主與爾偕焉女中爾為讃美

“與”の用例の中で，2-3-4-J2-4 と 5-2-135-M27-24 については，後ろの“與”は名詞で「関係」の意味にあたる。

1. 1. 5. 6　その他，時間に関する語彙について

時間を表す表現では，“晷”のみが使われている。[15]

3-1-12-M20-12　斯輩後至工半晷我等負整日重整日烈主例彼於我等同
5-2-11-M26-40　禱畢還視三徒皆甚憂寐乃謂伯鐸羅曰西滿眠弗克同予寤半晷

1. 1. 6　小結

以上，**1. 1. 5** を通して見てきたように，『聖経直解』の 4 福音書抄訳部分は，ほとんどが「書面語の特徴となる語彙」で占められており，幾つかの書目でそう指摘されているように，ラテン語ブルガタ訳聖書を底本に，ほぼ文言の文体に忠実に翻訳されていることが分かる。『聖経直解』では，若干の例外が見られるものの，全体としては文言の特徴をもつ虚字を使う文体で書かれている。人称代名詞については，『四史攸編』以降の文体の変化と併せて，第 6 章で改めて考察する。

［補足］『聖経直解』における新約聖書4福音書からの引用章節一覧

ディアスによる『聖経直解』が，カトリックの公認聖書正典であるラテン語ブルガタ訳聖書の4福音書からの抄訳であることは，本文ですでに触れた通りである。本補足では，『聖経直解』における各節が，具体的に原典の第何章の第何節を翻訳したものであるのかを調査して，一覧にまとめた。まず，新約聖書の4福音書の章節総数と，『聖経直解』抄訳部分の章節数はそれぞれ以下の通りである。

福音書	章　節総数	抄訳節数	翻訳された割合
「マタイによる福音書」	28章1071節	355節	（総節数の33.1%）
「マルコによる福音書」	16章 678節	37節	（総節数の5.4%）
「ルカによる福音書」	24章1151節	321節	（総節数の27.8%）
「ヨハネによる福音書」	21章 878節	291節	（総節数の33.1%）
	合計3778節	1004節	（総節数の26.5%）

4福音書から翻訳された節数を合計すると1004節であり，4福音書の総節数の約4分の1（26.5%）の抄訳であることが分かる。『聖経直解』抄訳における4福音書の大体の割合はそれぞれ，「マタイによる福音書」が35.3%，「マルコによる福音書」が3.7%，「ルカによる福音書」が32%，「ヨハネによる福音書」が29%である。なお，本一覧の見方については，以下の凡例に示す通りである。

凡　例

本一覧の作成にあたって，テキストには『天主教東傳文献三編（四)』を使用した。

1）左端の，第 1 巻から第 14 巻までは，『聖経直解』の巻数で，その下の数字は，各巻の中の「経」の順序を示す。

2)「書／巻」は 4 福音書の, いずれの書のいずれの巻かを示す。例えば冒頭の「ルカによる福音書の第 21 巻」は「ルカ 21」と記す。

3)「節」は，4 福音書各巻の第何節から第何節であるかを示す。節の一部分だけ訳されているものには，節番号に下線を付した。

4)「題」は，『聖経直解』各本文のタイトルである。

5)「頁」は，テキスト『天主教東傳文献三編（四)』の該当ページである。

6)「通し番号」は第 1 巻第 1 経の「1」番から第 14 巻第 2 経の「91」番まで，便宜的に番号を付したものである。

	書・巻	節	題	頁	通し番号
第 1 巻					
1	ルカ　21	25～33	吾主聖誕前第四主日	1571	1
2	マタイ11	02～10	吾主聖誕前第三主日	1579	2
3	ヨハネ01	19～28	吾主聖誕前第二主日	1601	3
4	ルカ　03	01～06	吾主聖誕前第一主日	1620	4
第 2 巻					
1	ルカ　02	33～40	吾主聖誕後主日	1635	5
2	ルカ　02	42～52	三王來朝後第一主日	1643	6
3	ヨハネ02	01～11	三王來朝後第二主日	1655	7
4	マタイ08	01～13	三王來朝後第三主日	1671	8
5	マタイ08	23～27	三王來朝後第四主日	1683	9
6	マタイ13	24～30	三王來朝後第五主日	1693	10
7	マタイ13	31～35	三王來朝後第六主日	1713	11

	書・巻	節	題	頁	通し番号
第3巻					
1	マタイ20	01～16	封齋前第三主日	1727	12
2	ルカ　08	04～15	封齋前第二主日	1759	13
3	ルカ　18	31～43	封齋前第一主日	1787	14
第4巻					
1	マタイ04	01～11	封齋後第一主日	1801	15
2	マタイ17	01～09	封齋後第二主日	1865	16
3	ルカ　11	14～28	封齋後第三主日	1885	17
4	ヨハネ06	01～15	封齋後第四主日	1901	18
5	ヨハネ08	46～59	封齋後第五主日	1913	19
第5巻					
1	マタイ21	01～09	封齋後第六主日	1930	20
	(原書はマタイ20と表記)				
2					21
	(マタイ26・37，マルコ14・15，ルカ22・23，ヨハネ18・19を混交)				
1	マタイ26	30～50		1939	
2	ヨハネ18	04～09		1943	
3	マルコ14	46のみ		1944	
4	ルカ　22	49のみ		〃	
5	ヨハネ18	10のみ		〃	
6	ルカ　22	51のみ		〃	
7	マタイ26	52のみ		〃	
	(或いはヨハネ18-11のみ)				
8	マタイ26	53～54		1945	
9	前半　マタイ26	55のみ		〃	

	書・巻	節	題	頁	通し番号
	後半 ルカ 22	53のみ		1946	
	(つながり部分で重複)				
10	マルコ 14	50のみ		〃	
11	ヨハネ 18	13のみ		〃	
12	マタイ 26	57のみ		1946	
	(或いはマルコ 14-53 のみ)				
13	ヨハネ 18	15・16・18		〃	
14	マタイ 26	59～63		〃	
	(63後半は1948頁の16の第1文)				
15	ヨハネ 18	19～23		1947	
16	マタイ 26	63後半～66		1948	
17	マルコ 14	65のみ		1949	
18	ヨハネ 18	17のみ		〃	
19	マルコ 14	68のみ		〃	
20	マタイ 26	71～73		〃	
21	ヨハネ 18	26のみ		1950	
22	ルカ 22	60～62		〃	
23	ルカ 22	66～71		1951	
24	ルカ 23	01のみ		〃	
25	マタイ 27	03～10		1952	
26	ヨハネ 18	29～32		1953	
27	ルカ 23	02のみ		1954	
28	マタイ 27	12～14		〃	
29	ヨハネ 18	33～38		1955	
30	ルカ 23	05～16		1956	
31	マタイ 27	15～17・20		1958	
	(16節の一部にヨハネ 18-40 が入る)				
32	マルコ 15	12・13		1959	

	書・巻		節	題	頁	通し番号
33	ルカ	23	22・23		1959	
	(或いはマタイ 27-23 のみ)					
	(或いはマルコ 15-14 のみ)					
34	マタイ	27	26〜31		〃	
	(或いはマルコ 15-15〜20)					
35	ヨハネ	19	04〜15		〃	
36	マタイ	27	19 のみ		1962	
37	マタイ	27	24・25		〃	
38	マルコ	15	15・16・20・22 部分要約		1963	
	(或いはマタイ 27-26・27・31・33 部分要約)					
39	ルカ	23	27〜33		〃	
40	マタイ	27	41・42		1964	
	(或いはマルコ 15-31・32)					
41	ヨハネ	19	19・21・22		〃	
42	ルカ	23	34 のみ		1965	
43	ルカ	23	39〜43		〃	
44	ヨハネ	19	25〜27		1966	
45	マタイ	27	45・46		1967	
	(或いはマルコ 15-33・34)					
46	ヨハネ	19	28〜30		1968	
47	ルカ	23	46 のみ		〃	
48	マタイ	27	51〜54		〃	
49	ヨハネ	19	31〜34		1969	

第6巻

1	マルコ	16	01〜07	耶穌復活本主日	2046	22
2	ルカ	24	13〜35	耶穌復活後第一副瞻禮	2061	23
3	ルカ	24	36・38〜47	耶穌復活後第二副瞻禮	2073	24

	書・巻	節	題	頁	通し番号
4	ヨハネ21	01〜14	耶穌復活後第三副瞻禮	2079	25
5	ヨハネ20	19〜31	耶穌復活後第一主日	2087	26
6	ヨハネ10	11〜16	耶穌復活後第二主日	2097	27
7	ヨハネ16	16〜22	耶穌復活後第三主日	2107	28
8	ヨハネ16	05〜14	耶穌復活後第四主日	2113	29
9	ヨハネ16	23〜30	耶穌復活後第五主日	2119	30
10	ヨハネ15	26・27	耶穌昇天後主日	2125	31
11	ヨハネ16	01〜04	(同上)	2126	32
12	ヨハネ14	23〜31	耶穌降臨本主日	2133	33
13	ヨハネ03	16〜21	耶穌降臨後第一副主日	2147	34
14	ヨハネ10	01〜10	耶穌降臨後第二副主日	2153	35
15	マタイ28	18〜20	天主三位一體主日經	2165	36

第7巻

	書・巻	節	題	頁	通し番号
1	ルカ　06	36〜42	聖神降臨後第一主日	2173	37
2	ルカ　14	16〜24	聖神降臨後第二主日	2183	38
3	ルカ　15	01〜10	聖神降臨後第三主日	2193	39
4	ルカ　05	01〜11	聖神降臨後第四主日	2201	40
5	マタイ05	20〜24	聖神降臨後第五主日	2207	41
6	マルコ08	01〜09	聖神降臨後第六主日	2221	42
7	マタイ07	15・16・18〜21	聖神降臨後第七主日	2227	43
8	ルカ　16	01〜09	聖神降臨後第八主日	2229	44
9	ルカ　19	41〜47	聖神降臨後第九主日	2247	45
10	ルカ　18	09〜14	聖神降臨後第十主日	2251	46
11	マルコ07	31〜37	聖神降臨後第十一主日	2259	47
12	ルカ　10	23〜37	聖神降臨後第十二主日	2263	48

	書・巻	節	題	頁	通し番号
第 8 巻					
1	ルカ　17	11～19	聖神降臨後第十主日	2289	49
2	マタイ06	24～33	聖神降臨後第十主日	2299	50
3	ルカ　07	11～16	聖神降臨後第十主日	2311	51
4	ルカ　14	01～11	聖神降臨後第十主日	2315	52
5	マタイ22	34～46	聖神降臨後第十主日	2325	53
6	マタイ09	01～08	聖神降臨後第十主日	2329	54
7	マタイ22	01～14	聖神降臨後第十主日	2337	55
8	ヨハネ04	46～53	聖神降臨後第十主日	2341	56
9	マタイ18	23～35	聖神降臨後第十主日	2347	57
10	マタイ22	15～2	聖神降臨後第十主日	2353	58
11	マタイ09	18～26	聖神降臨後第十主日	2361	59
12	マタイ24	15～35	聖神降臨後第十主日	2367	60
第 9 巻					
1	ルカ　01	26～38	吾主耶穌瞻禮	2381	61
2	ルカ　02	01～14	吾主耶穌聖誕瞻禮	2410	62
3	ルカ　02	15～20	同上	2419	63
4	ヨハネ01	01～14	同上	2419	64
5	ルカ　02	21のみ	立耶穌聖名瞻禮	2445	65
6	マタイ02	01～12	三主來朝耶穌瞻禮	2453	66
7	ルカ　02	22～30･32	聖母獻耶穌于主堂瞻禮	2464	67
8	ヨハネ13	01～15	耶穌建定聖體瞻禮	2475	68
9	マルコ16	14～20	吾主耶穌昇天瞻禮	2487	69
10	ヨハネ06	55～58	聖體瞻禮	2499	70
11	ヨハネ03	01～15	尋得十字聖架瞻禮	2520	71

	書・巻	節	題	頁	通し番号
第10巻					
1	マタイ01	01～16	聖母瞻禮	2538	72
2	ルカ　01	39～47	聖母往見聖婦依撒伯爾瞻禮	2553	73
3	ルカ　10	38～42	聖母昇天瞻禮	2576	74
第11巻					
1	マタイ18	01～10	建聖彌額爾大天神殿瞻禮	2605	75
2	マタイ16	13～19	聖伯鐸羅聖葆祿二位宗徒瞻禮		
	(原書はマタイ11と表記)			2636	76
3	マタイ04	18～22	聖語德肋宗徒瞻禮	2647	77
4	マタイ20	20～23	雅各伯宗徒瞻禮	2671	78
第12巻					
1	ヨハネ21	19～24	聖若翰宗徒兼聖史瞻禮	2691	79
2	ヨハネ14	01～13	聖斐理伯聖雅各伯二位宗徒瞻禮	2707	80
3	ルカ　06	12～19	聖巴爾多祿茂宗徒瞻禮	2723	81
	(原書は明記せず，筆者が補足)				
4	マタイ09	09～13	聖馬竇宗徒兼聖史瞻禮	2737	82
5	ヨハネ15	17～25	聖西滿聖達陡二位宗徒瞻禮	2749	83
6	マタイ11	25～30	聖瑪弟亞宗徒瞻禮	2763	84
第13巻					
1	マタイ05	01～12	諸聖人之瞻禮	2786	85
2	ルカ　01	57～68	聖若翰保弟斯大誕日之瞻禮	2827	86
3	マタイ23	34～39	聖斯德望首先致命者瞻禮	2844	87
4	ヨハネ12	24～26	聖労楞佐致命之瞻禮	2851	88

	書・巻	節	題	頁	通し番号
5	マタイ02	13～18	聖諸嬰孩致命者瞻禮	2859	89
	（原書は明記せず，筆者が補足）				

第14巻

	書・巻	節	題	頁	通し番号
1	マタイ06	16～21	聖灰禮儀瞻禮～	2871	90
2	ヨハネ05	25～29	推思聖教先人瞻禮	2884	91
	（2884頁と2886頁が重複）				

第2節 『古新聖経問答』の語彙からみた19世紀初頭の口語

1.2.1 『古新聖経問答』の概要

近代の中国では，キリスト教宣教師によって聖書が数多く中国語に翻訳された。それらは，現在の中国語研究にとっても貴重な資料となっている。19世紀初頭にはプロテスタントのモリソンによる『神天聖書』や，マーシュマンの『聖経』が出版され，その後の翻訳出版活動は，プロテスタントの独擅場となった。

そんな中で，カトリックによる翻訳も連綿と続いた。『古新聖経問答』は,[16]“天主降生一千八百六十二年（1862年）”にカトリックの“主教若瑟瑪爾済亜爾慕理孟（フランス・ラザリスト会士，ヨゼフ・マーシャル・ムーリーJoseph Martial Mouly 孟振生 1807-1868）”の許可のもとに復刻された，カトリックの新旧約聖書の簡略本，補助読本とも言うべき書物である。[17] 現在のところ，その編著者は不明である。

本書は全29端（端は章にあたるもの）からなっており，旧約聖書の内容については前半14端，新約聖書の内容については後半15端で，それぞれ紹介，解説しており，各端の後半部分では問答形式を採用し，前半部分に書かれた内容を繰り返して説明すると言う体裁を採っている。本書で全端にわたって使用されている文体は，通俗的な口語体であることから，本書は当時の社会の幅広い階層への宣教を意図して執筆され，ムーリー主教の同様の意図によって出版されたものであったと予想される。また，本書で用いられている語彙の中には当時の北方方言と思われるものや，イエズス会による他の聖書類には見られないものなど，本書ならではの興味深いものも数多く含まれている。そして，内容的にも他の漢訳聖書とは異なるところが見うけられる。

本節では，まず『古新聖経問答』の概要を紹介し，語史の面から『古新聖経問答』の持つ価値を検討したい。

1.2.2 『古新聖経問答』復刻の経緯とその著者

『古新聖経問答』は，その“主教准據（主教による復刻許可）”によると，当時の中国直隷地区主教ムーリーが，“書篋（竹製の本箱）”の中に眠っていたのを発見し，その復刻許可を経て，1862年に復刻された。[18] ただ，本書の著者は目下のところ不明ではあるが，佐伯好郎 1949 にも，「『古新聖経問答』は耶蘇会士の著で，新旧両約聖書に関する問答」とあり，耶蘇会士の手によるものであると言われている。また，徐宗澤 1949 にも，次のように，『古新聖経』という漢訳聖書が挙げられている。[19]

> 『古新聖経』耶蘇會士賀清泰 P.Le Poirot 譯，係官話，章與節與拉丁文聖經不甚符同，抄本未刊。
>
> （『古新聖経』イエズス会士，賀清泰 P.Le Poirot 訳，官話で，章と節はラテン語聖書とあまり一致しておらず，抄本は未刊である。）

数ある漢訳聖書の中でも，『古新聖経』という名前の付くものには，イエズス会士ポワロ（Louis Ant. de Poirot 賀清泰 1735-1813）の『古新聖経』，そしてこの『古新聖経問答』の二種しかない。[20] 書名，時代から考えると，『古新聖経問答』の著者は『古新聖経』の訳者ポワロであった可能性もある。但し，『古新聖経問答』の著者については，本節の考察の範囲とせず，今後の課題にしたい。

1.2.3 復刻時期について

本節で資料とする『古新聖経問答』の復刻は，後に触れるムーリー主教の復刻許可にも“天主降生一千八百六十二年，主教若瑟瑪爾濟亞爾慕理孟准鐫（1862年，主教ヨゼフ・マーシャル・ムーリー・孟，復刻を許可する)”と明記されているように，[21] 1862年である。しかし，先に触れたようにムーリー主教が，“書篋（竹製の本箱)”の中にあったのを見つけて復刻を許可していることや，本書第27端の本文には，“将救世真主基利斯督耶穌釘在十字架上死，（略）自彼時，至如今，有一千八百餘年（救世の真の主キリスト・イエズスを十字架にはりつけにして，（略）その時から，今に至るまで一千八百余年)”と書かれていることなどから，この通りに理解すると，実際に著されたのは1862年当時よりも，もう少し早い時期，19世紀の前半であったとも考えられる。

1.2.4　その構成について

『古新聖経問答』は，先ず“主教准據”1葉があり，本文は全62葉（第62葉は表のみ）で，基本的には各葉1行20字の8行で構成されている。そして本文・問答部分ともに句読点が用いられている。“主教准據”を含めての総字数は19093字である。

主教准據（1葉）ムーリー主教の復刻許可　156字

古新聖経問答
前半　古聖経題目（第1端から第14端まで，1葉から31葉表7行目まで）旧約聖書についての紹介・解説文と，それについての問答　9471字

後半　新聖経題目（第15端から第29端まで，31葉表8行目から62葉表まで）新約聖書についての紹介・解説文と，それについての問答　9466字

前半部分の古聖経題目は，1葉から31葉表7行目までで，後半の新聖経題目は，31葉表8行目から最後62葉表までである。上記の通り，量的にもほぼ半々で，全29端の各端は，それぞれの文字数もほぼ平均している。各端の冒頭には，例えば“第一端天主造世界”と言うふうに，

それぞれ題目があり，続いて前半が新旧約聖書の内容についての紹介・解説部分，後半が前半の紹介・解説部分についての問答の形式となっている。[22)]

1.2.5 『古新聖経問答』のことばについて

さて，次に本書で使われている「ことば」について考えてみる。表紙に続く1葉表には，ムーリー主教による次のような復刻許可が付されている。

主教准據
中國聖教書籍雖甚繁賾然究論古新聖經者甚稀
余於書篋得古新聖經問答一冊披閲之下甚喜此
書典訓切實於教中信友大有裨益雖其文詞庸俗
然便於人人通曉能使閲者洞明聖教原始要終之
道顯揚天主撫育保存之恩凡誠心事主之人自克
全其信望愛之德矣故付剞劂以公同好聊為教衆
熱心之一助云
天主降生一千八百六十二年
主教若瑟瑪爾濟亞爾慕理孟准鐫

(主教復刻許可
中国にはキリスト教の書籍はたいへん多くあるが，新旧約聖書を論じたものは極めて少ない。わたしは本箱から『古新聖経問答』という書物を一冊見つけ，一読し，たいへん嬉しく思った。本書は教義の教示が適切であり，キリスト教の信者に大いに裨益あるものである。その文体は卑俗ではあるが，それでこそ，人々に分かりやすく，読む者にキリスト教（聖書）の始めから終わりまでを究める道を分からせることができ，天主の慈しみと保存の恩を高め，およそ真心から主につかえる人は，自づから其の信望愛の徳を全うできるのである。故に版木を彫らせ，同好の人々に公開し，僅かながら信者の熱心さへの一助とせんとするのである。

天主降生一千八百六十二年

主教ヨゼフ・マーシャル・ムーリー・孟（振生），復刻を許可する）

以上のように，ムーリー主教の復刻許可には，「その文体は俗ではあるが，それでこそ人々に分かりやすく，読む者にキリスト教（聖書）の始めから終わりまでを究める道を分からせることができる」と書かれている。ここからも明らかなように，ムーリー主教は，「読む者」にとっての「ことばの分かりやすさ」故に，本書の復刻を許可しており，自らの担当地区である直隷地区，すなわち華北一帯で広く読まれることを期待していた，そして，実際に，本書がキリスト教解禁後には，広く流布していたのではないか，とも考えられる。[23)]

では，この『古新聖経問答』の「ことば」とは，一体どんなものであったのか。本節では幾つかの「ことば」をキーワードにして，考えてみたい。

1. 2. 6　キーワードとその検討

そこで，本節では，語史の観点を視野に入れ，独自に『古新聖経問答』のキーワードとして，口語の特徴となるものと，書面語の特徴となるもの，つまり同一の意味の新旧のことばを対にして，次の5組を挙げる。

“狠”と“甚”
“沒有”と“無”
“甚”と“何”
“這”と“此”
“那”と“彼”

さらに，“合，同，與，和，跟”の1組を加えて，以上の6組をとり上げる。以下，これらについて考察することにする。また，用例はそれぞれ5つまでとした。各用例末尾の（ ）内は，葉とその表裏と行を表し，例えば，01b-4は1葉裏の4行目であることを示す。

1. 2. 6. 1　“狠”と“甚”について

“狠”13例（本文10例，問答3例）

① 地堂是狠美狠快樂的地方，叫他們享福。（01b-4）
地堂（地上の天国。エデンの園）とは大変美しく大変楽しいところで，彼らに幸福を享受させた。

② 【問】後來的人都象他如此惡麼。【答】象他的狠多。（06a-2）
【問】後の人間は彼のように悪いのか。【答】彼みたいなのが大変多い。

③ 【問】撒落滿作國王的時候，如何。【答】狠太平富貴，享安樂榮華。（22a-5）
【問】サロモンが国王であったとき，どうであったか。【答】とても太平で国は富貴で，楽しく栄華を享受した。

④ 故此他們，單單盼望復活後，得享天堂永福。也狠盼望默西亞來，增加他們的聖寵，能愛慕天主。（30b-2）
ゆえに彼らはただ復活後，天国での永遠の福を享受することを願った。またメシアが降誕して，彼らが恩寵に満たされ，天主を愛慕できるようにとも切に願った。

⑤ 凡有痛悔改過的人，耶穌待他們狠仁慈。（38b-4）
凡そ痛く悔い改めた罪人には，イエズスは彼らに対して大変慈悲深かった。

“甚”5例（本文3例，問答2例）

⑥ 【答】若瑟的行實甚多，今說其大概，因他的哥哥們嫉妒，將他賣給外國人。（10b-1）
ヨゼフの働きは甚だ多い。今そのあらましを説く。彼の兄たちの嫉妬に

より，彼は外国の人に売られた。

⑦ 自從義斯辣爾分開國後，這様先知聖人甚多。(23b-4)

イスラエルが国を離れてから，このような予言者の聖人は大変多い。

⑧ 他們甚明白先知們記錄下的話，又明明知道，這世上的福，萬萬不如天上的永福。(30a-8)

彼らは予言者たちの記した話をよく承知していたし，またこの世の福は，天上の永遠の福とは全く違うこともちゃんと分かっていた。

⑨ 【問】怎麼様的荒亂飢餓呢。【答】是甚可慘傷的，竟有親母食其親子女者。(58a-7)

【問】どのように混乱し，飢餓状態であったのか。【答】大変痛ましいものであり，ひどいものでは母親が実の子を食べたりした。

⑩ 彼時奉教人，待外教人雖然甚好，到底外教人無不憎惡，仇害。(59a-1)

その時，教えを奉った人は，異教徒に対して大変好意的であったが，結局のところ，異教徒の方は憎悪し恨まないものは無かった。

“狠”の13例のうち10例は，“狠”“狠快樂”“狠苦”“狠多”“狠惡”“狠重”“狠太平”“狠仁慈”が各1例，“狠嚴緊”が2例で，いずれも形容詞の連用修飾語としての用例である。また，残りの3例は“狠凌辱”“狠盼望”“狠畏懼”と，いずれも動詞の連用修飾語としての用例である。近世語では一般的であった“～得很”のような，補語としての用例は『古新聖経問答』には無い。『古新聖経問答』では，形容詞の連用修飾語としての用例が特に目立っている。字体は全て“狠”で，“很”は1例も無い。

それに対して，“甚”も“狠”と同じく，用法は全て形容詞，動詞の連用修飾語である。しかし，“甚多”2例，“甚好”“甚明白”“甚可慘傷”が各1例の，計5例しか無い。数の上では“狠”が圧倒的に優勢である。

“狠”については，太田1981と太田1988ですでに説明がある。ここでは，太田1988での説明を挙げておく。

元代からあるが北方語にもとづく特殊な文献のみに見え，『元曲選』などでは極めて稀。明代では稀に補語として用いる。明代の北京語では状語として用いられたことが『燕山叢錄』によって知られるが，作品中で普通に使われるようになったのは『紅樓夢』など清代北京語文学からである。清代の作品でも『儒林外史』などの用法は明代に同じ。現代でも西安・貴州など，西南の官話では，補語にのみ用いる。

結果としては，“狠”が形容詞の連用修飾語として多く用いられている。そして，“狠”が“甚”よりも数の上で優勢である，と言うことが分かる。

1. 2. 6. 2　“沒有”“無”

“沒有”31例（本文6例，問答25例）

⑪　但他們許過天主的，全沒有遵行。（15a-2）
しかし彼らは天主に約束したことを，全く守らなかった。

⑫　（略）後來到了加那昂，不但沒有聽天主的命，消滅那些先前的惡人，反與惡人結親，（15a-3）
のちにカナンに着くと，天主の命をきいて悪人を滅ぼすことをしなかっただけではなく，反対に悪人と結婚し，

⑬　【問】那時候別處還有祭獻天主的聖堂沒有。（22b-1）
その時，別のところにも天主を祭る聖堂はあったのか。

⑭　如德亞國人，被擄之後，雖然同外教人在一處，到底總沒有隨了異端，還恭敬惟一天主。（27b-7）
ユダヤ国のひとは虜となった後，異教の人と一つところにいたにも関わらず，ついに異端に従うことなく，ただひとりの天主を敬いとおした。

⑮　【答】不但沒有減少，而且增盛，愈致命，奉教者愈多。（61b-4）

【答】減少しなかっただけではなく，増えて盛んになり，殉教者が増えれば増えるほど，教えを信仰するものが増えた。

“無” 34 例（本文 28 例，問答 6 例）

⑯ 彼時不用衣服，因為性情未壞，並不羞愧，且無各樣苦難災病死亡等事。(01b-7)
その時，彼らは衣服を身につける必要がなかった。なぜならば心が未だ乱れておらず，羞恥心など無く，そして様々な苦難，病難，死亡なども無かったからである。

⑰ 【答】無水地方，他們飲甚麼。(13a-2)
【答】水のないところで，彼らは何を飲んだのか。

⑱ 此與前輩先知所預言者無異也。(34b-4)
これは先の予言者が予言したところのものと異なるところがなかった。

⑲ 無罪的耶穌，為有罪的人，出了贖罪的價。(45a-3)
無実のイエズスが，罪あるひとのために，贖罪の役割を果たした。

⑳ 聽受天主的聖言，領受聖洗之恩者無數。(50b-8)
天主の聖なるお言葉を聞き，洗礼の恩を受けたものが無数にいた。

“沒有” は 31 例。“無” は 34 例あるが，うち “無” が単独で「無（む）」という名詞の意味を表すものが 3 例ある。よって，“沒有” と同数の 31 例になる。また，単独で “沒” というものは無い。“沒有” の 31 例のうち，13 例は句末におかれて疑問文をつくる “～沒有” としての用法である。そして，これらはいずれも問答部分の “問（とい）” で用いられている。

“～沒有” については，太田 1958 の準句末助詞の項に「《沒有》も完了または過去のばあいに用いる。これが用いられるようになったのは明代である。」という説明がある。

また，香坂 1983 の “～沒有” の項では「王力の『中国現代語法』上冊 p.254 に存在の ‘有’ の否定の ‘沒有’ と疑問文をつくる ‘沒有’ の使用法について，“連個規矩都沒有”，不能說成“連個規矩都沒”，“吃葯沒有”不能說成“吃葯沒”といっている。」とされており，続いて用例があって，さらに，「王力の説は現代語の普通の言い方とに限定したものとみた方がいい。」とある。

本書での句末疑問“～沒有”の用例は，全て王力の説に同じ用法である。

“～沒有”以外の18例中では，動詞を否定するものが“沒有離開”“沒有遵行”“沒有沾染”“沒有燒死”“沒有許下”など14例，「ない」という意味では4例である。

“無”は名詞を除いて31例あるが，このうち“無數”“無比”“無碍”“無心”“無用”“無奈”“無益”は，『紅楼夢詞典』に見出し語がある。この他，“無形”“無像”“無異”“無罪”も，現代語では結びつきが強く，これらはいずれも単語として考えられているものである。よって，“沒有”に対しての“無”は13例しか用いられていないことになる。このうち，3例は“無不”である。残りの10例は，全て名詞あるいは名詞的なものを目的語にとる動詞としての用例である。

“沒有”と“無”でも，数の上では“沒有”のほうが優勢で，とくに問答部分では，“沒有”が多くなっている。そして，用法でも住み分けられていて，機能分担がはっきりしている。

結果としては，句末反復疑問の“沒有”が多用され，“無”は単語の一部としての用例が目立つ，と言うことができる。

1. 2. 6. 3　“甚麼”“何”

“甚麼”85例（本文2例，問答83例）

㉑　【問】他們在曠野地方喫甚麼。（13a-1）

【問】彼らは荒野で何を食べたのか。

㉒　【問】祭臺在甚麼地方。（15a-7）

【問】祭壇はどこにあったのか。

㉓ 【問】這是甚麼意思。(22b-2)
【問】これはどんな意味か。

㉔ 【問】講的是甚麼道理。(39a-1)
【問】説いたのはどんな道理か。

㉕ 【問】耶穌在甚麼時候，令保祿為宗徒。(53a-1)
【問】イエズスはいつ，パウロを使徒にならせたか。

“何”24 例（本文 5 例，問答 19 例）

㉖ 地堂內不拘何樹之果，全許他們食。(01b-6)
地堂（地上の天国。エデンの園）のうちのいずれの樹の果実でも，全て彼らに食べてもよいと言われた。

㉗ 【問】為何天主有這樣的命。(08b-3)
【問】どうして天主はこのような命令を出されたのか。

㉘ 【問】何時天主給了他們書教。(13a-3)
【問】いつ天主は彼らに教を与えられたのか。

㉙ 【問】耶穌受洗後，往何處去。(37a-2)
【問】イエズスは洗礼を受けた後，どこに行かれたのか。

㉚ 【問】彼時教友，有何不善之事，致外教人如此殘害。(60a-1)
その時，信者は，どのような不善を行い，異教徒のこのような虐殺を招いたのか。

“甚麼”が 85 例，“何”が 24 例であるが，とくに問答部分では，“甚麼”が，“何”の 4 倍強，用いられている。

“甚麼”は 85 例，そして“為甚麼”の 24 例がある。“為甚麼”の全てと，“甚麼”の 83 例が，問答部分の「問（とい）」にあり，疑問文に用いられている。また“甚麼地方”5 例，“甚麼式様”1 例，“甚麼約”1 例，“甚麼聖跡”4 例，“甚麼邪像”1 例，“甚麼事情”2 例，“甚麼意思”2 例，“甚麼苦難”1 例，“甚麼益處”1 例，“甚麼時候”4 例，“甚麼賞”1 例，“甚麼本分”1 例，“甚麼道理”3 例，“甚麼規矩”1 例，“甚麼憑據”1例,“甚麼表樣”1例,“甚麼苦”1例,“甚麼刑罰”1例,“甚麼奇事”1例,“甚麼緣故”1例,“甚麼權”1例,“甚麼效驗”1例,“甚麼別的效驗”1例,“甚麼奥妙的事情”1例などで38例である。47例は単独で,“～是甚麼”“甚麼是～”など「～はなにか？」と言うふうに用いられている。

“何”は24例(“為何”3例を含む)あるが,“何樹”1例,“何時”3例,“何處”7例,“何物”1例,“何人”3例,“何事”1例の計16例のように,3分の2が単音節語についている。二音節語では“何效驗”の1例のみで,この他,“有何不善之事”がある。単独での用例では,“何為天主經”の1例しか無く,“甚麼”単独での47例には,はるかに及ばない。また,“為甚麼”の24例に対しても,“為何”はわずか3例となっている。また“何”で“怎麼”にあたるものは,“何不將古聖若瑟的行實,細講一講”“何能想望天上之光榮”の2例である。

1. 2. 6. 4　“這”“此”

“這”82例(本文52例,問答30例)

㉛　這是天主造人的本意。(01a-7)
これは天主が人間をおつくりになった本来の考えである。

㉜　【問】還有許的,比這些更貴重的麼。(08a-5)
【問】これらよりも更に貴重なことを約束したものはあるのか。

㉝　這個救世者,雖然是天主子,到底也是達未之子。(19b-5)
この救世者は,天主の御子であるが,結局のところはダヴィドの子でもある。

㉞　這都是先知們預錄在書冊上的。(28b-1)
これは全て予言者たちが書物の上に予言して記したことである。

㉟　【答】耶穌降福葡萄酒,向宗徒說,這是我的血,就是我新約的血。(43b-7)
【答】イエズスは葡萄酒を祝福して,使徒たちに,これはわたしの血であ

る，これこそがわたしの新約の血である，と言われた。

“此”49例（本文45例，問答5例）

㊱ 厄娃從伊引誘，摘食此果，並送給亞當同食。（02b-8）
エヴァはその誘惑に従って，この果実をもぎ取って食べ，またアダムに渡して食べさせた。

㊲ 天主也救了他，使作此國大臣。（09a-6）
天主もまた彼を救われ，この国の大臣にされた。

㊳ 我要在此石上，立我聖教會，即天國的鑰匙，我亦付與尒手。（36b-8）
わたしはこの石の上に，わたしの聖なる教会を建てたい，このことは，すなわち天国の鍵を，お前の手に授けるということだ。

㊴ 向他們說，此即我之身體。（42b-1）
彼らに，これがすなわちわたしの身体である，と言われた。

㊵ 【問】為甚麼日露撒冷府城，遭此重罰。（58a-8）
【問】どうしてイエルサレムの町は，この重い罰に遭ったのか。

“這”が82例，“此”が49例あるが，問答部分では，“這”が圧倒的に多くなっている。

“這”は“這是～”16例をはじめ単独での用例が25例で最も多くなっているが，場所を表すものは無い。この他，“這些”6例，“這個”14例，“這百姓”1例，“這一支”3例，“這十二個兒子”1例，“這樣”7例，“這十二個的”1例，“這聖跡”1例，“這巴斯卦”1例，“這十誡”3例，“這結約櫃”1例，“這加那昂福地”1例，“這聖櫃”1例，“這異端邪教”1例，“這體面”1例，“這兩國”1例，“這一座天主堂”1例，“這聖神”1例，“這一位聖神”1例，“這許多先知”1例，“這一家”1例，“這世上”1例，“這一位聖子”1例，“這十二個”1例，“這耶穌”1例，“這一日”1例，“這奧妙事情”1例，“這記號”1例，“這兩樣子書”1例などの用例があるが，いずれも単音節語につくものは無い。

“此”については，31例が“此果”1例，“此罪”5例，“此國”1例，“此時”7例，“此日”2例，“此等”1例，“此事”1例，“此處”6例，“此石”1例，“此禮”1例，“此刑”1例，“此人”1例，“此位”1例のように，単音節語についている。二音節以上のものを修飾しているものは，“此祭臺”1例，“此恭敬邪神之黨”1例，“此三王”1例，“此重罰”2例，“此毒虐”1例，“此致命者”1例の計6例のみである。“因此”2例，“如此”1例，“為此”は1例で，あと場所を表す“在此”が2例ある。“此”が単独で「これ」という意味のものは8例である。

1.2.6.5 “那”“彼”

“那”52例（本文24例，問答28例）

㊶　【問】難道那時候，沒有一個天主所愛的人麼。(06a-2)
その時，天主が愛された人間が一人もいなかった訳ではあるまい。

㊷　宰一隻羊羔，燒着喫，那羊羔的血，刷在各家門上，以為記號。(10a-2)
一匹の子羊を殺し，焼いて食べ，その子羊の血を，各家の入り口に塗り，目じるしとするように命じた。

㊸　【問】那些恭敬邪神的叫甚麼。(18b-3)
それらの，邪神を敬うものを何というのか。

㊹　義斯辣厄尒那十支人，流落在各方，總沒有得回來。(25b-7)
イスラエルのあの十支派のひとは，様々な方向へ流れ落ちていき，帰ってこられる者はついぞなかった。

㊺　【問】那時候宗徒們怎麼樣。(44a-1)
その時，使徒たちはどのようであったのか。

“彼”37例（本文25例，問答12例）

㊻　彼時天主罰長蟲，說後來要從女人中生一位壓長蟲頭的。(03a-1)
その時，天主は蛇を罰して，後に，女の人のなかから一人，蛇の頭を踏

みつける者が誕生するであろう，と言われた。

㊼ 【問】彼時天主怎麼樣。【答】天主先罰了長蟲。(03b-8)

【問】その時，天主はどのようにされたのか。【答】天主はまず蛇を罰せられた。

㊽ 彼時加里肋亞，有一小城，名納匝肋。(31b-3)

その時，ガリラヤに，ナザレという小さな町があった。

㊾ 彼時人人都想，若瑟是耶穌之父。(32b-8)

その時，人々はみな，ヨゼフがイエズスの父であると思っていた。

㊿ 【答】從彼時直至如今，還是如此。(58b-3)

その時から今に至るまで，依然としてこのようである。

“那”については，“那”という文字が61例ある。このうち“哪”にあたるものが9例あるので，実際は52例になる。“那”が単独で，ものや場所を指す代詞としての用例は無い。場所を表すものとしては“那裡”の4例，“那地方”の1例がある。他は，全て“那時候”16例，“那些”12例，“那個”1例，“那羊羔”1例，“那買他的人”1例，“那一夜”1例，“那時”2例，“那邪神”2例，“那十支”4例，“那單為顧肉身的”1例，“那要改過遷善的人們”1例，“那無心悔罪的人”1例，“那博學”1例，“那仇害耶穌的人”1例，“那十字架”1例，“那一年”1例のように指示詞としての用例である。

“彼”は37例ある。このうち，“彼時”での用例が29例を占める。“彼處”は3例である。この他，“彼此”3例，“從彼而來”1例，“任彼殘害”1例がある。

1.2.6.6 “合”“同”“與”“和”“跟”について

“合”2例（本文2例，問答0例）

(51) 那時候，有如達瑪加伯，同他兄弟們，帶着兵器，合外國的惡人爭戰，（略）(28a-5)

その時，ユダ・マカベが，彼の兄弟たちとともに武器を手に執り，外国

の悪人と戦い…,

52 與耶穌預先合他說的話相同。(43a-3)
イエズスが前もって彼に言われた話と同じである。

“同” 32例（本文22例，問答10例）

53 天主為定一個同他立約的憑據，命他行割損的禮，(07a-8)
天主は彼と約束したことの一つの証を定めるために，彼に割礼をさせ…,

54 後又同外教打仗，天主賞他戰勝，敵寇莫不賓服。(19a-4)
後にまた異教徒と戦った時，天主は彼に戦での勝利を与え，敵や侵略者で服さないものは無かった。

55 【答】是如達瑪加伯，同他的弟兄們。(29a-1)
ユダ・マカベと彼の兄弟たちである。

56 因此如德亞國博學，同發利色義等，盡生嫉妒。(40a-7)
だからユダヤ国の博士とファリサイ派の人たちは，尽く嫉妬した。

57 【答】就講道理。講道之時。郭介奈略，同彼處人，都領受聖神。(52b-1)
【答】すぐに道理を説いた。道理を説いたとき，コルネリオと彼の地の人は，みな聖霊を授かった。

“與” 20例（本文15例，問答5例）

58 他們都預先說過，撒瑪里亞，與日露撒冷府，後來全要毀壞。(23b-8)
彼らはともに，サマリアとイエルサレムの町は後にどちらも破壊されることになっている，と予言していた。

59 撒瑪里亞與如達，兩國的國王，總不肯聽先知的提醒教訓。(25b-3)
サマリアとユダの両国の国王は，最後まで予言者の注意や教訓を聞こうとしなかった。

60 此與前輩先知所預言者無異也。(34b-4)

これは先の予言者が予言したものと違うところが無いのだ。

㉛ 【答】（略）聖多默，及聖雅各伯，與其弟聖達豆，（37b-4）

【答】聖トマ，それから聖ヤコボとその弟聖タデオ，

㉜ 【答】因為耶穌所講的都是教人愛謙德，愛貧窮，愛受苦，與他們的道理相反。（41b-3）

【答】イエズスが説いていることは，全て人々に謙譲の徳を愛させ，貧窮を愛させ，苦しみを受けることを愛させるものであり，彼らの道理と相反するものだったからである。

“和”と“跟”の用例は無い。

“合”は2例あるが，いずれも介詞としての用法である。“同”は32例あり，介詞と連詞と2つの用法をもっている。“與”は20例で，介詞が14例，連詞が5例，そして動詞が1例ある。また，『古新聖経問答』には“和”や“跟”の用例は見られない。

太田1958では，“合”について，「《和》と同様に用いられるが，時代ははるかに降る。」として，介詞としての用法のみ挙げられている。

“同”については，同じく太田1958の“同”“同着”の項で，「《同》は以上のように多く介詞として用いるが時としては連詞として用いることもある。」という説明がある。

“跟”は，『古新聖経問答』では1例も見られない。太田1958では次のように述べられている。

動詞としては或者の後につづくこと。これが介詞化したものも，やはりつき従う意を失っていない。例えば，

我們只在太太屋裏看屋子，不大跟太太姑娘出門（紅82）

（わたしはただ奥様のお部屋で番をするだけで，あまり奥様お嬢様について外にいくことはありません）

これが共同の介詞または連詞として用いられた例はきわめて新しいようである。

1. 2. 6. 6 の結果としては，“合”が介詞としての用法のみで，“同”が介詞・連詞の用法をあわせ持つ。そして，書面語の特徴である“與”が，解説部分で，圧倒的に多く使われている，と言うことができる。

1. 2. 7　その他のことばについて

その他，『古新聖経問答』で見られる特徴あることばを幾つか，以下に挙げる。

1. 2. 7. 1　現代語と意味が異なるもの

以下に挙げるのはいずれも現代語と意味の異なるものである。

“罷工”（仕事（創造）をやめる）…現代語では「ストライキ」

㊸　六日内萬物齊備，至第七日罷工。(01a-5)
六日のうちに万物は全て整い，七日目に至って創造の仕事をやめた。

“本分”（仕事）…現代語では「本分，職責」

㊹　耶穌同若瑟做木匠本分。(32b-8)
イエズスはヨゼフと大工の仕事をした

㊺　【問】聖若瑟做的是甚麼本分。【答】做的是木匠本分。(34a-2)
【問】聖ヨゼフがしたのはどんな仕事か。【答】したのは大工の仕事である。

“火車”（火の車）…現代語では「汽車」

㊻　後來坐一火車，登空而去，至今未死。(23b-6)
そのあと一台の火の車に乗って，天空に登って行き，今に至るもまだ死んでいない。

“記號”（心に刻むべきしるし）…現代語では「記号」

⑰ 宗徒們，遵耶穌的命，分行天下，教訓萬民，於未分行之先，公定一個信德的記號為分別有真信德的教友。這記號全全包含聖教的道理，就是信經十二条。（53a-4/53a-5）

使徒たちは，イエズスの命に従い，天下に分かれて行き，万民を教え諭したが，行く前に，それぞれが真の信仰の信者を得るために，一つの信仰の心に刻むべきしるしをともに定めた。この心に刻むべきしるしは全て聖教の道理を含むもので，他でもなく使徒信条の十二条である。

⑱ 【問】宗徒們未分行天下之先，定立了甚麼。【答】宗徒們公同立定一個信德作記號。【問】為甚麼要這個記號。【答】為分別有真信德的教友。【問】信德的記號，是甚麼。【答】是信經。（54b-2/54b-2/54b-3）

【問】使徒たちがまだ天下に分かれて行く前に，何を定めたのか。【答】使徒たちは一つの信仰の心に刻むべきしるしをともに定めた。【問】どうしてこの心に刻むべきしるしが必要なのか。【答】それぞれ真の信仰の信者を得るためである。【問】信仰の心に刻むべきしるしとは何か。【答】使徒信条である。

「使徒信条」は普通，中国語では“信經”である。しかし，『古新聖経問答』では「使徒信条」を指すことばとしては，“記號”のみが使われている。

“伊”（それ，その）…現代語では主に方言で三人称単数

⑲ 他們單想引誘人反背天主，有一個魔鬼附了長蟲，引誘厄娃食天主所禁止的命果。厄娃從伊引誘摘食此果，並送給亞當同食。（2b-8）

彼らはただ人間を天主に背くように誘惑しようとばかり考えていた。ある悪魔が蛇にのりうつって，天主が食べるのを禁じられた命の果実を食べるようにエヴァを誘惑した。エヴァはその（悪魔の）誘惑によって，

この果実をもぎ取って食べ，またアダムに渡して食べさせた。

『古新聖経問答』では，三人称には“他，他們”が用いられている。1箇所のみ“伊”が用いられ，ここでは「悪魔」を指している。なお，『神天聖書』では，名前の分からない人物を指す場合に使われている。当時の吏文では，極めて多用されているが，白話の作品などには使われておらず，特殊なものである。

1. 2. 7. 2　北方語の匂いの強いもの

“長蟲”（蛇）

⑩　他們單想引誘人反背天主，有一個魔鬼附了長蟲，引誘厄娃食天主所禁止的命果。（2b-7）

彼らはただ人間を天主に背くように誘惑しようとばかり考えていた。ある悪魔が蛇にのりうつって，天主が食べるのを禁じた命の果実を食べるようにエヴァを誘惑した。

⑪　【問】他怎麼誘感了第一個人。【答】附了長蟲，先誘厄娃食命果。（3b-7）

【問】悪魔はどのように最初の人を誘惑したのか。【答】蛇にのりうつって，先ずエヴァに命の果実を食べるように誘惑した。

“土”（塵）

⑫　天主用土造了人的肉身，又賦給一個象似天主的靈魂使他生活，（1a-5）

天主は塵を用いて人の肉体をつくり，またそれに天主に似た霊魂を授け，この世に生を与え…，

⑬　【問】天主用甚麼造第一個人。【答】用土造肉身。（2a-4）

【問】天主は何を用いて最初の人をつくったのか。【答】塵を用いて肉体をつくった。

“不拘”（～に関わらず）

⑭ 除此以外，地堂內不拘何樹之果，全許他們食。（1b-5）
この他に，地堂（地上の天国。エデンの園）のうちの何れの樹の果実も，全て彼らに食べてもよいと言われた。

⑮ 所以如今，不拘何人，生在世上全染此罪。（3b-1）
よって今は，何人に関わらず，この世に生きている者はいずれもこの罪に染まっている。

⑯ **【問】**至今這個罪惡還有麼。**【答】**還有，不拘何人，生在世上全帶此罪。（4b-4）
【問】いまに至るもこの罪悪はまだあるのか。**【答】**まだある。何人に関わらず，この世に生きている者はいずれもこの罪を持っている。

以上，現代語と意味の違うものには，“罷工”“本分”“火車”“記號”“伊”などがある。また，北方語の匂いの強いものでは，“長蟲”“土”“不拘”などがある。

また，『古新聖経問答』では，無条件文の従接を導くものは“不拘”のみであり，“無論”“不論”がともに1例も無い，ということが大きな特徴であると言えよう。

“不拘”については，太田1958に，“不拘甚麼飲食，我吃不下去了（どんなたべ物であろうと，わたしはのどをとおらなくなった）”と『醒世姻緣伝』からの用例が挙げられていて，「《不拘》は清代ではきわめて多く用いられた。」とある。また，“不拘”は，『紅樓夢』や『児女英雄伝』にも，多用されていることから，北方語の特徴の一つとみることが出来ると思われる。

1.2.8　小結

以上，**1.2.6**と**1.2.7**を通して見てきたように，『古新聖経問答』の本文では，「口語の特徴となる語彙」，「書面語の特徴となる語彙」の双方ともに，数の上では大差がない。しかし，内容をより分かりやすく解説しようとした各端後半の問答部分では，明らかに「口語の特徴となる語彙」の方が圧倒的に多くなっている。ここから，本書で用いられているのは，復刻された1862年当時か，或いは最初に述べたように“將救世真主基利斯督耶穌釘在十字架上死，（略）自彼時，至如今，有一千八百餘年”が正しいとするならば，嘉慶年間或いは道光初，つまり19世紀前半に於ける，中国の北方の口語，若しくは限りなく北方の口頭語に近いことばが用いられたと推察できるのではないかと思われる。

そして，この『古新聖経問答』のような存在は，19世紀においてプロテスタントの活動が顕著になってからもカトリックによる中国語による翻訳出版が連綿と続き，その中国語もかなりのレベルであったことを物語っている。そして，そこに用いられているそれぞれのことばは，中国語の，清代中・後期の口語，特に北方の口語がいかなるものであったか，を考えていく上で，我々に非常に大きなヒントを与えてくれるのではないかと考える。

注

1）佐伯好郎 1994, p.109 参照。

2）『在華耶蘇会士列伝及書目』，『（同）補編』を参照した。また，方豪 1967-1973『中国天主教史人物傳』（中華書局 1988 版），p.174-175 によると，『聖経直解』は，1636年，1642年，1790年（いずれも北京），19世紀初（寧波），1866年（上海），民国4年の計6回にわたって版が重ねられた。

3）ガルエニ（Garnier）1993, p.10 参照。原文は以下の通り。“for the reading on Sundays and feast days.”

4）徐宗澤『明清間耶穌會士譯著提要』p.23 の，『聖経直解』に関わる部分の原文は“極西耶穌會士陽瑪諾譯，一六四二年出版，有自序，共八卷。是書乃詮解一年中之主日聖經，而加以箴言，一年中瞻禮亦詳解清晰；文理古雅，誠一本好書。此書之特點，允在索引，中文書之有索引者當以此書為嚆矢。”で，ここでは1642年に出版された，となっている。

5）トリエント公会議は，1545年から63年まで，トリエントを中心に行われたカトリック教会の総会議のこと。宗教改革に対抗して教会の粛正や教義の確定などを行い，近代カトリックの基礎を形づくった。

6) 竹中 1990, p.39 及びガルエニ（Garnier）1993, p.10 参照。後者の原文は以下の通りである。“Doubtless the translation of any section of the Bible found in this work was made from the Vulgate.”

7) 原文は“他用汉文文言翻译了礼拜日和节日的福音书”

8) ガルエニ（Garnier）1993, p.10 参照。原文は“This book contains a translation into Wenli of considerable passages from the Four Gospels”である。

9) ガルエニ（Garnier）1993, p.10 での引用を参照。原文は以下の通りである。“These commentaries are written in a style at once pure, elegant and chaste, but beyond the power of ordinary Christians to understand…The translation of the Gospel text was made by Father Diaz in the classical Chinese style, the highest of all, but also the hardest to understand.”

10) ガルエニ（Garnier）1993, p.10 参照。原文は以下の通りである。“a work which is still in use to-day among Roman Catholics in China.”

11) 川島・土岐 2001『聖書の世界』p.199-203 参照。

12) この節の英語訳（ブルガタ訳の対訳英語）は以下の通りである。“And behold a leper came and adored him saying, Lord, if thou wilt, thou canst make me clean.”

13) この節の英語訳（ブルガタ訳の対訳英語）は以下の通りである。“And Jesus stretching forth his hand, touched him, saying, I will: be thou made clean. And forth with, his leprosy was made clean.”

14) ヤホントフ（雅洪托夫）1969「七至十三世紀的漢語書面語和口語」（『漢語史論集』1986 所収）を参照。

15) 聖書における時間表現の翻訳については塩山 2007 を参照されたい。ここでは用例を挙げるにとどめる。

16) 本節では，語彙資料として，涂宗涛点校『古新聖経問答』（1992 年 12 月　天津社会科学院出版社）を使用した。

17) ムーリーは Mouly Joseph Martial（1807-1868），中国語名は孟振生，フランス籍のラザリスト会士で，1856 年から直隷（河北省の旧名）の主教を務めた。

18) 直隷は河北省の旧名である。または華北一帯を指す。

19) 徐宗澤『明清間耶蘇会士訳著提要』p.18-22 頁に著録されており，ポワロ（賀清泰）によって漢訳された 29 種の経典名を挙げ，さらに『聖経之序』『再序』が記載されている。

20）ポワロ（賀清泰）については，方豪『中国天主教史人物伝』，栄振華『在華耶蘇会士列伝及書目補編』（上下）等に詳細に記されている。また，この他，矢沢利彦「嘉慶十年（1805）の天主教禁圧」（1939『東亜論叢・近代支那研究』），同「嘉慶十六年の天主教禁圧」（1940『東洋学報 27-3 加藤博士還暦記念・東洋史集説』），方豪「北堂図書館蔵書志」（『方豪六十自定稿』・下册），『マーカトニー訪中記』（東洋文庫），清代檔案史料『圓明園』（全二册，1991 上海古籍出版社），楊伯達『清代院画』（1993 柴禁城出版社），『文物』（1997.No5. 文物出版社），鄭逸梅『清宮掲秘』（1987 南粤出版社）等の資料から総合して判断し，筆者は『古新聖経問答』の訳者がポワロ（賀清泰）である可能性を指摘したい。なお，訳者の特定については，本書の考察の範囲とはせず，今後の課題にしたい。

21）“孟”はムーリーの中国名“孟振生”の 1 文字目である。

22）『古新聖経問答』の第 1 端から第 29 端までの題目はそれぞれ，以下の通りである。

第 1 端「第一端天主造世界」
第 2 端「第二端論初人犯罪」
第 3 端「第三端論洪水講性教」
第 4 端「第四端論亞巴郎及諸古聖」
第 5 端「第五端論義斯辣厄里德在厄日多國為奴並講巴斯卦瞻禮」
第 6 端「第六端論義斯辣厄里德走曠野地方並講書教」
第 7 端「第七端論天主同義斯辣厄里德立約」
第 8 端「第八端論異端邪教」
第 9 端「第九端論達未並講基利斯督默西亞」
第 10 端「第十端論撒落滿建立天主堂」
第 11 端「第十一端論先知聖人」
第 12 端「第十二端論如達國人被擄在巴彼隆地方」
第 13 端「第十三端論如德亞國人被擄以後之事」
第 14 端「第十四端論如德亞國人有兩樣一樣是為救靈魂的一樣是為顧肉身的」
第 15 端「第十五端論耶穌基利斯督降誕」
第 16 端「第十六端論聖若翰保弟斯大」
第 17 端「第十七端論耶穌選擇宗徒」
第 18 端「第十八端論耶穌講道」

第 19 端「第十九端論害耶穌的人」
第 20 端「第二十端論耶穌受難」
第 21 端「第二十一端論耶穌被釘十字架死」
第 22 端「第二十二端論耶穌復活」
第 23 端「第二十三端論聖神降臨」
第 24 端「第二十四端論天主引外教人棄邪歸正」
第 25 端「第二十五端論各處傳教」
第 26 端「第二十六端論天主聖言有兩様一是經書上記的一是口傳的」
第 27 端「第二十七端論滅日露撒冷府的來歷」
第 28 端「第二十八端論聖教窘難」
第 29 端「第二十九端論聖教後平安並講隱修的行實」

23）キリスト教の伝道解禁は 1860 年。吉田 1997 によると，19 世紀における中国プロテスタント伝道は，第二次アヘン戦争による天津条約・北京条約の締結を境として，キリスト教禁制時代のプロテスタント伝道開拓期（1860 年以前）と，条約によって伝道が公認されてより以後のプロテスタント伝道発展期の二期に分かれる。そして，発展期である 1860 年以後はキリスト教伝道公認のもとに伝道活動は大規模に展開された。

第2章
カトリックからプロテスタントへの橋渡し

第1節　バセ訳稿本『四史攸編』について

中国本土における新旧約聖書全文の中国語訳は，ロバート・モリソンによる所謂『神天聖書』（1814-1823）をその嚆矢とする。[1)] また，ほぼ同時期には，インドのセランポールで，ジョシュア・マーシュマンによって『聖経』（1815-1822）が翻訳された。[2)] この2つの聖書から時代を遡ること100有余年，18世紀初頭に翻訳されたと言われる一連の稿本があり，モリソン，マーシュマンもそれぞれこの稿本を参考しつつ翻訳を完成させたと言われている。この稿本とは，フランスのラザリスト会宣教師のジャン・バセによる所謂『四史攸編』（18世紀初頭，以下『四史攸編』と呼ぶ）である。[3)]

バセ訳『四史攸編』と言えば，大英図書館に所蔵される稿本（大英本）の存在しか明らかになっていなかったために，これまでの研究では自ずとこの大英図書館所蔵の稿本を指した。最近になって相次いでこれに先行する2つの稿本の存在が明らかにされた。まず，北京外国語大学の張西平教授によってローマのカサナテンセ図書館（Biblioteca Casanatense）に所蔵される稿本（ローマ本）の存在が明らかにされ，内田2010によってそのあらましが紹介された。[4)] ちなみに，この稿本は前半の4福音書が各々全訳されたものであり，大英本のような抄訳ではない。さらに蔡2008では，これとは別にケンブリッジ大学図書館に所蔵される稿本（ケンブリッジ本）の存在が紹介されている。この稿本は大英本と同じく4福音書をシャッフルして抄訳されたものである。このほか，大英本をモリソン自身が筆写し中国に携行して，これを傍らに置いて聖書の翻訳を行ったといわれる「モリソン筆写本」が，香港大学図書館に所蔵されている（香港本）。幸いにして筆者はこれまでにバセに関連する上記の全の資料を実際に手に取って調査する機会を得た。[5] 先行研究や筆者による各稿本の比較調査から，目下のところまずは，上記各稿本は，ローマ本，ケンブリッジ本，大英本，そして香港大学図書館所蔵のモリソン筆写本の順に存在したと見るのが妥当であろうと思われる。[6]

これより話はさらに遡るが，カトリックによる翻訳活動では，『四史攸編』以前の1600年代なかばにはすでに『聖経直解』など聖書の抄訳も現れており，『聖経直解』と『四史攸編』との翻訳上の継承関係も見逃せない。[7]

本節では，『四史攸編』と先行の『聖経直解』，後続の『神天聖書』との関係について，語彙と文体の特徴から考察を試みるものである。[8] 調査対象には『四史攸編』の各稿本のうち大英本を選んだ。これは，モリソンがこれを筆写し直接聖書翻訳の際に参照したことによる。また，調査の範囲は紙幅の関係から『四史攸編』の前半，4福音書抄訳部分に限った。なお，『四史攸編』の各稿本間の異同の詳細については稿を改めて検討したい。

2.1.1 ジャン・バセと『四史攸編』

所謂『四史攸編』はパリ外国宣教会の宣教師であるジャン・バセ（J.Basset 白日昇あるいは白日陞，巴設）によって翻訳されたものである。ジャン・バセは1662年フランスのリヨン生まれ，のちにパリ外国宣教会の宣教師として活躍した。司祭に任ぜられたのち1689年末に広東に到着し，広東，福建，浙江，江西の各省で活躍し，1692年には広東の副代牧となった。1702年副代牧として四川に到着し布教をおこなった。その後，1707年に広東で死亡した。[9]

矢沢1967によると，バセの経歴とパリ外国宣教会の布教史に関して正確な知識をもつロネ（Adrien Launay 羅奈 1853-1927）による伝記から，『四史攸編』は，バセが四川に赴任したのち，つまり18世紀初頭に翻訳されたものと考えられている。また，バセの翻訳した聖書についてパリ外国宣教会文書第434巻508頁のMartiliat（Bishop Joachim-Enjobert de Martiliat,1706-1755）の日誌に記述があり，「マタイによる福音書」の第1章から「ヘブライ人への手紙」の第1章までを訳したものだと記している，とのことである。[10)]

この『四史攸編』は，さきに触れた『聖経直解』と文体，語彙がかなり類似しており，翻訳に際して参照されていた可能性が高い。また，プロテスタント宣教師であるモリソンが中国語による聖書全訳の嚆矢『神天聖書』を翻訳する際に，参考にしたのがカトリックの翻訳本であったことも重要な事実である。と言うのも，カトリックとプロテスタントはその布教活動に対する考え方の違いから，翻訳活動にはさほど関連性がみられないのではないか，と言うのが従来の見方であったが，実際には翻訳や用語の方面では明らかに両者のあいだに継承関係が存在したことが考えられるからである。

2.1.2　『四史攸編』について

まず『四史攸編』の各稿本の概要について，前述の順序に従って紹介しておこう。いずれの稿本も毛筆による。1つ目のローマ本は，全7巻一冊，364葉から成り，4福音書の全訳と，「使徒言行録」から「ヘブライ人への手紙」第1章までの全訳から成る。[11)]2つ目のケンブリッジ本は，前半部分が4福音書部分のストーリーをシャッフルして1つにまとめた“Harmony”と呼ばれる抄訳で，「使徒言行録」以下は若干の文字の異同等を抜きにすれば基本的にローマ本に同じである。なお，この稿本は4福音書部分の第1ページが欠葉で，大英本を元に加筆されており，同資料補足メモにはその旨明記されている。3つ目の大英本も，ケンブリッジ本と同じく4福音書をシャッフルした抄訳と「使徒言行録」から「ヘブライ人への手紙」第1章までの全訳から成る。管見の限りでは，ケンブリッジ本と若干の語彙の異同はあるものの，内容的にはほぼ同一のものと言ってよいと思われる。なお，所謂『四史攸編』という略称は，この大英本の4福音書シャッフル抄訳の冒頭にある「四史攸編耶穌基利斯督福音之會編」と言うタイトル書きによるものである。上記3者はいずれも翻訳範囲が4福音書から「ヘブライ人への手紙」第1章までという共通点がある。4つ目の香港本は，この大英本をモリソンが筆写して中国に携行したことは前述の通りである。[12)]

例として，4福音書の同一部分（「マタイによる福音書」第1章の冒頭部分）を翻訳した部分をそれぞれ節毎に並列して挙げてみると，以下の通りである。[13)]なお，各稿本を略称して「【羅】ローマ本，【劍】ケンブリッジ本，【英】大英本」とする。

1章1節

【羅】耶穌基督達未子阿巴郎子之生譜

【劍】耶穌基利斯督達未子阿巴郎子之生譜

【英】耶穌基利斯督達未子阿巴郎子之生譜

1章2節

【羅】阿巴郎生依撒依撒乃生雅哥雅哥乃生如達及厥弟兄

【劍】阿巴郎生依撒依撒生雅各雅各乃生如達及厥弟兄

【英】阿巴郎生依撒依撒生雅各雅各乃生如達及厥弟兄

1章3節

【羅】如達乃以答瑪生法肋及匝朗法肋乃生厄斯隆厄斯隆乃生阿朗

【劍】如達乃以答瑪生法肋及匝朗法肋乃生厄斯隆厄斯隆乃生阿朗

【英】如達乃以答瑪生法肋及匝朗法肋乃生厄斯隆厄斯隆乃生阿朗

1章4節

【羅】阿朗乃生阿閔達阿閔達乃生納宋納宋乃生撒爾蒙

【劍】阿朗乃生阿敏達阿敏達乃生納宋納宋乃生撒爾蒙

【英】阿朗乃生阿敏達阿敏達乃生納宋納宋乃生撒爾蒙

1章5節

【羅】撒爾蒙以臘哈生玻斯玻斯以呂德生遏伯遏伯乃生熱瑟
【劍】撒爾蒙以臘哈生玻斯玻斯以呂德生遏伯遏伯乃生熱瑟
【英】撒爾蒙以臘哈生玻斯玻斯以呂德生遏伯遏伯乃生熱瑟
1章6節
【羅】熱瑟乃生達未王
【劍】熱瑟乃生達未王
【英】熱瑟乃生達未王

ローマ本は抄訳ではないので冒頭に「瑪竇攸編耶穌基督聖福音」のタイトルがあり，「第一章」と記されている。

ケンブリッジ本と大英本は1行あたりの文字数が違うので頁に異同はあるものの，見ての通り該当部分の文字については全く同じである。また参考までに，モリソン訳『神天聖書』，マーシュマン訳『聖経』の該当部分を以下に記す。中国大陸で翻訳された『神天聖書』と，インドで翻訳された『聖経』は，いずれも大英本の筆写本を参照して翻訳したとされる。両者は以下の引用部分の如く全編にわたり本文が酷似しているが，その点については第4章で検討する。

『神天聖書』
聖馬竇傳福音書巻一
第一章
①耶穌基利士督大五得之子亞百拉罕之子之生譜也
②亞百拉罕生以撒革以撒革生牙可百牙可百生如大及厥弟兄們
③如大由大馬耳生法利士及颯拉又法利士生以色羅麥以色羅麥生亞拉麥
④又亞拉麥生亞米拿得百亞米拿得百生拿亞順拿亞順生撒勒們
⑤又撒勒們由拉下百生波亞士波亞士由路得生阿百得阿百得生耶西
⑥又耶西生王者大五得

『聖經』
使徒馬寶傳福音書
第一章
①亞百拉罕之子大五得之子耶穌基利士督之生譜也
②亞百拉罕生以撒革以撒革生牙可百牙可百生如大及厥弟兄
③又如大由大馬耳而生法利士並颯拉又法利士生以色羅麥以色羅麥生亞拉麥
④亞拉麥生亞米拿得百亞米拿得百生拿亞順拿亞順生撒勒們
⑤撒勒們由拉下百而生波亞士波亞士由路得而生阿百得阿百得生耶西
⑥耶西生王者大五得

2. 1. 3　大英所蔵本の構成について

本節では，このうちモリソンが直接参照にした大英本を例に見ていきたい。1 行は基本的には 24 字，ところどころ文字が書き加えられたところや，詰めて書かれた行があるので，最大では 31 字である。各葉表裏にそれぞれ 6 行ある。前半の「四史攸編耶穌基利斯督福音之會編」は，全 155 葉で第 1 葉が白紙，第 2 葉表が最初のページとなっているので，第 2 葉表から最後の第 155 葉表まで 307 頁ということになる。それに対して，後半は「使徒言行録」の 155 葉裏から 229 葉裏までと，「ヘブライ人への手紙」の 230 葉表から 378 葉表までを合わせて全 446 頁で，ほぼ全文が翻訳されている。

まず「四史攸編耶穌基利斯督福音之會編」は全 28 章で，4 福音書のいろいろな部分を集めて 1 つのストーリーに再構成したものである。なかには「マタイによる福音書」第 5 章から第 7 章のように連続して各章の全文が翻訳されている部分もあるが，基本的には小さな部分をつないで出来上がっている。例えば，第 1 章はルカ 1 章 1～4 節，ヨハネ 1 章 1～13 節，ルカ 1 章 5～56 節，マタイ 1 章 18～24 節の 4 つの部分で構成されているが，第28章は実に21の小さな部分，すなわちマタイ27章，ルカ23章，ルカ24章，マルコ16章，マタイ28章，ルカ24章，マタイ28章，ヨハネ20章，ルカ24章，ヨハネ20章，ルカ24章，ヨハネ20章，ルカ24章，ヨハネ20章，ヨハネ21章，マタイ21章，ルカ24章，マルコ16章，マタイ28章，ルカ24章，ヨハネ21章から構成されている。

具体例として，第26章の一部分を抜粋して見てみよう。

爾憶余弗能求吾父而立與我天軍十二陣餘乎則經所載宜有是事何得驗乎瑪竇二十六章乃曰汝曹任至此即撫耳而愈之且向鐸德諸宗殿官吏與老長來尋之者曰爾等以刀以棍如來捕賊我在于殿汝間未下手捉我然此乃爾等之時乃黒暗之能路加二十二章群兵及將與如達役偕擒耶穌而縛之若望十八章時徒皆遺之而逃矣瑪竇二十六章有一幼童以布被遮赤身而隨耶穌衆卒捉之其遺布而赤逃避之馬耳谷十四章

136葉裏2行目から137葉表2行目まで約1ページの6行に，「マタイ26章，ルカ22章，ヨハネ18章，マタイ26章，マルコ14章」というふうに，4福音書の5つの部分が繋ぎ合わされているのが分かる。

一方，4福音書の側から見た場合どれだけの部分が翻訳されているのか，「マタイによる福音書」を例にとると以下のようになる。（　）内の数字は各章の節の数，右に示した番号はそれぞれ翻訳されている節の番号，そのうち下線をひいたものは節の一部分のみ翻訳されているものである。

第1章　（全25節）1～17，18，19～24，25
第2章　（全23節）全節
第3章　（全17節）4～17
第4章　（全25節）12～16，23～25
第5章　（全48節）全節

第 6 章　（全 34 節）全節
第 7 章　（全 29 節）全節
第 8 章　（全 34 節）1，2〜4，11，12，14〜17，23〜34
第 9 章　（全 38 節）9〜34，36〜38
第 10 章（全 42 節）全節
第 11 章（全 30 節）1，20〜24，28〜30
第 12 章（全 50 節）9〜50
第 13 章（全 58 節）1〜8，10〜15，18〜38，39，41〜53，54
第 14 章（全 36 節）3〜11，28〜31，32，34
第 15 章（全 39 節）全節
第 16 章（全 28 節）5〜28
第 17 章（全 27 節）全節
第 18 章（全 35 節）1〜7，10〜35
第 19 章（全 30 節）1，3〜30
第 20 章（全 34 節）1〜16，20〜28
第 21 章（全 46 節）1，2〜11，14〜16，21〜46
第 22 章（全 45 節）1〜14，16〜34，41，42〜45
第 23 章（全 39 節）1〜10，13〜19，20，21，22〜35
第 24 章（全 51 節）翻訳なし
第 25 章（全 46 節）1〜13，31〜46
第 26 章（全 75 節）48，49，50，53，54，56，65〜69，72〜75
第 27 章（全 66 節）1〜10，15〜17，19，20，21，22，24，25，45，46，51〜55，62〜66
第 28 章（全 20 節）2〜4，11，12〜20

第 2 章，第 5 章，第 6 章，第 7 章，第 10 章，第 15 章，第 17 章で全文が翻訳されている一方で，第 24 章は章全体がすっぽり抜け落ちている。「マタイによる福音書」全体を通して見ると，全 1070 節のうち翻訳されているのが 706 節で 66%，翻訳されていないのは 364 節で 34% である。この他,「マルコによる福音書」では全678節のうち翻訳されているのが121節で18%，翻訳されていないのが557節で82%,「ルカによる福音書」では全1151節のうち翻訳されているのが611節で53%，翻訳されていないのが540節で47%,「ヨハネによる福音書」では全879節のうち翻訳されているのが836節で95%，翻訳されていないのが43節で5%である。全体としては，全3778節のうち翻訳されているのが2274節で60%，翻訳されていないのが1504節で40%である。『四史攸編』「四史攸編耶穌基利斯督福音之會編」では，ざっと見て4福音書の約6割の内容を再構成したものであることが分かる。

2.1.4　ラテン語ブルガタ訳聖書と『聖経直解』と『四史攸編』

前述のように,『聖経直解』は，ディアスが，トリエント公会議で公認聖書となったラテン語ブルガタ訳聖書を底本として，4福音書を中国語に抄訳したものである。『四史攸編』も翻訳者のバセがブルガタ訳聖書を底本としていることが，先行研究によってすでに指摘されている。同じくラテン語ブルガタ訳聖書を底本とする両者について,「マタイによる福音書」第8章の一部分に該当する箇所を例に，どのように中国語に翻訳されているのか，本書の第1章と重複するが，それぞれ本文を比較対照してみよう。なお，各用例冒頭でラテン語ブルガタ訳聖書を【ブ】,『聖経直解』を【直】と略称し，所謂『四史攸編』の各稿本については，前述の通り，ローマ本を【羅】，ケンブリッジ本を【劍】，大英本を【英】とした。

まず「マタイによる福音書」第8章第2節を見てみよう。

【ブ】et ecce leprosus veniens adorabat eum, dicens: Domine, si vis,
見よ 癩病人 来る ひれ伏す 彼に 曰く 主よ もし 欲する
potes me mundare.[14]
する 私を 浄める

【直】一癩者伏曰主若肯輒克淨予

【羅】忽有一癩就之伏拜曰主若爾肯即能淨余

【剣】忽有一癩就之伏拜曰主若爾肯即能淨余

【英】忽有一癩就之伏拜曰主若爾肯即能淨余

ブルガタ訳のうち，“et ecce（見よ）”“eum（彼に）”“veniens（来る）”などが省略されているので，完全な逐語訳とは言えないものの，“leprosus = 癩者”，“adorabat = 伏”，“曰 = dicens”，“Domine = 主”，“mundare = 克淨”，“me = 予”など，ほぼ原文の意味するところを中国語の文言に忠実に翻訳していることが分かる。

次に「マタイによる福音書」第8章第3節を見てみよう。

【ブ】Et extendens: Jesus manum, tetigit eum, dicens: Volo. Mundare. Et
伸ばす イエス 手 触る 彼に 曰く 欲する 清める
confestim mundata est lepra ejus.[15)]
速く 清める である 癩病 その人

【直】耶穌舒手撫之曰肯淨矣迺厥體遽淨

【羅】耶穌即舒手撫之曰余肯汝淨矣且立刻其癩已淨

【剣】耶穌即舒手撫之曰余肯汝淨矣且立刻其癩已淨

【英】耶穌即舒手撫之曰余肯汝淨矣且立刻其癩已淨

本節では，ブルガタ訳のうち“Jesus = 耶穌”，“extendens = 舒手”，“tetigit = 撫”，“eum = 之”，“dicens = 曰”，“Volo = 肯”，“Mundare = 淨”，“遽 = confestim”などは，ほぼ原文の意味するところが中国語の文言に翻訳されている。“est lepra ejus（癩病人そのひと）”については，前節までに癩病人がすでに登場しているので，三人称属格の“厥”によって，“厥體（その身体）”と訳されている。このほか，文末助詞の“～矣”と副詞の“迺”が補われている。

上記2例を含めて，『聖経直解』と『四史攸編』がともに4福音書の各節の全文を翻訳している章節の一部について，異同箇所にウスアミをかけて列挙する。なお，以下の引用中の「□」は並列した他の聖書との同一部分に該当する文字が無いことを示すものである。

マタイ第8章第2節[16)]

【直】□□一癩者□□伏□曰主若□肯輒克淨予

【羅】忽有一癩□就之伏拜曰主若爾肯即能淨余

【劍】忽有一癩□就之伏拜曰主若爾肯即能淨余

【英】忽有一癩□就之伏拜曰主若爾肯即能淨余

同　　第8章第3節[17)]

【直】耶穌□舒手撫之曰□肯□淨矣迺□□厥體遽淨

【羅】耶穌即舒手撫之曰余肯汝淨矣且立刻其癩已淨

【劍】耶穌即舒手撫之曰余肯汝淨矣且立刻其癩已淨

【英】耶穌即舒手撫之曰余肯汝淨矣且立刻其癩已淨

同　　第8章第4節[18)]

【直】耶穌語之曰□勿洩□□惟之撒責且獻禮遵每瑟所命□□于癩者以證厥病愈

【羅】耶穌謂之□慎毋告人知惟詣鐸德前示身獻每瑟所命之禮使伊等得証□□□

【劍】耶穌謂之□慎毋告人知惟詣鐸德前示身獻每瑟所命之禮使伊等得証□□□

【英】耶穌謂之□慎毋告人知惟詣鐸德前示身獻每瑟所命之禮使伊等得証□□□

同　　第8章第11節[19)]

【直】並語爾□自東自西有多□人來同亞巴浪義撒雅各宴於天堂

【羅】且語爾等自東自西將來者必多同阿巴郎依撒雅各席于天國
【劍】且語爾□自東自西將來□必多同阿巴郎依撒雅各席于天國
【英】且語爾□自東自西將來□必多同阿巴郎依撒雅各席于天國

同　　第 8 章第 12 節[20]

【直】上國之子見□投於外闇冥即有涕泣有切齒□所□
【羅】而國之子將被逐于外闇□□□涕泣□切齒之所也
【劍】而國之子將□投于外闇□□□涕泣□切齒之所也
【英】而國之子將□投于外闇□□□涕泣□切齒之所也

ルカ　第 2 章第 43 節[21]

【直】禮日既闋伊等行返乃童耶穌自止日路撒冷□厥親弗知
【羅】禮日既闋伊等行返乃童耶穌□止柔撒冷□而厥親弗知
【劍】禮日既闋伊等行返乃童耶穌□止柔撒冷□而厥親弗知
【英】禮日既闋伊等行返乃童耶穌□上柔撒冷□而厥親弗知

同　　第 2 章第 44 節[22]

【直】度在群行□行及□□□程乃訪求於親族□知識
【羅】度在群行中□□一日之程乃訪求于親族于相知
【劍】度在群□中行□一日之程乃訪求于親族于相知
【英】度在群□中行□一日之程乃訪求于親族于相知

同　　第 2 章第 45 節[23]

【直】不獲復返日路撒冷覓之
【羅】不獲復返柔撒冷□覓之
【劍】不獲復返柔撒冷□覓之
【英】不獲復返柔撒冷□覓之

ここでも，両者の本文が概ね一致している。一致していないものについても，語句や一部の表現は異なるものの基本的な構文は一致していることが多い。両者には同じくラテン語ブルガタ訳聖書を底本としていたという共通点があるだけでなく，『四史攸編』が先行の『聖経直解』を参照したという直接の継承関係があったかも知れない，と言うことが指摘できよう。

ちなみに「ルカによる福音書」第2章第43節「エルサレムにとどまる」の部分の動詞が【直】では“止”であったのが，【四】では恐らく書き損じで“上”になっている。【剣】は全体としては【四】と同じであるが，動詞が【直】と同じく“止”を用いているのは，ケンブリッジ本が大英本に先行するということの一つの証左になるのではないか。

一方で，『聖経直解』と『四史攸編』の本文がそれほど，或いは全く踏襲されていない節も若干数あるので紹介しておく。

ルカ　第2章第35節[24)]

【直】爰有利刃創爾靈時人攸藏意輒隨發露

【羅】即爾魂將被劍刺庶幾多心之念露著矣

【剣】即爾魂將被劍刺庶幾多心之念露著矣

【英】即爾魂將被劍刺庶幾多心之念露著矣

同　　第2章第36節[25)]

【直】亦有亞納先知者法努阨爾暨亞色爾宗枝之女年□□老厥婚七年

【羅】當時阿瑟支有先知女名亞納係範月耳□之女年已甚老出閨七年

【剣】當時阿瑟支有先知女名亞納係範月耳□之女年已甚老出閨七年

【英】當時阿瑟支有先知女名亞納係範月耳□之女年已甚老出閨七年

このような例外が若干数あるとはいえ，全体を通してみても，構文（文体）が完全に異なるものはごく一部である。4 福音書の翻訳部分が一致している個所ではほとんどの節で，『聖経直解』と『四史攸編』の本文がかなりの程度で一致している。このことからも，両者に全く関わりが無かったと見るよりも，『四史攸編』のローマ本が翻訳される際に何らかの形で『聖経直解』の中国語が参照され，そこから本文がシャッフルされたケンブリッジ本が成立し，大英本へと順次筆写されて行った，と見るのが自然であろう。

2. 1. 5 『神天聖書』及び『聖経』への継承

中国におけるキリスト教布教の歴史は，ふつう第 1 期：唐代から元代にかけての景教，元代におけるフランシスコ会まで，第 2 期：1579 年イエズス会から 1844 年黄浦条約まで，第 3 期：黄浦条約以降，の 3 つの大きな時期に分けることができる。[26)]聖書の中国語訳は景教の時代から行われていたが，本格的な聖書の全訳は，第 3 期まで待たねばならない。また，中国語訳聖書の翻訳史は，（1）漢文訳期，（2）文理訳期，（3）浅文理訳期，（4）国語訳期，（5）方言訳期，の 5 つに分けられる。[27)]『四史攸編』と『神天聖書』『聖経』の文体については，塩山 2000 でも指摘したように語彙や文体からみて“文理”と呼ぶのが妥当か否かは疑問であるが，時期的にはともに（2）文理訳期に位置づけることができる。

前述の通り，18 世紀初頭，パリ外国宣教会の宣教師バセが 4 つの福音書と「使徒言行録」から「ヘブライ人への手紙」までを翻訳したものが『四史攸編』と呼ばれる稿本である。[28)]大英博物館所蔵番号 Sloane3599 の稿本がそのバセの翻訳によるものの一つである。この稿本は広州のインド会社の職員がロンドンに持ち帰り Sloane 卿に贈ったもので，のちに同卿から博物館に寄贈されたものである。[29)]

中国における最初の中国語による全訳聖書は，1823 年ロバート・モリソンの『神天聖書』であるが，モリソンは Sloane 卿が大英博物館に寄贈したこの稿本を借りて，彼の中国語教師であり，当時ロンドンに英語を学びに来ていた広東の青年容三徳について研究を進めながら筆写した。[30] モリソンは1807年広州に到着後，すぐに聖書の翻訳をはじめ，大英所蔵本の筆写本を底本とした。この稿本の筆写は一部分は彼自身によって，一部分はロンドン在住のある中国人によって行われた。その後，モリソンはロンドン会に宛てた書簡の中で「私は大英博物館所蔵の漢訳『新約聖書』Sloane写本を書写し，これは私が漢訳『聖書』を翻訳・編集するうえでの基礎となった」とも述べている。[31]

さて，本小節**2. 1. 5**でとりあげる3つの中国語訳聖書のうち，『四史攸編』（大英本）はラテン語ブルガタ訳を底本にしている。[32] モリソンの『神天聖書』（1813-1823）はギリシャ語訳，マーシュマンの『聖経』（1815-1822）もおそらくはギリシャ語訳に依拠しているが，[33] 両書とも『四史攸編』を大いに参照していることはこれまでの研究でも指摘されているし，これら3つの中国語訳聖書の本文をならべて比較して見たときにも実感できる。「使徒言行録」及び「ローマの信徒への手紙」から「ヘブライ人への手紙」第1章まではほぼ全訳されていて，『神天聖書』『聖経』ともにかなりの割合で『四史攸編』を参考にして翻訳しており，骨格はほぼ踏襲していると言える。しかし語彙の面では音訳語の表記を中心にかなりの異同がある。

では，実際に翻訳された中国語について見ていくことにする。まずは，『四史攸編』でも全訳され，『神天聖書』『聖経』がもとにした「使徒言行録」の冒頭，第1章の最初の2節（1〜2節）を対照してみよう。アミカケした部分は固有名詞で，いずれか1つでも異同がある場合にはそれぞれ下線を引いた。なお，すでに述べたように，以下の引用中の「□」は並列した他の聖書との同一部分に該当する文字が無いことを示すものである。

【英】 陡斐勒□□余先言耶穌始行訓諸情至于以聖風囑□所選之使徒□而被取升天之日

【神】弟阿非羅乎余先言耶穌始行訓諸情至于以聖風囑其所選之使徒後而被取上去之日
【聖】弟亞非羅乎吾先講耶穌始行誨諸情迄□以聖風命其所選之使徒□而□□升天之日

テオフィロさま，わたしは先に第一巻を著して，イエスが行い，また教えを始めてから，お選びになった使徒たちに聖霊を通して指図を与え，天に上げられた日までのすべてのことについて書き記しました。

（『聖書　新共同訳』1987 日本聖書協会）

この部分でいずれかが異なっているのは“□，乎，乎”“余，余，吾”“言，言，講”“訓，訓，誨”“至于，至于，迄”“囑，囑，命”“□，其，其”“□，後，□”“被，被，□”“取升天，取上去，升天”の10箇所あるが，全く同じ文体のなかで若干の語彙を置き換えているということである。また，例えば次の「使徒言行録」第2章第7節の例のように，大筋では変わらないものの，『神天聖書』が『四史攸編』に若干の語彙を補って文意をより分かりやすくした箇所も多々見られる。

【英】衆□驚□駭□曰此□□非皆加里辣人乎
【神】衆大驚奇駭相曰此□豈非皆加利利人乎
【聖】衆□驚□愕□曰此輩豈非□加利亞人乎

人々は驚き怪しんで言った。「話をしているこの人たちは，皆ガリラヤの人ではないか。」（『聖書　新共同訳』1987 日本聖書協会）

次に4福音書をシャッフルして抄訳された『四史攸編』「四史攸編耶穌基利斯督福音之會編」部分について見てみよう。

「マタイによる福音書」第2章第1節

【英】耶穌既生于如達白冷黑洛特王時即有數瑪日自東方來柔撒冷
【神】夫耶穌生於如氐亞之畢利恒後至王希羅得之時卻有或嗎咥

自東邊來至耶路撒冷

【聖】夫耶穌生於如氐亞之畢利恆後於希羅得王之時卻有□哲人從東方來至耶路撒冷

イエスは，ヘロデ王の時代にユダヤのベツレヘムでお生まれになった。そのとき，占星術の学者たちが東の方からエルサレムに来て，

（『聖書　新共同訳』1987 日本聖書協会）

こちらのほうでは，『神天聖書』『聖経』がさほど忠実に『四史攸編』を踏襲していないが，『神天聖書』と『聖経』との両書における異同は“至王希羅得，於希羅得王”“或，□（文字無し）”“嗎咥，哲人”“自，從”“東邊，東方”と少ない。いずれの聖書も，『四史攸編』の本文を底本としつつ，かなりの程度でどちらかがもう一方を参照した可能性があることが窺えるのである。[34)]

第 2 節　「四史攸編耶穌基利斯督福音之會編」の語彙的特徴について

2. 2. 1　語彙的特徴について

第 1 節では，所謂『四史攸編』の各稿本間の成立順，前後の時代の中国語訳聖書との継承関係，そして『四史攸編』の形式，構成について大英図書館本を中心に見てきたが，語彙の面ではどんな特徴があるのだろうか。本節でも大英図書館本を対象に考察を試みることとする。

竹中 1990 は『四史攸編』と『聖教直解』について若干の比較対照を通して，前者は後者に比べて口語的であり，俗語を多く用いている，と結論づけている。確かに一通り目を通した限り，口語的な印象が強いと思われる。

それでは，いったいどれほど口語的な要素をもっているのか。ここでは『四史攸編』「四史攸編耶穌基利斯督福音之會編」の全文を対象として，その主な語彙の幾つかについて用例を挙げながら見てみたい。[35)]

まずは一応の目安として，近代漢語（唐宋）の書面語と口語の識別を主眼としたヤホントフ 1969 の鑑定語についてみてみると，上古漢語の要素であることを示す“也，其，于，之，所，以，者，矣，則，乃，何，而，無，此”（順不同）が，**2. 2. 2** 以下の用例の表に示す通り，ほぼ数百単位で用いられているのに対して，近代漢語の要素を示す白話虚詞“便，得，個／箇，了，裡，這，底／的，着，只，兒，子”はそれぞれ全く無いか，あってもわずかに数例であり，ここから見る限りでは白話的であるとは言いがたい。

ここに挙げた鑑定語は唐宋の文体を識別するためのものではあるが，清代の文体でも特に文言から白話のはざまにある「文言白話混淆体」と考えられる文献の文体を調べる上では有効ではないかと考えられる。なお，各語彙の用例には，特に必要と思われるものについては，適宜，ラテン語原典対訳の英語訳を付した。[36)]

2.2.2　文言虚詞について(1)―上古漢語の虚詞を中心に

まずは，中国語の書面語の最も古い形を残しているA組（上古漢語）の鑑定語と下表の語彙と関連する語彙について順に見ていきたい。鑑定語の用例数については下表の通りで，本表での“之”は代名詞としての用例数である。[37)]表中の“于，於”については，斜線「/」の前が“于”，後が“於”の用例数である。

	其	之	以	于/於	也	者	所	矣	則
全文	607	省略	429	452/7	449	572	286	309	56
マタイ	192		147	166/0	182	253	71	89	19
マルコ	33		26	17/0	17	27	11	18	1
ルカ	147		88	125/7	62	130	49	73	8
ヨハネ	235		168	144/0	188	282	155	129	28

(1)“其”は主格，属格の三人称代名詞，および指示代名詞の役割である。とくに，主格ではほぼ全てが“其”である。なお，本節の各用例の番号は，章・節と4福音書で該当する部分の章・節を表す。

3-3-M2-21　　**其**起攜嬰與厥母而來依臘爾土
11-1-M13-3　　**其**設喻訓之曰忽種者出播種
12-2-Ma8-23　　**其**攜瞽之手出鄉外唾厥目置之二手問之見物否
3-4-L2-41　　**其**父母每年往柔撒冷巴斯卦瞻禮
5-2-J1-41　　**其**初遇厥弟西滿謂之曰我輩已遇基利斯督
21-1-J9-14　　耶穌作泥開**其**目乃撒罷

(2)“之”は目的格の三人称代名詞，および指示代名詞の役割としての用法である。とくに文末の用例だけでも134例あるが，“他”は三人称を表す用例自体が無い。

	マタイ	マルコ	ルカ	ヨハネ	全文
文末三人称“之”	42	6	40	46	134

9-1-M5-1　耶穌出彼至加里辣海濱登山而坐眾群就之上山既坐厥徒就之
26-12-Ma14-51　有一幼童以布被遮赤身而隨耶穌眾卒捉之
6-4-L7-11　後往一邑名納因厥徒與眾從之
20-1-J7-5　蓋厥弟兄亦弗信于之
21-2-J10-31　如達人即舉石欲擊之

⑶ このほか，“其”と並んで，三人称代名詞と指示代名詞の属格を表すものに，“厥”がある。

	マタイ	マルコ	ルカ	ヨハネ	全文
厥	94	7	72	68	241

7-2-M9-10　會耶穌席于厥室稅吏及罪人多來與耶穌及厥徒同席
10-2-M9-37　謂厥徒曰熟穀多刈工少
12-1-Ma7-35　厥耳即聞舌結即釋致朗語
28-6-L24-8　伊等方記厥言
5-6-J2-12　已而下加法農其與厥母及厥弟兄及厥徒偕焉

⑷ また“他”の字は，『四史攸編』では42例あるが，全て「ほかの，別の」意を表すもので，三人称の用例は無い。“他人”（6例），“他徒”（3例）など名詞を修飾する場合が多い，以下のように単独で使われる例も全て「ほかの，別の」意である。

13-2-L9-59　語他曰爾從我其乃曰主許我先往葬父
17-2-L14-20　又他曰我取親故不能赴

17-1-J5-43　余以我父名而來汝猶弗納我後他若以己名而來汝竟納之

この他の三人称では，『聖経直解』でも若干の用例（4例）があった“渠”が2例ある。吏文で多用される“伊”やその複数語尾のついた“伊等”の用例が多数あるが，これについては他の聖書，一人称，二人称の代名詞と併せて第6章で改めて考察する。

(5) 介詞としての“以”の用例数は次の通りである。

	マタイ	マルコ	ルカ	ヨハネ	全文
以	147	26	88	168	429

(6) “于”について

	マタイ	マルコ	ルカ	ヨハネ	全文
于	166	17	125	144	452

ほとんどは動詞に後置されて「動詞＋“于 / 於”＋場所」の形をとり，目的語がある場合はこれを動詞との間に置いて，動作の行われる場所や時間，方向，出発点，対象，原因，理由などを表す。なお，“於”と表記されるのは「ルカによる福音書」での7例のみである。

4-2-M3-6　自告其罪而領其洗于若丹
11-1-M13-1　比日耶穌出屋坐于海濱
11-1-M13-2　而眾群集就之致其上小船坐而眾立于岸
23-4-L21-37　晝在殿教訓夜出居于山名阿里瓦
1-4-M1-21　其將生子汝名之以耶穌因將救厥民于諸愆
1-3-L1-49　蓋全能者大施恩于我厥名即聖矣
20-1-J7-11　如達人則索之于瞻禮日

後続の『神天聖書』では，“來，去，往”に後置されて目的地を表すものが比較的あるが，『四史攸編』でも“來，進，入”などで若干数ある。“去于（於）”と“往于（於）”は用例が無い。

“來于（於）”3 例

4-5-M3-14　若翰乃阻之曰我該當領汝洗而汝來于我
13-4-M8-28　渡江已而來于熱辣森遇二負魔者自墳出因其虐無人敢經此路
6-4-L7-20　二人既至語之若翰洗者使我等來于爾問爾為必來者乎抑該他候乎

“進于（於）”2 例。

28-1-M27-62　是日鐸德諸宗與法吏叟輩齊進于比辣多曰
27-20Ma15-43　…若瑟氏素望神國者毅然進于比辣多求耶穌之身

“於”と“于”の用例の中に，文言で比較を表す「形容詞＋“於 / 于”」の形があり，現代語式に介詞として“比”を前置する表現と並んで用いられている。しかしいずれも用例は少ない。

比較の表現で“於”を用いた例は無く，全て“于”が使われている。“大于”が「～よりもすぐれている」という意味で 9 例ある。

6-4-L7-28　…無先知大于若翰者然而在神國者最小者又大于之也
17-1-J5-36　我乃有証大于若翰之証蓋父所與我成之跡…
20-2-J8-53　爾大于阿巴郎乎其已死衆先知亦已然爾自以爾為誰
24-4-J13-16　我確確謂汝曹僕弗大于厥主使徒弗大于使之者
24-7-J14-12　…信乎余者余所行之行其亦將行焉又將行大于茲矣

蓋余詣父

24-7-J14-28　…余且去且來見爾爾若愛余必喜余詣父蓋父大于我也

25-3-J15-20　汝可記吾素所謂爾之言僕弗大于其主伊等既捕余必將捕爾伊…

その他の用例については，“貴于”“重于”“好于”“惡于”がある。“惡于”の1例はマイナスのイメージであるが，総じてプラスのイメージの語に使われる傾向があるようである。

9-2-M6-25a　因余語爾毋慮何食養命何衣蓋體命弗貴于食乎軀弗重于衣乎

9-2-M6-26　視天之羽無稼穡無倉廩而在天汝父養之爾抑弗貴于羽乎

8-4-M12-45b　…其人後惡必重于前矣此極惡種亦將如此焉

9-2-M6-25b　因余語爾毋慮何食養命何衣蓋體命弗貴于食乎軀弗重于衣乎

8-4-M12-12　人豈不好于羊乎則撒罷可行喜

8-4-M12-45a　方去別取七惡于己者偕入居焉…

太田1964によると，“於（或は“于”）”によって比較を表すのは，論語や孟子に見られ，[38] さらに，太田1958によると，古代より唐五代頃まで用いられたらしい古代語式の表現であるという。[39]

これとは別に，比較の表現で“比”を介詞として使用するのは，近代以降に見られる新しい用法であが，[40]『四史攸編』で“比”を使用して比較を表現するもので，後ろに形容詞を持つのは“比～益～”の2例しか無い。

23-2-M21-36　再遣他役比前益多伊等待之一然

17-1-J5-20　…而已所行皆指與子且將指之他事比此益大者致爾等駭異

これ以外に“比”を介詞とするものは，次の2例しか無い。

15-7-M11-22　然謂汝等于審判日地落與西端比汝等必得寬矣
15-7-M11-24　我謂汝等于審判日索奪瑪比汝等必得寬矣

ここから，比較の表現については，『四史攸編』では，文言の「形容詞＋“于／於”」に加えて，介詞“比”の表現がわずかではあるが使われつつあることが分かる。

（7）句末助詞の“也”について

用例数は下表の通りである。

	マタイ	マルコ	ルカ	ヨハネ	全文
也	182	17	62	188	449

句末助詞の“也”は，地の文にも，せりふの部分にも多用されている。

9-1-M5-20　蓋我謂汝等汝義若不勝于書士及法吏叟必不入天國也
28-18-Ma16-16　凡信而領者全救己也不信者永沉也
10-10-L10-20　然勿以魔服爾等為樂乃以爾名已錄于天為樂也
7-3-J3-6　自肉生者肉也且自神生者神也
28-15-J21-14　第三次現厥眾徒乃如此也

（8）“者”について

抄訳されている4福音書の全ての部分で極めて多く用いられている。

	マタイ	マルコ	ルカ	ヨハネ	全文
者	253	27	130	282	692

「マタイによる福音書」抄訳部分で,“者”による名詞性連語について,太田1964の論語,孟子での用例の分類に基づいて見てみると,いずれの用法も充足していることが分かる。[41)]

1）“者”が形容詞につく
7-2-M9-12　　耶穌聽乃云平安者弗需醫士而疾病者需之

2）動詞につく
9-1-M5-4　　福矣涕泣者蓋其將得慰也

3）動賓連語につく
7-2-M9-32　　其出畢忽有獻之瘖人負魔者

4）主述連語につく
9-1-M5-8　　福矣心淨者蓋其將見神也

5）複数の述詞をもつ複雑なものにつく
22-4-M21-9　　咸舉聲曰賀讚納與達未子祝矣奉主名而臨者也賀讚納與至上哉

6）名詞，固有名詞につく
27-6-M27-22　比辣多謂眾曰且與基利斯督耶穌者何為乎僉曰十釘

(9) “所”について

	マタイ	マルコ	ルカ	ヨハネ	全文
所	71	11	49	155	286

“所”字による連語（“～所…”）については,「話す, 告げる」の“～所言”7例,“～所語”1例,“～所說”2例,“～所云”20例などで合計30例となり全体の1割を占める。“所”の主な用例は以下の通りである。

6-3-M4-14　以成先知依賽所云
13-5-Ma5-20　其往而于十邑諸方普宣耶穌所行與之大事無不稱奇矣
27-13-L23-41　我與爾所受之刑以素行該受其乃無惡行
6-1-J3-32　且証所見所聞之情人由莫聆其証
24-6-J13-23　有一徒耶穌所愛者席枕于耶穌之懷

(10) 文末助詞の“矣”

用例数と用例は以下の通りである。

	マタイ	マルコ	ルカ	ヨハネ	全文
矣	89	18	73	129	309

3-3-M2-20　汝起攜嬰與厥母而回依臘爾土蓋謀殺嬰命者皆已死矣
7-2-M9-22　耶穌轉視之曰女望汝信救痊爾其即時痊矣
21-4-Ma10-34　戮辱之鞭之殺之及第三日復活矣
6-4-L7-10　且使來者回僕病已愈矣
25-3-J15-25　乃致厥教經所錄蓋伊等曰恨余之句得成驗矣

（11）承接の連詞“則”

承接を表す連詞“則”は56例で，『神天聖書』4福音書部分の301例に比べてかなり少ない。

	マタイ	マルコ	ルカ	ヨハネ	全文
則	19	1	8	28	56
便	2	0	0	0	2
就	2	0	0	1	3

白話で承接を表す“便”や“就”はわずかである。“則”については，『神天聖書』で見られるような“若～則…”の形は無く，全てが単独での用例である。“則”の用例は以下の通りである。

4-2-M3-10　斧已至樹根凡樹弗結善實則砍委于火矣
9-1-M5-47　若惟禮爾兄弟則行何益耶異教者亦不行之乎
23-4-L21-36　汝曹則醒常時祈禱致堪避此諸害而立于人子之前矣
20-1-J7-11　如達人則索之于瞻禮日
21-1-J9-4　晝光未盡我當行遣我者之行夜至則無人能行矣

2.2.3　文言虚詞について(2)―B組の虚詞を中心に

同じく上古漢語の特徴をもつB組の6語はとくに変文において多用されたというが，『四史攸編』の4福音書抄訳部分の全文での用例数の一覧は下表の通りである。[42]

	而	之	何	無	此	乃
マタイ	218	省略	50	47	71	85
マルコ	30		9	8	15	5
ルカ	113		37	42	74	59
ヨハネ	251		66	66	145	161

（1）“而”によって動詞または動詞連語を並列するもの

	マタイ	マルコ	ルカ	ヨハネ	全文
而	218	30	113	251	612

形容詞や動詞，動詞を含む連語を並列する場合，順接，逆接など，“而”は様々に用いられ，その用例数もきわめて多い。

4-2-M3-6　自告其罪而領其洗于若丹
8-4-M12-35　善人藏善而出善惡人藏惡而出惡
11-1-M13-47　天國像布網海而聚各品之魚
28-18-Ma16-16　凡信而領者全救己也不信者永沉也
14-4-L18-9　又向數以己為義而輕餘人者設喻曰
21-1-J9-7　命之曰爾往就西洛阨其往洗歸而見

なお，“且”が244例（マタイ72例，マルコ18例，ルカ48例，ヨハネ106例）あり，そのほとんどは文頭に使用され，これらの用例では全て，原典（英語対訳）では以下のようにラテン語の“et”，英語対訳の“and”に対応している。[43] また，各用例に，“且”が使われている部分にあたるラテン語ブルガタ訳の対訳英語を付した。

3-1-M2-8　且遣之往白冷曰汝等赴勤查問嬰孩諸情得遇旋報余亦欲往奉拜
（and sending them into Bethlehem,）
7-2-M9-27　且耶穌自彼出時二瞎隨之喊曰達未子矜憐我等
（And as Jesus passed forth from thence,）
8-4-M12-49　且伸手指諸徒曰此乃我母乃我弟兄
（And stretching forth his hand upon his Disciples,）
23-3-Ma12-41　且耶穌對捐櫃坐觀衆如何捐銀錢
（And Jesus sitting over against the treasury,）

1-3-L1-47　**且**吾神踊喜於救我之主

(And my spirit hath rejoiced in God my Saviour.)

3-2-L2-26　**且**聖神應示之未死前必見主之基利斯督

(And he had received an answer of the Holy Ghost,)

23-4-L21-17　**且**汝為吾名遭眾之恨

(And you shall be odious to all men for my name;)

5-1-L4-14　**且**耶穌以德風回加里辣

(And Jesus returned in the force of the spirit into Galilee,)

22-1-J12-1　**且**巴斯卦六日耶穌至白達聶即所復活辣匝落先死之處

(And when great multitudes stood about him,)

26-7-J18-6　**且**耶穌一語是余伊等皆退後而倒地

(And our Lord said,)

『神天聖書』でもこの使われ方は継承されており，4 福音書で 549 例（マタイ 137 例，マルコ 105 例，ルカ 141 例，ヨハネ 166 例）ある。

(2) 連体修飾の助詞としての“之”

“之”は連体修飾の助詞としての用例で，連体修飾を表すのは全文を通して，ほぼ全てが“之”であり，“的”は 1 例しかない。ここでの用例は，“的”の後ろに名詞を持たない名詞化の用例である。ちなみに，『神天聖書』では“的”の用例数は一挙に 110 例に増えている。

20-2-J8-41　爾則行汝父之行也眾曰我輩非從邪淫生**的**惟有一父即神也

(3) 疑問代名詞の“何”

用例数は下表の通りである。

	マタイ	マルコ	ルカ	ヨハネ	全文
何	50	9	37	66	162

“何”の用例は以下の通りである。

9-2-M6-31　且爾輩毋慮云何食何衣何飲
10-4-M10-11　不拘何邑何衛汝等一入即問其中誰為堪而居彼至出焉
6-4-L7-26　且往見何物先知乎果然又勝先知者也
19-4-J6-30　衆曰爾行何神跡使我等信爾爾何異行乎
27-8-J19-9　再入署謂耶穌曰爾係何人耶穌無答

“何”はこの他に，“如何”が9例，“為何”が18例で，“因何”は用例が無い。また“甚麼”も用例が無い。“曷”は以下のような用例が4例ある。

13-3-M20-6　大約十一時又出另睹數人立者向之曰汝曹曷為終日閒立此耶
（But about eleventh hour he went forth and found others standing, and he saith to them, What stand you here all the day idle?）

(4) 否定を表す“無”

	マタイ	マルコ	ルカ	ヨハネ	全文
無	47	8	42	66	163

用例は以下の通りである。

22-13-M22-30　蓋復活時無娶無嫁人即如神使之在天焉
26-14-Ma14-61　其嘿然無應教首再問之曰爾為祝神之子乎
5-1-L4-2　四十日而彼魔誘焉彼諸日無喫而日盡乃饑
19-4-J6-53　耶穌則語之曰汝曹若弗食人子之肉弗飲厥血將

無活于己肉也
27-8-J19-9　再入署謂耶穌曰爾係何人耶穌無答

(5) 近称の指示詞の“此”

“因此”10例を除く“此”の用例数は下表の通りである。

	マタイ	マルコ	ルカ	ヨハネ	全文
此	68	14	72	140	294

近称の指示詞は“此”のみで，“這”は無い。用例は以下の通りである。

27-1-M27-6　鐸德諸宗收錢曰此乃血之價不可入于神庫
1-3-L1-25　此乃主顧盼救我于人前之辱也
5-2-J1-36　若翰視耶穌遊曰此乃神之羔此乃除世罪者
22-9-J2-18　如達人問之曰爾行此即行何跡
8-2-J4-54　此乃耶穌如達回加里辣次行之神跡也

(6) 副詞の“乃”

	マタイ	マルコ	ルカ	ヨハネ	全文
乃	85	5	59	161	310

副詞「～はすなわち…である」の意味で用いられている以下のような用例は少ない。なお，『神天聖書』ではほとんどこの意味での用例である。

27-1-M27-6　鐸德諸宗收錢曰此乃血之價不可入于神庫
19-4-J6-69　我等已信已知爾為基利斯督乃神之子也
21-2-J10-34　耶穌答之曰爾教法豈弗云我已曰爾輩乃神也

その他は，副詞「そこで～，はじめて～，やっと～」などの意味を表す。

2-3-M1-3　如達乃以答瑪生法肋及匝朗法肋乃生厄斯隆厄斯隆乃生阿朗
28-8-J20-11　瑪利亞乃近墓立于外流涕流涕之間
20-1-J7-7　世不能恨爾曹乃恨我因明証其為惡也

2. 2. 4　文言の文末助詞について

これまでに見たもの以外で，文言の特徴をもつ文末（句末）助詞の用例数については，下表の通りである。

	マタイ	マルコ	ルカ	ヨハネ	全文
乎	64	8	38	68	178
哉	5	0	3	7	15
耶	4	0	1	7	12
與	0	0	0	0	0
歟	0	0	0	1	1
耳	3	0	0	3	6
然	1	0	0	0	1
焉	39	1	17	45	102

“乎”と“焉”が中心に使われている。この他では，“哉”が 15 例，“與”は用例が無く，“歟”は 1 例のみ用例がある。この表の他に，“夫”や“已”“而已”については用例が無い。さきの“也”や“矣”も含めると，極めて数多くの句末助詞が用いられており，文語的な体裁を整えているように思われる。

2. 2. 5　白話の虚詞について

『四史攸編』4 福音書全文で，近代漢語（白話）の特徴をもつ C 組の虚詞の用例数は下表の通りである。以下，この表にある語彙と関連する語句について，用例を示しつつ考察したい。なお，下表における“兒”と“子”は名詞接尾辞としての用例である。

	マタイ	マルコ	ルカ	ヨハネ	全文
便	2	0	0	0	2
得	0	0	0	0	0
個/箇	0／0	0／0	0／0	0／0	0／0
了	1	0	0	0	1
裏/裡	0	2	2	1	5
這	0	0	0	0	0
底/的	0／1	0／0	0／0	0／1	0／1
着	0	0	0	1	1
只	0	0	0	0	0
兒	0	0	0	0	0
子	0	0	0	0	0

以下，表中の主な語彙とそれに関連する語彙について，順を追って見ていきたい。

1）承接を表す副詞

用例数は下表の通りである。

	マタイ	マルコ	ルカ	ヨハネ	全文
便	2	0	0	0	2
就	1	0	0	0	1

白話で承接を表す副詞“便”は2例で，同じく白話の“就”は1例である。全体としては，文言的な接続詞の“則”が56例あるのに対して，“便”と“就”が非常に少なく，この点から見れば『四史攸編』は文言的な性格が濃いといえる。

“便”の用例は以下の通りで，“便”の字そのものが次の2例しか無い。

9-3-M7-16　汝視厥實便識之誰摘葡萄于荊棘無花果于蒺藜
（By their fruits you shall know them.）
9-3-M7-20　是以爾輩視厥實便識之矣
（Therefore by their fruits you shall know them.）

“就”は以下のように動詞「つく，従う，対する」の用例がほとんどである。

11-1-M13-2　而眾群集就之致其上小船坐而眾立于岸
12-7-M18-1　又他徒就耶穌曰天國爾擬誰為最大

“就”の副詞の用例は以下の 1 例のみである。

23-2-M21-38　農家見子自謂此該襲產業者大家來殺之我們就得產業

この他に“就是”が 2 例ある。

26-5-M26-48　付之者與眾定號曰我所親者就是汝曹捉之
14-1-J4-26　耶穌語之曰就是我與爾言者也

また，別に次のような例がある。

20-2-J8-16　就裁度我之度必真蓋非我獨矣乃我與遣我之父也
（And if I do judge, my judgments is true; because …）

（2）動詞につく“得”
『神天聖書』には“覺得”，“曉得”，“認得”の用例があるが，『四史攸編』では，助詞“得”が動詞につくものは 2 例で，いずれも後ろに続くのは“是”であった。“得”の用例数は下表の通りである。

	マタイ	マルコ	ルカ	ヨハネ	全文
得	0	0	0	3	3

用例は以下の通りである。

24-4-J13-13　汝稱余以師以主稱得是矣
14-1-J4-17　婦答曰余無丈夫耶穌語之曰說得是爾無丈夫
14-1-J4-18　蓋先已有五丈夫如今所有非爾丈夫此說得是也

さらに，不可能補語が3例見られる。

18-1-M23-4　伊等拴以人擔不起之重任置人肩而自不肯以己指動之
11-1-M13-13　吾以喻語之者因伊看不見聽不聞而不會意也

(3) 助詞の“了”

“了”の用例数は下表の通りである。

	マタイ	マルコ	ルカ	ヨハネ	全文
了	1	0	0	0	1

助詞の“了”は全体を通して1例しか無い。用例は以下の通りである。ちなみに『神天聖書』では36例に増え，多くはマイナスイメージの場合に使われている。

27-1-M27-4　曰我以付義血犯了罪矣僉曰與我輩何與爾自顧矣

(4) 助詞“的”

用例数は以下の通りである。

	マタイ	マルコ	ルカ	ヨハネ	全文
的	0	0	0	1	1

『四史攸編』4福音書部分で唯一の例である“的”の用例は後ろに名詞を持って連体修飾を表すもので，「不品行によって生まれたもの」の意である。

20-2-J8-41　爾則行汝父之行也衆曰我輩非從邪淫生的惟有一父即神也

連体修飾語となる名詞や動詞などの後ろに用いる助詞の“的”は，次章で触れる『神天聖書』の4福音書全体では110例に増加する。また，“的”の用例は，後ろに名詞を持って連体修飾を表すものも多い。ただ，『神天聖書』でも“底”の用例は無い。

2. 2. 6　人称代名詞について

次に，人称代名詞を見てみると，一人称単数では多い順に“我”（686例），“余”（395例），“吾”（115例）である。複数では多い順に“我等”（49例），“我輩”（28例），“吾輩”（26例），“我們”（8例），“吾儕”（4例），“我儕”（4例），“余曹”（2例），“余輩”（2例），“吾等”（2例），“吾衆”（1例），“我衆”（1例）である。

二人称単数は多い順に“爾”（830例），“汝”（214例）で，“你”は1例のみである。複数は“爾等”（144例），“爾輩”（82例），“汝曹”（58例），“汝等”（43例），“汝輩”（13例），“爾衆”（5例），“汝衆”（1例），“爾儕”（1例）である。

三人称では単数が“其”（822例），“彼”（81例），“斯”（56例），“伊”

（24例）で，複数が“伊等”（188例），“斯人”（6例），“斯眾”（3例），“彼人”（1例）である。人称代名詞で“你們，他，他們”などは用いられていない。また，指示代名詞では，“此，彼，其，斯”以外では“之，厥”が多用されている。

なお，人称代名詞の詳細については，第6章で他の聖書の用例と併せて考察したい。

2.2.7　その他若干の品詞について

これまでに見た語彙以外で，特徴のあるものを品詞ごとに挙げて考察する。

(1)　否定副詞

	マタイ	マルコ	ルカ	ヨハネ	全文
不	92	11	90	140	333
無	47	8	42	66	163
毋	29	0	7	4	40
勿	22	3	20	14	59
弗	68	3	30	100	201
非	24	2	9	85	120
未	23	4	16	40	83
莫	0	0	1	4	5
沒	0	0	0	0	0

否定副詞について見てみると，“不”が最も多く333例ある。この他，“無”（163例），“毋”（40例），“勿”（59例），“弗”（201例），“非”（120例），“未”（83例）などがある。

“沒”の字は“沒藥”（3-1-M2-11），“天暮日已沒”（28-9-L24-29），“沒藥”（27-21-J19-39）の3か所に使われているが，動詞を否定する“沒”

は用例が無い。

清代から多く用いられた禁止の“別”は用いられていない。「べつに～する」という意味の“別”は16例ある。また，婉曲な禁止「～とはかぎらない」を表すものでは，古代語でも用いられた“不必”が3例あるが，白話で用いられる“未必”も1例だけであるが用例がある。

10-4-M10-26　且勿懼之無隱藏事弗必露著無祕密不必見人知
9-3-M7-21　凡向我謂吾主吾主者未必盡入天國也…

動詞を否定する“沒”が用いられていないことは先に述べたが，中世で多く用いられた“未曾”が4例あり，“不曾”も1例見られる。

6-4-L7-30　法吏叟與教士欺輕神為之所立之策而未曾領其洗
26-16-M26-72　亦偕焉其再以誓誹之曰我不曾識是人已

(2) 連詞

不限定を表す“不拘”が9例見られるが，“不拘”は「清代ではきわめて多く用いられた」連詞である。[44)]

10-4-M10-11　不拘何邑何衛汝等一入即問其中誰為堪而居彼至出焉
13-2-L9-57　或有云爾不拘何往我必從爾
27-2-J18-31　…汝以之依汝法自審矣如達人與之曰不拘何人吾輩不可殺之

この他，“不論”は1例で，“無論”は用例が無い。

12-7-M18-19　余再語爾輩若爾眾有二相合不論何求必蒙在天我父准賜之

「もしそうでなければ～」という否定の仮定を表す“不然”が6例，累加を表す“何況”が4例あるが，これは文語にも用いられる。

9-2-M6-1　汝輩宜慎毋行于人前希圖得其見不然無在天汝父之報也

9-2-M6-23　爾目若惡爾全身必黑暗也且在爾之光若暗何況其暗乎

累加を表すものでは“何況”の他に，“不但”が4例あり，そのうち3例は“且”と呼応して使われている。

25-5-J17-20　余求不但為爾且為後依從其語而輩

“不但”は，太田1958によると，古くは“亦”と呼応したが，時代が下ると“也”“而且”“還”などと呼応するようになり，この例では“且”と呼応している。

推論を表すものでは“既然”が3例見られる。

24-4-J13-14　蓋我是師是主也余為主為師既然洗汝曹之足汝亦該相洗足矣

「～と～」を表す連詞では，“與”が80例，“及”が73例で，この両者がほぼ同じ頻度で使われているが，若干2例ではあるが“連”も見られる。

18-3-M23-20　則以祭臺而誓者共連臺

28-3-L24-1　撒罷一日絶早伊等帶所備之香液詣墓路加二十三連二十四章

また，“連”を呼応させて「～も…も」の意味を表すものが2例ある。

また，各用例に，“連”が使われている部分にあたるラテン語ブルガタ訳の対訳英語を付した。

18-3-M23-22　又以天而誓者其連神之座連坐之者悉以為誓也
（and he that sweareth by heaven, sweareth by the throne of God, and by him that sitteth thereon.）

24-2-J13-9　伯多羅曰弗止足且連手連頭矣
（Simon Peter saith to him, Lord, not only my feet, but also hands, and hands.）

いずれも，英語の“and”に対応していることが分かる。また，後者については，“not only〜 but also〜”が“弗止〜且〜”と訳されている。なお“連”については介詞の用例も見られる。

18-3-M23-21　連殿內者悉以為誓矣

承接を表す連詞では“比如”が 1 例だけ見られる。

12-7-M18-23　比如一王欲算厥役之帳

原因・理由を表すものうち，理由の後に置いて，「それで〜」の意を表すものでは，“是以”“是故”“故”“因此”“因而”“所以”が用いられている。

是以	（19 例）	8-4-M12-17	是以成依賽先知所云
是故	（ 2 例）	27-8-J19-11	…爾必無之是故以余付者其罪益重
故	（13 例）	17-1-J5-10	故如達人謂愈者今日撒罷不可舉爾床
因此	（10 例）	13-1-M19-5	因此人將離父母從妻致二合為一體

因而（1例）16-3-M25-36　我裸而汝衣我病而汝顧我因而汝來看我

所以（ 6例）23-2-M21-43　所以天國將奪于爾輩而將與他民行其實者也

現代語で一般的な“因為”は1例も見られない。

2. 2. 8　口語・書面語の特徴となる語彙の対比を通して

2. 2. 7までで考察してきた語彙と一部重複するところがあるが，ここで文言と白話の幾つかの語彙をキーワードとして，同じ意味を表すものを組にして対比し，各々の組で語彙の用例数を比較してみる。

(1)“甚”と“狠”（“很”）について

	マタイ	マルコ	ルカ	ヨハネ	全文
甚	6	0	11	3	20
狠/很	0	0	0	0	0

“甚”については『聖経直解』では形容詞に後置する用法が多かったが,『四史攸編』では，動詞に前置するものでは“甚怖”“甚懼”“甚愕”“甚喜”，動詞に後置するものでは“怒甚”“哭甚”など，形容詞に前置するものでは“甚重”“甚眾”など，後置するものでは“至”を伴う“威嚴至甚”など様々である。なお『神天聖書』では全てが，形容詞，あるいは形容詞的な表現に前置される用法になっている。“甚”の用例には以下のようなものがある。

12-5-M17-23　人必殺之而第三日復活焉伊等憂鬱至甚

23-4-L21-23　禍矣其日哺育者蓋此民遭逼迫怒罰甚重矣

19-1-J6-5　耶穌既然舉目見來就之者甚眾問斐理伯曰由何買餅使此眾喫乎

“很”の用例は無く，“狠”も副詞の用例は無く，以下の「ひどく引き裂く」という意味の1例のみである。

9-3-M7-6　勿以聖物與狗勿委珍珠于豬前恐或踹之而轉狠扯爾輩

⑵“無”と“沒有”について

存在の否定を表す“無”については，すでに**2. 2. 3**で見たとおり163例である。用例については**2. 2. 3**を参照されたい。これに対して，“沒有”は用例が無い。

⑶“何”と“甚麼”について

	マタイ	マルコ	ルカ	ヨハネ	全文
何	50	9	37	66	162
甚麼	0	0	0	0	0

疑問を表す“何”と“甚麼”については，**2. 2. 3**で見たように，“何”は上表の162例で，このうち“如何”が9例，“為何”が17例，“為何因”が1例ある。“甚麼”は『四史攸編』4福音書に用例が無い。“何”の例文については，**2. 2. 3**を参照されたい。また，この他に疑問・反問を表す“曷”が4例ある。

9-3-M7-3　亦然汝曷見毫在爾昆之目而不見梁于己目
9-3-M7-3　亦然汝曷見毫在爾昆之目而不見梁于己目
13-3-M20-6　大約十一時又出另睹數人立者向之曰汝曹曷為終日間立此耶
25-4-J16-19　耶穌識伊等欲問已乃謂伊等曰汝相究余曷云少弗見余又少見余

これらは，『神天聖書』4福音書では各々“何～”，“豈～”，“因何～”，

“因何～我所言”に改められ，用例が無くなっている。

(4)“彼”と“那”について

	マタイ	マルコ	ルカ	ヨハネ	全文
彼	38	4	32	40	114
那	2	0	0	0	2

近称を表す指示詞の“此”と“這”については，**2. 2. 3**ですでに見てきたが，遠称を表す“彼”は，三人称としての用法，指示詞（場所，ヒト）を全て合わせて114例あるのに対し，“那”は用例が2例と少ない。“那”の用例については，以下の通りである。

22-13-M22-28　復活時歸那七之誰蓋七已有之
26-18-M26-73　且爾果係那一黨之人爾音露著

(5)介詞“同，與”と“合，和，跟”について

	マタイ	マルコ	ルカ	ヨハネ	全文
同	2	3	3	3	11
與	11	2	5	19	37
合/和/跟	0	0	0	0	0

“同”と“與”は，動詞と曖昧なところがあるが，介詞と思われる用例は，それぞれ“同”が11例，“與”が37例である。“同”と“與”のあいだに使い分けはとくに見られない。白話的な“合”，“和”，“跟”の3者については用例が無い。

2. 2. 9　小結

以上，**2. 2. 2**から**2. 2. 8**までの考察を通して，『四史攸編』の4福音

書全訳部分の本文では，ほぼ文言としての特徴を網羅しており，虚詞も，ほとんどが文言的なもので占められていることが分かった。白話語彙については，ヤホントフ1969の白話虚字が8例しか無く，その他のものについても稀で，とくに場面の描写のために白話の語彙を用いたという形跡は見られない。しかし，これまでの論考で，「その文体が多分に口語的である」との指摘があるような，この印象はどう言ったところから来るものなのか，今後詳細に調査することとしたい。後続の『神天聖書』では白話語彙が349例に増えており，大きな変化が見られるのであるが，これについては次章で詳しく考察する。

注

1）方豪，徐宗澤らの目録には賀清泰の『古新聖経』が挙げられており，最近になって中国国内でその稿本が発見されたとの情報も得ているが，詳細については明らかになっていない。

2）マーシュマン訳の中国語訳聖書にはモリソン訳の『神天聖書』のような固有のタイトルがないが，中国での研究で“马士曼《圣经》汉译本”（マーシュマンの『聖書』中国語訳本の意。）等と呼ぶことから，本書でも便宜的に『聖経』と呼ぶ。本書で単に『聖経』と呼ぶ場合，マーシュマン訳『聖経』のことである。なお，ふつう『聖書』のことを中国語で《聖経》と呼ぶ。

3）バセ訳稿本は，4福音書の抄訳である前半部分と「使徒言行録」以下の後半部分から成るが，表紙にはとくにタイトルが無い。前半部分の冒頭に「四史攸編耶穌基利斯督福音之會編」というタイトルがあることから，この稿本を便宜上『四史攸編』と呼ぶ。

4）さらに内田2012「白日昇漢譯聖經攷」がある。

5）但し，香港大学所蔵本については，原本の閲覧が許可されなかったため，公式複写本を閲覧した。

6）ローマ本については，内田2010を参照し，ケンブリッジ本については，蔡錦圖2008を参照した。蔡錦圖2008によると，モリソン筆写本から筆写されたものがケンブリッジ大学図書館に所蔵されているとのことであるが，筆者はまだ目にする機会を得ていない。また，香港大学の宋剛氏もカトリックの聖書翻訳に関連して，バセによる手稿本について言及している。なお，これらの稿本の成立順（ローマ本，ケンブリッジ本，）については，内田慶市，張西平，宋剛の各氏も筆者と概ね見方が一致している。

7）『聖経直解』の中国語訳の詳細については塩山 2008 参照。

8）本節では聖書本文の資料として大英図書館所蔵『四史攸編』『神天聖書』，フランス国立図書館所蔵『聖経』のマイクロコピーを使用した。

9）費頼之 1932-1934『在華耶蘇会士列伝及書目』及び矢沢 1967 参照。

10）矢沢 1967 参照。また，Martiliat の日誌の，「マタイによる福音書」第 1 章から「ヘブライ人への手紙」第 1 章までを訳したものだ，との記述は，ローマ本の内容構成と一致しており，ローマ本が一連の稿本の中で最初のものである，という仮説の一つの根拠である。

11）内田 2010 参照。

12）香港本については，筆者は前半部分しか目にしていないので，その筆写の範囲については今後の調査を待ちたい。

13）ケンブリッジ本を除いては，内田 2010 の例示の順序に倣った。

14）この節の英語訳（ブルガタ訳の英語対訳より）は以下の通りである。
"And behold a leper came and adored him saying, Lord, if thou wilt, thou canst make me clean."

15）この節の英語訳（ブルガタ対訳より）は以下の通りである。
"And Jesus stretching forth his hand, touched him, saying, I will: be thou made clean. And forth with, his leprosy was made clean."

16）この節のブルガタ訳とその英語対訳は以下の通りである。
【ブ】"et ecce leprosus veniens adorabat eum, dicens: Domine, si vis, potes me mundare."
【英】"And behold a leper came and adored him saying, Lord, if thou wilt, thou canst make me clean. "

17）この節のブルガタ訳とその英語対訳は以下の通りである。
【ブ】"Et extendens: Jesus manum, tetigit eum, dicens: Volo.Mundare. Et confestim mundata est lepra ejus. "
【英】"And Jesus stretching forth his hand, touched him, saying, I will: be thou made clean. And forth with, his leprosy was made clean. "

18）この節のブルガタ訳とその英語対訳は以下の通りである。
【ブ】"Et ait illi Jesus: Vide, nemini dixeris: sed vade, ostende te sacerdoti, et offer munus, quod praecepit Moyses, in testimonium illis."
【英】"And Jesus saith to him, See thou tell nobody: but go, shew thyself to the priest, and offer the gift which Moses commanded for a testimony to them."

19） この節のブルガタ訳とその英語対訳は以下の通りである。

【ブ】“Dico autem vobis, quod multi ab Oriente et Occidente venient, et recumbent cum Abraham, et Issac, et Jacob in regno coelorum: ”

【英】“And I say to you, That many shall come from the East and west, and shall sit down with Abraham and Issac and Jacob in the kingdom of heaven:”

20） この節のブルガタ訳とその英語対訳は以下の通りである。

【ブ】“filii autem regni ejicientur in tenebras exteriors: ibi erit fletus, et stridor dentium.”

【英】“but the children of the kingdom shall be cast out into the exterior darkness: there shall be weeping and gnashing of teeth.”

21） この節のブルガタ訳とその英語対訳は以下の通りである。

【ブ】“consummatisque diebus, cum redirent, remansit puer Jesus in Jerusalem, et non cognoverunt parentes ejus.”

【英】“and having ended the days, when they returned, the child Jesus remained in Jerusalem: and his parents knew it not.”

22） この節のブルガタ訳とその英語対訳は以下の通りである。

【ブ】“Existimantes autem illum esse in comitatu, venerunt iter diei, et requirebant eum inter cognates, et notos.”

【英】“And thinking that he was in the company, they came a day’ s journey, and sought him among their kinsfolk and acquaintance.”

23） この節のブルガタ訳とその英語対訳は以下の通りである。

【ブ】“Et non invenientes, regressi suntin Jerusalem, requirentes eum.”

【英】 “And not finding him, they returned into Jerusalem, seeking him.”

24） この節のブルガタ訳とその英語対訳は以下の通りである。

【ブ】“et tuam ipsius animam pertransibit gladius, ut revelentur ex multis cordibus cogitations.”

【英】“and thine own soul shall a sword pierce, that out of many hearts cogitations may be revealed.”

25） この節のブルガタ訳とその英語対訳は以下の通りである。

【ブ】Et erat Anna prophetissa, filia Phanuel, de tribu Aser: haec processerat in diebus multis, et vixerat cum viro suo annis septem a virginitate sua.

【英】And there was Anne a prophetess, the daughter of Phanuel, of the tribe of Aser; she was far stricken in days, and had lived with her husband seven years from her virginity.

26）竹中 1990 参照。

27）志賀 1973 参照。

28）多くの中国語文献では，バセの中国語名として“巴設”が採用されている。

29）A.J.Garnier 1933*Chinese Version of the Bible* による。また，顧長声 1981『傳教士與近代中国』にもほぼ同じく“十八世纪初年，巴黎外方传教会的传教士巴设曾翻译四福音书，使徒行传和保罗书信。英国伦敦大不列颠博物馆所藏编号为史隆三五九九号的汉译部分《新约》，可能是巴设所译。这批译稿是由在广州的东印度公司职员带到伦敦赠送给汉斯・史隆爵士的，后来由他捐献给博物馆收藏。”とある。

30）譚樹林 2003 に詳しい。また，吉田 1997, p.35 でも「モリソンはイギリスにおいて中国伝道の準備を進めている時，たまたま大英博物館に保管されていたカトリック系のパリ外国宣教会（仏称略）所属の宣教師バセー Basset,J の中国語訳聖書の稿本である『四史攸編』を見ることができ，彼の中国語の教師である董三託の協力を得てこれを写しとった。」と指摘されている。

31）譚樹林 2000 および Eliza.Morrison 1839 参照。

32）ローマ・カトリックではトリエント公会議においてブルガタ訳（ウルガタとも表記される）が公認聖書として認められて以来，カトリック各派ではいずれもこれを採用している。

33）加藤昌弘 2001 によれば，モリソンがどのギリシャ語本文を用いたかは未詳で，マーシュマンは「公認本文」ではなく，グリースバッハ（Johann Jakob Griesbach,1745-1812）の校訂本を底本にしていた，と言うことである。なお，同じく加藤昌弘 2001 によれば，「公認本文」とは「欽定訳」の底本となった校訂本の総称である。

34）吉田 1997, p.37 では「『四史攸編』とモリソン訳聖書の原文を対比して見ると，モリソン訳は用語において『四史攸編』を参照していること，また聖書の原文に極めて忠実な逐語訳を試みていることが看取される」としているが，本節の調査を通してみる限り，『四史攸編』の参照については，「使徒言行録」以下の全訳部分は文体も含めてかなりの程度で参照しているが，シャッフル訳の「四史攸編耶穌基利斯督福音之會編」部分についてはさほど忠実に参照しておらず，両者を分けて考える必要がある。

35）本書に挙げる用例数は現時点での概数と言うことで，若干数の誤差のある可能性はある。

36）本節でも *The Vulgate New Testament, with the Douay Version of 1582*（1872 版）

のラテン語ブルガタ訳原典対訳の英語訳に依った。

37) “之”は代名詞としての用例と助詞としての用例を合わせると1830例にものぼり，用例数がきわめて多いことが明白であるから，分類して表にのせることは省略した。

38) 太田 1964, p.19 及び p.107 によると，論語では「述語が形容詞のばあい，賓語のまえに「於」「乎」を用い，比較するものをあらわ」し，孟子では「述語が形容詞のばあい「於」などを用いて比較する対照をあらわす」とある。

39) 太田 1958, p.174 参照。

40) 太田 1958, p.176 によると，「“比”による比較句に副詞・助形詞・補語を用い，差比をさらに細かに表現することは，白話の特徴である」とある。

41) 太田 1964 によると，名詞性連語のうち助詞“者”を末尾に有し全体で1個の名詞に相当する連語を「者」字連語と言う。

42) 注（3）に同じく，“之”は用例数がきわめて多いことが明白であるから，分類して表にのせることは省略した。

43) 田中秀夫 1966『羅和辞典』, p.222“et”の項によると，“et”は（1）そして，ところで，（2）また，同時に，および，（3）かくて，かくして，従って，（4）すなわち，（5）要するに，（6）しかも，しかして，しかのみならず，などの意味を表す。

44) 太田 1958《不拘》の項参照。

[補足]『四史攸編』抄訳の原典章節一覧表（28 章順）

凡　例

本文でも触れたように，『四史攸編』「四史攸編耶穌基利斯督福音之會編」28 章（以下『四史攸編』）は，ラテン語ブルガタ訳聖書原典の 4 福音書からの抄訳である。本一覧表では『四史攸編』の本文第 1 章から順に原典の第何章第何節を翻訳しているのかを示した。例えば表の第 1 章の冒頭，「01　ルカ 01　01～04」は『四史攸編』の第 1 章第 1 部分が，原典の「ルカによる福音書」第 1 章第 1 節から第 4 節までの翻訳であることを表している。なお，節番号に「01」の如く下線を付しているものは，節の一部分のみの翻訳であることを表す。また *only* は単一節のみの翻訳，*end* は章末尾までの翻訳であることを表す。

	書・巻		節
第1章			
01	ルカ	01	01～04
02	ヨハネ	01	01～13
03	ルカ	01	05～56
04	マタイ	01	18～24
第2章			
01	ルカ	01	57～80
02	ルカ	02	01～21
03	マタイ	01	01～18
第3章			
01	マタイ	02	01～12
02	ルカ	02	22～39
03	マタイ	02	13～23
04	ルカ	02	40～52

	書・巻		節
第4章			
01	ルカ	03	01～06
02	マタイ	03	04～10
03	ルカ	03	10～14
04	ヨハネ	01	19～26
05	マタイ	03	11～17
06	ヨハネ	01	15～18
	ヨハネ	01	30～34
第5章			
01	ルカ	04	01～14
02	ヨハネ	01	35～51
03	ルカ	05	01～11
04	マルコ	01	19～20
05	マタイ	04	23～25
06	ヨハネ	02	01～12

	書・巻	節
07	マルコ01	21〜22
	マルコ01	23〜28

第6章

01	ヨハネ03	22〜36
02	ルカ　03	19〜20
03	マタイ04	12〜16
04	ルカ　07	01〜35

第7章

01	マルコ02	01〜13
02	マタイ09	09〜34
03	ヨハネ03	01〜21

第8章

01	ルカ　04	16〜31
02	ヨハネ04	45〜54
03	マルコ02	23〜28
04	マタイ12	09〜50

第9章

01	マタイ05	01〜48
02	マタイ06	01〜34
03	マタイ07	01〜27

第10章

	書・巻	節
01	マタイ07	28〜29
02	マタイ09	36〜37
03	ルカ　06	12〜13
04	マタイ10	01〜42
05	マタイ11	01
	マタイ08	01〜04
	マタイ08	14〜17
06	ルカ　10	01〜11
07	マルコ06	12〜14
08	マタイ14	03〜11
09	マルコ03	〜　?
10	ルカ　10	17〜42

第11章

01	マタイ13	01〜08
	マタイ13	10〜15
	マタイ13	18〜39
	マタイ13	41〜54
02	マタイ15	01〜39

第12章

01	マルコ07	31〜37
02	マルコ08	22〜26
03	マタイ16	13〜28 *end*
04	ルカ　07	36〜47. 49
05	マタイ17	01〜27 *end*
06	マタイ20	20〜28
07	マタイ18	01〜07
		10〜35 *end*

第13章

	書・巻	節
01	マタイ19	01. 03〜30 *end*
02	ルカ　09	49〜50
		57〜62
03	マタイ20	01〜16
04	マタイ08	23〜34
05	マルコ05	18〜20

第14章

	書・巻	節
01	ヨハネ04	03〜40
02	ルカ　18	01〜08
03	ルカ　11	05〜08
04	ルカ　18	09〜14
05	ルカ　16	01〜09
		13〜17
		19〜31
06	ルカ　12	13〜21 ？
07	ヨハネ04	41〜43

第15章

	書・巻	節
01	ルカ　17	11〜19
02	マルコ10	46〜52
03	ルカ　19	01〜06
		08〜10
04	ルカ　15	01〜32
05	ルカ　13	01〜09
06	ルカ　12	41〜48
07	マタイ11	20〜24
		28〜30 *end*

第16章

	書・巻	節
01	ルカ　13	10〜17
02	ルカ　17	20〜37
03	マタイ25	01〜13
		31〜46

（表記はルカ25となっている）

第17章

	書・巻	節
01	ヨハネ05	01〜47
02	ルカ　14	01〜24
03	マタイ08	11〜12
04	ルカ　13	31〜35

第18章

	書・巻	節
01	マタイ23	01〜10
02	ルカ　11	45 *only*
03	マタイ23	13〜35
04	ルカ　11	53〜54
05	マタイ22	16〜22

（表記はマタイ20となっている）

06	ヨハネ06	01〜02

第19章

	書・巻	節
01	ヨハネ06	03〜20
02	マタイ14	28〜32. 34
03	マタイ16	05〜12
04	ヨハネ16	21〜71 *end*

書・巻　　節

第20章

01　ヨハネ07　01～53 *end*

02　ヨハネ08　01～59 *end*

第21章

01　ヨハネ09　01～41 *end*

02　ヨハネ10　01～42 *end*

03　ヨハネ11　01～10

（表記はヨハネ12となっている）

04　マルコ10　32～34

05　ヨハネ11　11～16

06　ルカ　09　51～56

07　ヨハネ11　17～57 *end*

第22章

01　ヨハネ12　01～08

02　マルコ14　08～09

03　ヨハネ12　09～12

04　マタイ21　01～11

05　ルカ　19　39～44 ？

06　マタイ21　14～16

07　ヨハネ12　19～50 *end*

08　マルコ11　11～15

09　ヨハネ02　14～22

10　マタイ21　23～32

11　マルコ11　19～21

12　マタイ21　21～22

13　マタイ22　23～34

14　マルコ12　28～34

書・巻　　節

15　マタイ22　41～46 *end*

第23章

01　マタイ22　01～14

02　マタイ21　33～46 *end*

03　マルコ12　41～44

04　ルカ　21　05～38 *end*

第24章

01　ルカ　22　01～20

02　ヨハネ13　01～02

03～11

03　ルカ　22　31～32

04　ヨハネ13　12～18

05　ルカ　22　22 ？

06　ヨハネ13　21～38 *end*

07　ヨハネ14　01～31 *end*

08　マルコ14　26 *only*

第25章

01　マルコ14　27～28

02　ルカ　22　35～37

03　ヨハネ15　01～27 *end*

04　ヨハネ16　01～33 *end*

05　ヨハネ17　01～26 *end*

第26章

01　ヨハネ18　01～02

02　マルコ14　32～39

	書・巻		節
03	ルカ	22	43〜44
04	マルコ	14	40〜43
05	マタイ	26	48〜50
06	ルカ	22	48 *only*
07	ヨハネ	18	04〜11
08	マタイ	26	53〜54
09	ルカ	22	51〜53
10	ヨハネ	18	12 *only*
11	マタイ	26	56 *only*
12	マルコ	14	51〜52
13	ヨハネ	18	13〜24
14	マルコ	14	55〜62
15	ルカ	22	67〜70
16	マタイ	26	65〜69. 72
17	ヨハネ	18	26 *only*
18	マタイ	26	73〜75 *end*

第27章

01	マタイ	27	01〜10
02	ヨハネ	18	28〜31
			33〜38
03	ルカ	23	05〜12
04	マタイ	27	19 *only*
05	ルカ	23	13〜15
06	マタイ	27	15〜17
			20〜22
07	ルカ	23	22 *only*
08	マタイ	27	26 *only* ?

（或は, マルコ第15章第15節）

	書・巻		節

（表記は上記ルカ23の続き）

09	ヨハネ	19	01〜15
10	マタイ	27	24〜25
11	ヨハネ	19	16 *only*
12	ルカ	23	26〜35
13	マルコ	15	29〜30
14	ルカ	23	39〜43
15	ヨハネ	19	19〜27
16	マタイ	27	45〜46
17	ヨハネ	19	28〜30
18	マタイ	27	51〜55
19	マルコ	15	40〜42
20	ヨハネ	19	31〜34
			36〜37
21	マルコ	15	43〜45
22	ヨハネ	19	39〜42
23	マルコ	15	46〜47

第28章

01	マタイ	27	62〜66
02	ルカ	23	55〜56
03	ルカ	24	01 *only*
04	マルコ	16	02〜04
05	マタイ	28	02〜04
06	ルカ	24	02〜09

（第04節が原典と微妙に違う）

07	マタイ	28	11〜15
08	ヨハネ	20	04〜09. 11
			14〜18

	書・巻	節
09	ルカ　24	13〜35
10	ヨハネ20	19 *only*
11	ルカ　24	36〜38. 39
12	ヨハネ20	20〜23
13	ルカ　24	41〜45
14	ヨハネ20	24〜29
15	ヨハネ21	01〜12
		14〜16
		17〜18
		19〜22
16	マタイ28	16〜20
	（表記はマタイ21となっている）	
17	ルカ　24	46〜49
18	マルコ16	15〜18
19	マタイ28	20 *only*
20	ルカ　24	50〜53
21	ヨハネ21	25 *only*

『四史攸編』抄訳の原典章節一覧表（4福音書順）

凡　例

『四史攸編』「四史攸編耶穌基利斯督福音之會編」28章（以下『四史攸編』）は，ラテン語ブルガタ訳聖書原典の4福音書の内容をシャッフルした抄訳である。本一覧では4福音書「マタイによる福音書」から「ヨハネによる福音書」まで，原典のどの部分が『四史攸編』のどの部分で翻訳されているのかを一覧にした。

例えば，以下の一覧中で「マタイ01　01～18　02-03」は，「マタイによる福音書」第1章第1節から第18節が，『四史攸編』第2章第3部分に翻訳されていることを表している。なお，原典の節の一部分のみの翻訳については，節番号に「01」のように下線を付している。

書・章	節	章−節	書・巻	節	章−節
「マタイによる福音書」					
マタイ01	01～18	02-03	マタイ08	14～17	10-05(3)
マタイ01	18～24	01-04	マタイ08	23～34	13-04
マタイ02	01～12	03-01	マタイ09	09～34	07-02
マタイ02	13～23	03-03	マタイ09	36～37	10-02
マタイ03	04～10	04-02	マタイ10	01～42	10-04
マタイ03	11～17	04-05	マタイ11	01	10-05(1)
マタイ04	12～16	06-03	マタイ11	20～24	15-07(1)
マタイ04	23～25	05-05	マタイ11	28～30 *end*	15-07(2)
マタイ05	01～48	08-01	マタイ12	09～50	08-04
マタイ06	01～34	08-02	マタイ13	01～08	11-01(1)
マタイ07	01～27	08-03	マタイ13	10～15	11-01(2)
マタイ07	28～29	10-01	マタイ13	18～39	11-01(3)
マタイ08	01～04	10-05(2)	マタイ13	41～54	11-01(4)
マタイ08	11～12	17-03	マタイ14	03～11	10-08

書・章　節　章ー節
マタイ14　28～32. 34　19-02
マタイ15　01～39　11-02
マタイ16　05～12　19-03
マタイ16　13～28 *end*　12-03
マタイ17　01～27 *end*　12-05
マタイ18　01～07　12-07(1)
マタイ18　10～35 *end*　12-07(2)
マタイ19　01. 03～30 *end*　13-01
マタイ20　01～16　13-03
マタイ20　20～28　12-06
マタイ21　01～11　22-04
マタイ21　14～16　22-06
マタイ21　23～32　22-10
マタイ21　21～22　22-12
マタイ21　33～46 *end*　23-02
マタイ22　01～14　23-01
マタイ22　16～22　18-05
マタイ22　23～34　22-13
マタイ22　41～46 *end*　22-15
（表記はマタイ20となっている）
マタイ23　01～10　18-01
マタイ23　13～35　18-03
マタイ25　01～13　16-03(1)
マタイ25　31～46　16-03(2)
（表記はルカ25となっている）
マタイ26　48～50　26-05
マタイ26　53～54　26-08
マタイ26　56 *only*　26-11
マタイ26　65～69. 72　26-16

書・巻　節　章ー節
マタイ26　73～75 *end*　26-18
マタイ27　01～10　27-01
マタイ27　15～17　27-06(1)
マタイ27　19 *only*　27-04
マタイ27　20～22　27-06(2)
マタイ27　24～25　27-10
マタイ27　26 *only*？　27-08
（或は, マルコ第15章第15節）
（表記は上記ルカ23の続き）
マタイ27　45～46　27-16
マタイ27　51～55　27-18
マタイ27　62～66　28-01
マタイ28　02～04　28-05
マタイ28　11～15　28-07
マタイ28　16～20　28-16
（表記はマタイ21となっている）
マタイ28　20 *only*　28-19

「マルコによる福音書」
マルコ01　21～22　05-07(1)
マルコ01　23～28　05-07(2)
マルコ01　19～20　05-04
マルコ02　01～13　07-01
マルコ02　23～28　08-03
マルコ03　～　？　10-09
マルコ05　18～20　13-05
マルコ06　12～14　10-07
マルコ07　31～37　12-01
マルコ08　22～26　12-02

書・章	節	章ー節
マルコ10	32～34	21-04
マルコ10	46～52	15-02
マルコ11	11～15	22-08
マルコ11	19～21	22-11
マルコ12	28～34	22-14
マルコ12	41～44	23-03
マルコ14	08～09	22-02
マルコ14	26 *only*	24-08
マルコ14	27～28	25-01
マルコ14	32～39	26-02
マルコ14	40～43	26-04
マルコ14	51～52	26-12
マルコ14	55～62	26-14
マルコ15	29～30	27-13
マルコ15	40～42	27-19
マルコ15	43～45	27-21
マルコ15	46～47	27-23
マルコ16	02～04	28-04
マルコ16	15～18	28-18

「ルカによる福音書」

ルカ	01	01～04	01-01
ルカ	01	05～56	01-03
ルカ	01	57～80	02-01
ルカ	02	01～21	02-02
ルカ	02	22～39	03-02
ルカ	02	40～52	03-04
ルカ	03	01～06	04-01
ルカ	03	10～14	04-03

書・巻		節	章ー節
ルカ	03	19～20	06-02
ルカ	04	01～14	05-01
ルカ	04	16～31	08-01
ルカ	05	01～11	05-03
ルカ	06	12～13	10-03
ルカ	07	01～35	06-04
ルカ	07	36～47. 49	12-04
ルカ	09	49～50	13-02(1)
ルカ	09	51～56	21-06
ルカ	09	57～62	13-02(2)
ルカ	10	01～11	10-06
ルカ	10	17～42	10-10
ルカ	11	05～08	14-03
ルカ	11	45 *only*	18-02
ルカ	11	53～54	18-04
ルカ	12	13～21？	14-06
ルカ	12	41～48	15-06
ルカ	13	01～09	15-05
ルカ	13	10～17	16-01
ルカ	13	31～35	17-04
ルカ	14	01～24	17-02
ルカ	15	01～32	15-04
ルカ	16	01～09	14-05(1)
ルカ	16	13～17	14-05(2)
ルカ	16	19～31	14-05(3)
ルカ	17	11～19	15-01
ルカ	17	20～37	16-02
ルカ	18	01～08	14-02
ルカ	18	09～14	14-04

書・章		節	章ー節
ルカ	19	01～06	15-03(1)
ルカ	19	08～10	15-03(2)
ルカ	19	39～44？	22-05
ルカ	21	05～38 *end*	23-04
ルカ	22	01～20	24-01
ルカ	22	22, 26？	24-05
ルカ	22	31～32	24-03
ルカ	22	35～37	25-02
ルカ	22	43～44	26-03
ルカ	22	48 *only*	26-06
ルカ	22	51～53	26-09
ルカ	22	67～70	26-15
ルカ	23	05～12	27-03
ルカ	23	13～15	27-05
ルカ	23	22 *only*	27-07
ルカ	23	26～35	27-12
ルカ	23	39～43	27-14
ルカ	23	55～56	28-02
ルカ	24	01 *only*	28-03
ルカ	24	02～09	28-06

（第04節が原典と微妙に違う）

ルカ	24	13～35	28-09
ルカ	24	36～38. 39	28-11
ルカ	24	41～45	28-13
ルカ	24	46～49	28-17
ルカ	24	50～53	28-20

「ヨハネによる福音書」

書・巻	節	章ー節
ヨハネ01	01～13	01-02
ヨハネ01	15～18	04-06(1)
ヨハネ01	19～26	04-04
ヨハネ01	30～34	04-06(2)
ヨハネ01	35～51	05-02
ヨハネ02	01～12	05-06
ヨハネ02	14～22	22-09
ヨハネ03	01～21	07-03
ヨハネ03	22～36	06-01
ヨハネ04	03～40	14-01
ヨハネ04	41～43	14-07
ヨハネ04	45～54	08-02
ヨハネ05	01～47	17-01
ヨハネ06	01～02	18-06
ヨハネ06	03～20	19-01
ヨハネ07	01～53 *end*	20-01
ヨハネ08	01～59 *end*	20-02
ヨハネ09	01～41 *end*	21-01
ヨハネ10	01～42 *end*	21-02
ヨハネ11	01～10	21-03

（表記はヨハネ12となっている）

ヨハネ11	11～16	21-05
ヨハネ11	17～57 *end*	21-07
ヨハネ12	01～08	22-01
ヨハネ12	09～12	22-03
ヨハネ12	19～50 *end*	22-07
ヨハネ13	01～02	24-02(1)
ヨハネ13	03～11	24-02(2)
ヨハネ13	12～18	24-04
ヨハネ13	21～38 *end*	24-06

書・章	節	章ー節
ヨハネ14	01～31 *end*	24-07
ヨハネ15	01～27 *end*	25-03
ヨハネ16	01～33 *end*	25-04
ヨハネ16	21～71 *end*	19-04
ヨハネ17	01～26 *end*	25-05
ヨハネ18	01～02	26-01
ヨハネ18	04～11	26-07
ヨハネ18	12 *only*	26-10
ヨハネ18	13～24	26-13
ヨハネ18	26 *only*	26-17
ヨハネ18	28～31	27-02(1)
ヨハネ18	33～38	27-02(2)
ヨハネ19	01～15	27-09
ヨハネ19	16 *only*	27-11
ヨハネ19	19～27	27-15

書・巻	節	章ー節
ヨハネ19	28～30	27-17
ヨハネ19	31～34	27-20(1)
ヨハネ19	36～37	27-20(2)
ヨハネ19	39～42	27-22
ヨハネ20	04～09. 11	28-08(1)
ヨハネ20	14～18	28-08(2)
ヨハネ20	19 *only*	28-10
ヨハネ20	20～23	28-12
ヨハネ20	24～29	28-14
ヨハネ21	01～12	28-15(1)
ヨハネ21	14～16	28-15(2)
ヨハネ21	17～18	28-15(3)
ヨハネ21	19～22	28-15(4)
ヨハネ21	25 *only*	28-21

第3章
モリソン訳『神天聖書』について

第1節　モリソンと『神天聖書』

モリソン（Robert Morrison 馬禮遜 1782-1834）は，プロテスタントの宣教師としては最初に中国に渡来し，聖書の中国語訳，英華・華英字典の編集，中国語学研究の3つの大きな仕事を成し遂げた。その1つ，聖書の中国語訳が『神天聖書』（1823）である。[1] 中国語訳聖書の文体の分類で，『神天聖書』は所謂“文理（Wenli，High Wenli）”に入れられる。しかし，モリソンは翻訳にあたり，「忠実で，明快で，単純であることを心がけ，古典のことばよりも，ふつうのことばを選び，洗練より分かりやすさを取った」と言い，また『三国演義』のような文体がふさわしい，とも考えていた。本章では，『神天聖書』の4福音書を中心に，『聖経直解』，『四史攸編』との比較対照を通して，『神天聖書』の文体や特徴のある語彙について考察したい。なお，本章をはじめ本書を通して，モリソンの『神天聖書』4福音書については基本的に1813年刊『新遺詔書』に収録されたものを資料として使用した。また，第5章で「使徒行傳（使徒言行録）」の資料として1823年刊『神天聖書』を使用した。両者の本文には全体を通して若干語彙の異同があるが，版本間の異同に関しては，今後の課題としておきたい。

3.1.1　モリソンについて

モリソンは，1782年にイングランド北部ノーサムバランドの靴の木型製造職の家に生まれ，16 歳で洗礼を受け，所属する教会の牧師について学問に励んだ。[2] 1803 年にはロンドンに出てホックストン・アカデミーに学び，1804 年には海外での伝道を志してヴォーグアカデミーに移った。その後，中国人の容三徳から中国語を学んだ。[3] 1807 年にイギリスを出発し，アメリカを経て広州に到着した。そして聖書の中国語訳を開始し，1810 年には「使徒言行録」（モリソン訳のタイトルは「使徒行傳」）の中国語訳を完成した。1813 年には新約聖書の中国語訳，1819 年には新旧約聖書全文の中国語訳を完成させた。また，この間，『通用漢言之法』（1815）を完成した。[4] そして，1823 年に『英華字典』『神天聖書』を完成し出版したのち，1834 年に死去した。モリソンの生涯については，モリソン夫人による伝記や都田恒太郎 1974，蘇精 2000 及び 2005 に詳しい。[5]

3. 1. 2 『神天聖書』の構成

『神天聖書』は，ワイリー（Wylie）1867 の目録で紹介されているが，その大意は次の通りである。[6]

> ホーリー・バイブル。21 巻，マラッカ，1823 年。新約聖書の漢訳はモリソンが，イギリスで得た福音書，行傳，ローマ書の旧翻訳を中国に携帯したものに基づいて行った。[7]「使徒行傳（使徒言行録）」は旧翻訳を改訂して，1810 年に出版された。ルカは 1811 年，使徒書簡の大部分は 1812 年に出版された。パウロの書簡はモリソン 1 人により改訂された。新約聖書は 1813 年に完成した。旧約聖書については，モリソンは創世記をはじめとする 26 書を翻訳した。残り（13 書）はモリソンの監督下，ミルンによって翻訳された。

『神天聖書』は旧約聖書の中国語訳『舊遺詔書』（全 21 冊，1823 年）と新約聖書の中国語訳『新遺詔書』（全 8 冊，1813 年，1823 年）から成る。[8]

新約聖書の27書のうち「使徒言行録」(「使徒行傳」) 以下の14書は大英図書館所蔵の稿本，すなわち『四史攸編』の本文を底本として改訂を行っている。「マタイによる福音書」以下の4福音書については『四史攸編』の抄訳を底本にしており，その他9書については，モリソン自らが手がけている。『神天聖書』は1葉がそれぞれ1行22字×8行で，『新遺詔書』全27書では全537葉，約189000字，人名や音訳語の右横には傍線が施され，地名には囲みが付けられている。また，主に音訳語などの中国人にとって難解だと思われる語句については，本文上段の欄外に注釈が用意されており，これは他の中国語訳聖書には見られない『神天聖書』の特徴であるといえる。例えば「使徒行傳（使徒言行録)」では3か所に注釈があり，第11章第26節の“基利士當”という語に対しては，“基利士當即是屬基利士督之教者”と記されている。欄外の注釈については，第3節で改めて考察する。

3.1.3　『神天聖書』の文体

中国語訳聖書の文体はふつう「(1) 漢文（文言）→ (2) 文理，深文理→ (3) 浅文理→ (4) 国語，官話→ (5) 方言」の5期に分けられる。[9] また，“文理＝文言”ではなく，“文理”は西洋人による語彙であると言われる。[10]『神天聖書』はふつう“文理，深文理（Wenli, High Wenli)”に入れられる。しかし，モリソンは，翻訳にあたって，「忠実で，明快で，単純であることを心がけ，古典のことばよりも，ふつうのことばを選び，洗練より分かりやすさを取った」と言っている。[11] そして，中国語の文体には「古典語→中間（『三国演義』に代表されるような文体）→口語」の3つがあり，『三国演義』のような文体が，聖書にとって最もふさわしい，と考えていた。[12] もしそうなら，モリソンは『三国演義』の文体を目標としていたことになるが，実際に『神天聖書』でモリソンは目標に達していたのか。また達していたとしたら，文体としての“文理”という位置づけは意味を持つのだろうか。本章では，『神天聖書』の語彙と文体の特徴について，4 福音書部分と「使徒行傳（使徒言行録）」以下の部分とに分けて，次節以降で虚詞の用法を中心に考察する。なお，人称代名詞，量詞と数詞などについては，第 6 章で改めて考察する。

第2節　『神天聖書』4福音書の文体と語彙的特徴

3.2.1　虚詞（ヤホントフ1969の鑑定虚詞）の用例について

『神天聖書』4福音書の文体は一見したところ，かなり文語的な印象がつよいが，若干ながら白話語彙も混在しており，その特徴はつかみにくい。本節では，まず虚詞の用例数を調査し，その文体の文言，混淆体，白話的な性格の度合いを識別し，虚詞の用法を中心に，その語彙の特徴について見ていきたい。

本節でも文体の分類にあたって，客観的基準として，ロシアのヤホントフ1969による鑑定語や太田1964の文言の文末助詞をキーワードとして用いることにする。とくに前者は，ヤホントフが唐宋時代の文献について，その文体（文言・混淆体・白話）を識別するために次のような虚詞26語を定めたもので，ヤホントフはこの方法で唐宋の文体を識別・分類することに成功している。[13)]

文言虚詞A組：其，之（代），以（介），於/于，也，者，所，矣，則
　　　　　B組：而，之（定），何，無，此，乃
白話虚詞C組：便，得，個/箇，了，裡，這，底/的，着，只，兒，子

この鑑定語は唐宋の文体を識別するためのものではあるが，清代の文体でも特に文言から白話のはざまにある「文言白話混淆体」と考えられる文献の文体を調べる上では有効ではないかと考えられる。「マタイによる福音書」以下の4福音書について調査した結果，鑑定語の合計数は次表のようになる。まずは，最も文言的であるA組の鑑定語から順に見ていきたい。なお，各語彙の用例で，特に必要と思われるものについては，適宜，ギリシャ語原典対訳の英語訳を付した。[14)]

3.2.2　文言虚詞について（1)—A組の虚詞を中心に

中国語の書面語の最も古い形を残しているA組（上古漢語）の用例数については下表の通りである。以下，この一覧の語彙と関連する語彙について順に見ていきたい。

	マタイ	マルコ	ルカ	ヨハネ	全文
其	357	332	457	303	1449
之	454	362	511	434	1761
以	218	108	226	194	746
于/於	57/137	46/41	209/53	143/41	455/272
也	592	139	54	205	990
者	372	171	327	275	1145
所	115	81	181	169	546
矣	70	59	73	76	278
則	161	32	18	90	301

(1)“其”は主格，属格の三人称代名詞，および指示代名詞の役割である。

M1-21　又其將生一子爾必名之耶穌因其將救厥民出伊等之罪也
M9-1　且其上船過海而至厥本邑
Ma4-9　其謂伊等曰有耳能聽者宜聽也
L1-31　夫爾孕胎及生子稱其名耶穌
J19-33　到耶穌之時見其業已死了且不打折厥小腿

(2)“之”は目的格の三人称代名詞，および指示代名詞の役割としての用法である。とくに文末で三人称を表すものでは，“他”が8例だけあるが，“之”が圧倒的に多く用いられており，モノを表すものを若干含んで288例ある。

	マタイ	マルコ	ルカ	ヨハネ	全文
文末三人称"之"	61	58	119	50	288
文末三人称"他"	3	2	0	3	8

M4-20　伊等即離網而從之
Ma5-18　其既上船昔懷鬼風者求之准隨之
L5-28　即棄衆起身而隨之
L22-5　且伊等喜歡約以銀給之
J12-18　因聞其行斯神跡故衆出迎之

(3) この他，"其"と並んで，三人称代名詞と指示代名詞の属格を表すものに，"厥"がある。

	マタイ	マルコ	ルカ	ヨハネ	全文
厥	196	110	105	126	537

M8-23　其既上船厥門徒隨之
M8-25　故厥門徒就之曰主救我們我們沉淪
L6-20　耶穌目視厥門徒曰爾貧者為福矣蓋神之國屬爾
L14-17　於晩餐滄時其差厥役告伊見請者來蓋諸物已齊備
J7-5　蓋厥弟兄們亦弗信于之

また"他"の字は,「マタイによる福音書」だけでも43例あるが,「ほかの，別の」意を表すもの10例を除き，三人称の用例は31例ある。

	マタイ	マルコ	ルカ	ヨハネ	全文
他	31	28	2	55	116

M8-7　耶穌謂之曰我則去醫他
Ma9-20　故帶他至耶穌見之時一面鬼風擰曲厥身致口出沫而地滾身
Ma14-6　惟耶穌曰由他爾為何勞他他及我行善功

Ma14-44　且賣付者曾給伊等一號曰我所親嘴之人就是他獲之而妥引他去

L19-25　伊等曰主他有十塊

J9-26　伊等又言之曰他與爾何行他如何開爾目

J18-30　伊等答謂之曰他若非犯了罪則不解到汝

また，上記の三人称としての“他”とは別に，英語の関係代名詞を思わせるような，次のような例が「マタイによる福音書」で2例ある。

M10-28　又勿怕伊等殺身而無能殺靈者寧怕他能使連身靈沉淪於地獄者也

（Do not fear *those who* kill the body but cannot kill the soul; rather fear *him who* can destroy both soul and body in hell!）

【聖経】又勿驚彼殺身而無能殺魂者寧畏彼能使身連魂沉淪于地獄者也

【改訳】其能殺身不得沒魂者不須懼之然能害身連魂兼落地獄者必須畏之也

【BC】殺身而不能殺魂者勿懼之甯懼能壞身與魂於地獄者

M25-28　且取去其之一個吠啉吠而給之與他有十個吠啉吠

（So take the talent from him, and give it to *the one* with the ten talents.）

【聖経】且取去其之一箇吠啉吠而給之與有十吠啉吠者

【改訳】故奪其一擔交有十擔者

【BC】故可奪彼之一千而予於有十千者

この他の三人称では，『聖経直解』や『四史攸編』で若干（4例，2例）用例がある“渠”については用例が無い。吏文で多用される“伊”や複数語尾のついた“伊等”の用例が多数あるが，これについては，第6章で一人称，二人称の代名詞と併せて考察する。

(4) 介詞としての“以”の用例数は次の通りである。

	マタイ	マルコ	ルカ	ヨハネ	全文
以	218	108	226	194	746

(5) “于”と“於”のほとんどは動詞に後置されて「動詞＋“于 / 於”＋場所」の形をとり，目的語がある場合は動詞との間に置かれて，動作の行われる場所や時間，方向，出発点，対象，原因，理由などを表す。

M13-1　當日耶穌出家坐于海邊
Ma6-29　厥門徒聞此之時即來而取起厥尸葬之于墓矣
L1-74　以賜我得救于我仇之手
J8-8　而再曲身寫于地面

『神天聖書』での用例の特徴は，“來，去，往”に後置されて「“來，去，往”＋“于 / 於”＋場所」となり，目的地を表すものがかなりあることである。

1) “來于（於）”

	マタイ	マルコ	ルカ	ヨハネ	全文
來于（於）	5	3	6	2	16

M3-1　於當數日若翰施洗者來于如氐亞之野
Ma6-31　其謂伊等曰爾等自避來于野處歇些時蓋有眾多往來致伊等勿得空可吃
L16-28　蓋有五箇兄弟而欲拉撒路往勸之恐伊亦來于此受苦之處
L21-26　人心廢以驚望來于地之情蓋天之勢將被動
M2-23　而來於城名拿撒勒致驗先知輩所預言及耶穌云其將得稱為拿撒勒之人也

M22-4　其父遣別的僕曰達知被請者云卻我已准備我餐也我牛我肥家畜皆已■諸事已便來於婚也（■は文字が不鮮明）

2）"去于（於）

	マタイ	マルコ	ルカ	ヨハネ	全文
去于（於）	3	0	3	0	6

M10-5　此十二位耶穌遣出外而令伊等曰勿去於異民之路又勿進於撒馬利亞之何邑

M10-6　乃寧去於以色耳以勒家之失羊也

M25-46　此等將去于永刑惟義者于常生也

3）"往于（於）"

	マタイ	マルコ	ルカ	ヨハネ	全文
往于（於）	2	4	2	3	11

Ma1-38　其謂伊等曰我們宜往于近之各邑以宣教蓋緣此我出來

J7-33　時耶穌謂伊等曰尚暫時些我偕爾方往于遣我者

L9-12　日將晚時其十二徒來謂耶穌曰使眾散以往于近村鄉宿而取食蓋我此在是野處

L22-39　時耶穌出而照常往于阿利瓦山厥門徒隨之

M18-12　爾意如何若一人有一百羊而其之一逃去其人豈非離其九十九羊而往於山尋所失者乎

M27-53　而出墓又復活之後往於聖邑現與多人也

Ma7-24　從彼耶穌起而往於地耳及西頓之界而進房屋欲不使人知之惟不得為隱也

Ma14-10　且如大士以色加略十二位之一往於祭者首輩以賣付耶穌與伊等

Ma14-53　且伊等帶耶穌往於崇祭者而祭者首輩老者輩皆已同會
J7-8　爾往斯禮宴去我不曾往於此禮宴蓋我時未曾滿至

4）“進于（於）”

	マタイ	マルコ	ルカ	ヨハネ	全文
進于(於)	4	2	4	0	10

M5-20　蓋我語汝知爾義若非勝於呿唎哂輩與書士之義爾則斷不致進于天之國也
M25-10　伊等去買時新郎來而伊便者進于婚而閉門
Ma10-24　門徒奇其言惟耶穌再答謂伊等曰小兒輩伊等賴財者甚難進于神之國
Ma15-43　故亞利馬氐亞之若色弗為貴臣亦望神之王者來敢進于彼拉多求耶穌之身
L18-24　耶穌見其為悶曰有財者豈非僅進于神國
L19-45　耶穌隨進于堂而逐出去彼在內行買賣
L22-40　已到彼處其謂伊等曰祈禱致爾弗進于誘惑
L22-46　謂伊等曰爾因何睡起祈禱不然爾進于誘惑

M10-5　此十二位耶穌遣出外而令伊等曰勿去於異民之路又勿進於撒馬利亞之何邑
M19-23　時耶穌謂厥門徒我確語爾知富人難進於天國也

“於”と“于”の用例のうち，幾つかは文言で比較を表す「形容詞＋“於 / 于”」の形で，介詞として“比”を使用する現代語式の“比～更…”や“比～尤…”と並んで用いられている。

5）形容詞＋“於 / 于”

比較の表現で“于”を用いた例は無く，全て“於”が使われている。

	マタイ	マルコ	ルカ	ヨハネ	全文
形容詞+“於”	15	4	2	9	30

とくに，“大於”が全体で25例あり，「マルコによる福音書」と「ヨハネによる福音書」では全て“大於”である。

M3-11　我因以水施洗爾致悔罪惟後我而來之耶穌大於我厥鞋我不堪帶之其將于聖神風並火而施爾洗禮
M6-25　故此我語爾勿為生命罣慮何可食何可飲並勿為身何可穿生命豈非大於糧並身大於衣乎
M10-24　門徒非大於師並僕非大於主也
M11-9　且爾出見何也先知乎然我語爾知大於先知也
M11-11　我確語爾知以凡由女得生向無起大於若翰付洗者也惟天王中之至小大於彼也
M12-6　且我告爾知以在此處有大於堂者也
M12-41　尼尼瓦之人於審判時將立起同此代而使之定罪因伊等聞若拿之宣示即悔改而卻大於若拿在此
M12-42　南方之后於審判時將立起同此代而使之定罪蓋其從地之極來聞所羅們之智而卻大於所羅們在此也
Ma1-7　其宣曰我之後有大於我來者我不堪以俯伏解厥鞋之帶也
Ma4-32　但播之後生起來而為大於各菜而出大枝致空之鳥可棲其蔭之下也
Ma12-31　又第二誡似之即汝必愛爾鄰如己也無誡大於此兩者
Ma12-33　又以全心全明悟全靈全力而愛之及愛鄰如己即大於諸全燒犧與各祭也
L12-7　又到爾頭之髮都已數且勿懼爾直大於多雀
J5-36　惟我有証大於若翰的者蓋父所施我成之功即我所行之功為証及我以父遣我也
J8-53　爾大於吾祖亞百拉罕已死者乎先知亦死了爾想自為誰

J10-29　與我以伊等者我父也大於萬有且無何能奪伊出本父手也
J13-16　我確確語爾僕者並非大於主又被遣者大於遣之者也
J14-12　我確確語爾以信于我者我所行之功其亦將行之又功大於是其將成因我往至父故也
J14-28　爾曾聞我如何語爾云我往去又復回來爾若愛我則歡喜因我言云我向父而往蓋我父大於我也
J15-13　無人愛情大於此即為厥友而捐自命
J15-20　記憶我先告爾之言云僕者非大於厥主伊等若捕攻我即亦捕攻爾伊等若守我言即亦守爾之言也

この他，“貴於”が4例，“美於”が1例である。

M5-47　又爾若止施禮與弟兄們爾何如美於別人哉異民豈非如此
M6-26　視天空之鳥伊不播種並不收獲不放于倉惟爾天上之父養伊等爾豈非貴於伊等
M10-31　故勿懼爾貴於麻雀多也
M12-12　且一人豈不貴於羊乎故此於嚉哂日行好則合法也
L12-24　想其烏鴉伊種割受皆無伊藏所倉房皆無惟神養之爾豈非更貴於鴉

太田1964には，論語では「述語が形容詞のばあい，賓語のまえに「於」「乎」を用い，比較するものをあらわ」し，孟子では「述語が形容詞のばあい「於」などを用いて比較する対照をあらわす」とある。[15] さらに，太田1958では，比較句の相対的差比を表すもので“於”を用いるものは，古代より唐五代頃まで用いられたらしい，古代語式の表現であると言う。[16]

6）“比”を使用するもの

介詞“比”で比較を表すものの用例数は以下の通りである。

	マタイ	マルコ	ルカ	ヨハネ	全文
比〜更…	7	3	9	1	20
比〜尤…	1	0	0	2	3
その他	1	0	1	2	4

比較の表現で“比”を介詞として使用するのは，近代以降に見られる新しい用法で，太田 1958 によると，さらに“比”による比較句に副詞・助形詞・補語を用い，差比をさらに細かに表現することは，白話の特徴である。[17)]

“比〜更…”が最も多く 20 例で，“比〜尤…”が 3 例である。

M10-15　我確語爾知比該邑於審判之日所多馬同我摩拉之情形更可堪也

M11-22　我語爾知於審判之日地耳與西頓之情形比爾等者將為更可堪也

M11-24　我且語爾知以所多馬之情形於審判之日比爾的者將為更可堪也

M12-45b　…而入居彼則其人之未情形比先之情形更不好矣如是然將為及此惡世代也

M19-24　我又語爾知以駝進通針之眼比富人進神之國更易也

M23-15　…蓋爾周走海岸欲得一位門徒而既得之為之比自己更兩倍地獄之子也

M27-64　…恐厥門徒夜間來偷之去而向眾云其從死復活如是其終舛比初一舛更不好也

Ma6-11　…我確語爾於審判日時所多馬與厄摩拉二處比那邑將為更可堪的

Ma10-25　一隻駝入通針之眼比富人進神之國更容易

Ma12-43　且其喚厥門徒謂之曰我確語汝知此貧婦比眾投庫者投了更多

L10-12　我果然告爾比其城於彼日所多麥城之勢更堪耳
L10-14　故於審判時比爾地耳及西頓勢更堪耳
L11-26　其隨去還取七神比己愈惡即進彼住故其人末勢與初勢更不好
L11-31　…蓋其自地末界來聽所羅們之才智而比所羅們更大在此
L11-32　…於審時對此世代將起使伊被定罪蓋彼因若拿傳勸悔而比若拿更大在此
L16-17　天地消去比例之一點見廢更易矣
L18-14　我告爾此人下回家比彼人更得准蓋凡自上者將被使下凡自下者將被使上
L18-25　比一富人進神國駱駝透針眼更易
L21-3　且曰我誠告爾比諸此貧婦投更多入
J1-50　耶穌語之曰因我云見爾在肥菓樹之下爾即信乎爾將必見比此更大跡矣

M12-45　且其去而同帶七個神比自己尤惡…
J5-20　蓋父愛其子而指之以自己凡所行作又其將指之以比斯尤大功致爾可奇
J7-31　且民多信于之曰彌賽亞既到其比此耶穌所行之神跡將行尤多乎

この他の用例には以下のものがある。

M21-36　再者其遣僕比初一回又多而農夫行與伊等同前
L16-8　夫主讚其不公管家者因所行得有才幹蓋此世子輩辦事比光之子輩愈有才幹
J4-1　且主既知以咗唎哂聞耶穌比若翰多施洗門徒
J20-4　伊兩人皆跑惟那別門徒比彼多羅跑得快而先到墳

このように，比較の表現については，『神天聖書』では，文言の「形容詞＋“於 / 于”」と介詞“比”の表現が併用されていることが分かる。

(6) 文末助詞の“也”について

	マタイ	マルコ	ルカ	ヨハネ	全文
也	592	139	54	205	990

「マタイによる福音書」での用例数が極端に多く，一方で，本文の総字数が最も多い「ルカによる福音書」ではその10分の1以下の54例しか無い。いずれの福音書においても，“也”は地の文，白の部分共に多用されている。

M3-6　又謝認自己之罪受他施洗于若耳但河也
M4-19　其謂伊等曰從我而我將使爾漁人也
Ma10-12　又若婦休厥夫而另娶一個則行姦也
Ma13-37　又我所語爾亦以之我語眾即醒守也
L2-47　凡聞之者奇其聰明而所答者也
L7-50　其謂女曰爾之信救爾矣爾且安去也
J1-9　彼為真光照凡來世之人也
J19-30　耶穌接醋後曰已畢了即俯首而給靈魂去也

(7) “者”について

4福音書の全てで極めて多く用いられている。

	マタイ	マルコ	ルカ	ヨハネ	全文
者	372	171	327	275	1145

太田1964によると，名詞性連語のうち助詞“者”を末尾に有し全体で1個の名詞に相当する連語を「者」字連語という。論語，孟子での用例の分類に基づいて見てみると，「マタイによる福音書」に限って見て

も，論語，孟子の文言のいずれの用法も充足していることが分かる。

1）“者”が形容詞につく

M13-52 時其謂伊等曰故各書士教為天國者乃似人為家主取出其藏以舊者以新者也

2）動詞につく

M14-21 夫食者大約五千人除婦兒女之外也

3）動賓連語につく

M2-20 起也取嬰兒同厥母往去以色耳以勒之地蓋尋殺嬰兒者已死

4）主述連語につく

M5-3 心貧者為福矣蓋天國屬伊等

5）複数の述詞をもつ複雑なものにつく

M6-18 致不現與人以守齋乃與爾父在隱者如是爾父在隱而見者必明賞爾也

6）名詞，固有名詞につく

M1-16 又牙可百生若色弗即馬利亞之夫由是馬利亞生耶穌稱彌賽亞者也

(8）“所”について

	マタイ	マルコ	ルカ	ヨハネ	全文
所	115	81	181	169	546

同じく，名詞性連語のうち“所”によって連語を構成する「所」字連語（“～所…”）については，「話す，告げる」の“～所言”（33例），

“～所語”（9 例），“～所說”（5 例），“～所云”（6 例），“～所告”（2 例）など合計 55 例で全体の 1 割弱を占める。“～所在”も比較的多く，19 例ある。“所”の主な用例は以下の通りである。

M28-6　其不在此乃已復活依其所言爾來見主被放在之所
Ma13-37　又我所語爾亦以之我語衆即醒守也
M10-27　我于暗而所告汝爾于光宣之又對爾耳所言汝在屋背而宣之
L2-50　惟伊不明其所說之之言
L12-34　蓋爾財所在之處彼爾心同在焉

（9）文末助詞の“矣”

	マタイ	マルコ	ルカ	ヨハネ	全文
矣	70	59	73	76	278

各福音書でおおよそ同じように用いられており，用例は以下の通りである。

M9-26　夫此事之名聲揚於彼之諸方矣
Ma13-17　惟伊等孕者乳子者當時有禍矣
L18-21　對曰此皆我自幼時而來守矣
J4-24　神為靈則崇拜之者必以靈以誠而拜之矣
J18-32　如是耶穌所講及其以何様而受死之語得驗矣

（10）承接の連詞“則”

承接を表す連詞では“則”が 301 例である。

白話で承接を表す“便”や“就”も若干数使われているが，やはり“則”が圧倒的に多い。なかでも，“若～則…”が多く 103 例で 3 分の 1 を占める。ちなみに“如果～就…”は用例が無い。

	マタイ	マルコ	ルカ	ヨハネ	全文
則	161	32	18	90	301
便	0	0	15	1	16
就	6	2	15	10	33

“則”の用例は以下の通りである。

M20-24　其十位聞此則滿恨兩弟兄們
Ma11-6　故伊等依耶穌令而答則放他們去
L1-29　見之則驚為其言並想其請安如何
J8-47　屬神者則聽神之言故爾弗聽之因爾不屬神
M6-23　惟若眼不好則渾身暗黑故若在爾之光為暗則暗大矣
J14-15　爾等若愛我則守我誡

3. 2. 3　文言虚詞について(2)—B組の虚詞を中心に

同じく上古漢語の特徴をもつB組の6語はとくに変文において多用されたと言うが,『神天聖書』4福音書全文での用例数の一覧は下表の通りである。

	マタイ	マルコ	ルカ	ヨハネ	全文
而	455	333	304	344	1436
之	685	385	614	413	2097
何	104	70	92	108	374
無	78	73	85	84	320
此	168	95	188	141	592
乃	84	58	61	162	365

(1) “而”によって動詞または動詞連語を並列するもの

	マタイ	マルコ	ルカ	ヨハネ	全文
而	455	333	304	344	1436

形容詞や動詞，動詞を含む連語を並列する場合，順接，逆接など，“而”は様々に用いられ，その用例数もきわめて多い。なお，添加の場合には“且”が用いられる。

M7-26　又凡聽我之誡而不行之則似愚人在沙上而建厥屋
M8-15　既摩厥手瘧病即退致其起身而服事伊等
Ma6-53　既過海伊等到厄尼撒勒之地而就岸下船
L18-9　又對或思自為善而輕忽他人者其言此喻
J20-6　遂西們彼多羅到而進墳去見麻布放在

(2) 連体修飾の助詞としての“之”

	マタイ	マルコ	ルカ	ヨハネ	全文
之	685	385	614	413	2097
的	48	22	15	25	110

“之”は連体修飾の助詞としての用例で，連体修飾を表すのは全文を通して，この“之”がほとんどである。上表の通り，“的”は 110 例で，白話語彙のなかでは量詞の“個”，“箇”に次いで多いものの，“之”の約 20 分の 1 である。“的”の用例については次の **3. 2. 5** で触れる。

M3-4　夫若翰為衣穿駝之毛又圍腰有皮帶其所食乃蝺蚱並野蜜
M14-1　時四方督希羅得聞耶穌之名聲
Ma10-43　惟爾之中必不要如此乃凡欲為大必為爾之役
L4-17　即付之先知以賽亞之書既開書尋著其處有錄內云

L22-7　夫無酵麵之日即巴所瓦應祭之日已到
J4-5　且其到撒馬利亞之邑名數革耳近牙可百所給厥子若色弗之塊地

(3) 疑問代名詞の“何”

	マタイ	マルコ	ルカ	ヨハネ	全文
何	104	70	92	108	374

“何”の用例は以下の通りである。

M6-31　故勿罣慮云我將何吃將何飲我將以何得穿
Ma6-5　且在彼除按手數病者上醫之之外其不得行何異跡
Ma13-5　耶穌答伊等開言曰爾慎戒勿受何人之誘惑
L22-49　同耶穌者見將有何事謂之曰主我儕可以刀打否
J7-35　故如大輩相云他往何處致我不能遇着之他往于散異民中者而教訓異民乎

“何”はこの他に，“如何”が75例，“因何”が55例，“為何”が21例ある。“甚麼”は4福音書に用例が無く，『聖経直解』『四史攸編』には用例があった“曷”も『神天聖書』の4福音書には用例が無い。

(4) 否定を表す“無”

	マタイ	マルコ	ルカ	ヨハネ	全文
無	78	73	85	84	320

用例は以下の通りである。

M8-20　耶穌謂之曰狐貍有穴天空之鳥有巢惟人之子無安首之所矣

Ma6-8　又其令伊等除棍外勿帶何為路費也無袋無餅無銀在荷包裏
L9-58　耶穌謂之曰狐有穴空鳥有窩惟人之子無安首之所
L23-9　隨以多言問之惟耶穌無應答
J15-5　我乃葡萄樹爾為枝居于我我居于之者則多結實蓋爾無我則無所能行

(5) 近称の指示詞の“此”

	マタイ	マルコ	ルカ	ヨハネ	全文
此	168	95	188	141	592

近称を表す指示詞は“此”のみで，“這”は場所を表すものが1例あるだけである。用例は以下の通りである。

M12-23　眾民奇曰此豈非大五得之子乎
Ma6-15　又別的曰此乃以來者又曰此乃先知也或云似昔先知輩之一
L18-9　又對或思自為善而輕忽他人者其言此喻
J1-36　若翰視耶穌遊時曰此乃神之羔者
J7-25　時屬耶路撒冷幾許曰此非伊等所求殺者歟

(6) 副詞の“乃”

	マタイ	マルコ	ルカ	ヨハネ	全文
乃	84	58	61	162	365

用例のほとんどは副詞「～はすなわち…である」の意味で用いられている。

M3-17　又有從天來之聲云此乃我愛之子我所喜樂矣

M13-37　其答伊等曰播好種者乃人之子也
L11-34　身之燈乃目且爾目既無疾即全身得光惟或爾目有疾即全身在暗
J6-48　我乃生之餅
J9-28　時伊等罵之曰爾為厥門徒我乃摩西之門徒

その他は，副詞「そこで～，はじめて～，やっと～」などの意味を表す。

M1-19　且厥夫若色弗因為義人不願表其事與衆乃想私休之
Ma1-25　且耶穌責之曰爾勿講乃從之出來
L1-47　吾神乃喜樂於神我救者
J1-10　其在世而世乃受其作尚且弗認之
J4-28　婦乃放下厥罐往城裏報衆人曰

3. 2. 4　文言の文末助詞について

これまでに見たもの以外で，文言の特徴をもつ文末（句末）助詞の用例数については，下表の通りである。

	マタイ	マルコ	ルカ	ヨハネ	全文
乎	65	62	45	82	254
哉	13	1	14	0	28
耶	5	0	9	9	23
與	0	0	0	1	1
歟	2	1	0	3	6
耳	0	0	5	0	5
然	0	0	8	9	17
焉	15	3	24	29	71

“乎”はいずれの福音書でも大差なく使われている。“焉”のほとんどは「マルコによる福音書」以外で使用されている。この他では，“哉”は「マタイによる福音書」と「ルカによる福音書」でほぼ同じように使われる。“與”は「ヨハネによる福音書」の1例の他に用例が無く，なんらかの偶然で紛れ込んだと考えるべきであろうが，同じ意味の“歟”は「ルカによる福音書」以外に合計6つの用例がある。この表の語彙の他では，“夫”や“已”“而已”については用例が無い。なお，各々の用例については特に挙げない。

3. 2. 5　白話虚詞について

『神天聖書』4福音書全文で，白話作品の特徴であるC組の語彙についての用例数は下表の通りである。この表で言う“皃”と“子”は接尾辞としての用法である。

	マタイ	マルコ	ルカ	ヨハネ	全文
便	0	0	15	1	16
得	18	10	4	9	41
個/箇	57/0	31/0	1/11	10/0	99／11
了	10	8	8	10	36
裏/裡	3/0	5/0	2/0	4/1	14／1
這	0	0	0	(1)	(1)
底/的	48	22	15	25	110
着	0	3	2	3	8
只	0	0	2	0	2
皃	0	0	0	0	0
子	8	6	9	2	25

以下，表中の主な語彙とそれに関連する語彙について，順を追って見ていきたい。

（1）承接を表す副詞

	マタイ	マルコ	ルカ	ヨハネ	全文
便	0	0	15	1	16
就	6	2	15	10	33

白話で承接を表す副詞“便”が16例あるが，同じく白話の“就”が33例ある。しかし，**3. 2. 2**でも触れたように，全体としては，文言的な“則”が301例で8割を占めている。但し，「ルカによる福音書」に限って見れば，他の3つの福音書と傾向が異なり，“則”が18例，“便”と“就”が15例ずつで，白話の要素が多い。

“便”の用例は以下の通りである。

L5-24　然以致爾知道人子在地有權免罪即對有痿病其曰我言爾起身舉起床便歸家
L7-36　法利西輩中一位請耶穌同食便進法利西之屋置己於席
L8-24　即來打醒之曰主主我等敗耶穌便起叱風與水之洸蕩即息為安靜
L9-18　且會耶穌在靜所祈禱與厥門徒便問伊等曰眾言我為何
L9-52　遂發差人面前伊便入撒馬利亞之村為之准備

“就”の用例は以下の通りである。

M9-32　又伊等出去後就有帶懷鬼風之啞人至耶穌
L12-39　爾自知若東家知何時賊到其就醒守不許打進其屋
L15-18　我就起往父處對之言父吾得罪天並爾
J9-4　蓋尚為白日我須行遣我者之功夜就到無何人能行
J19-22　彼拉多答曰我曾所寫就寫之

(2) 動詞につく“得”

	マタイ	マルコ	ルカ	ヨハネ	全文
得	18	10	4	9	41

動詞につく助詞“得”のうち，“覺得”“曉得”“認得”の例は以下の通りである。

M17-13　時門徒覺得其言及若翰付洗者也
Ma10-22　因此言其覺得悶蓋其大有本業
Ma11-12　明日離畢大尼時其覺得肚饑
L18-34　惟是情伊等都不曉得于伊等是語隱且伊不知所言
L22-34　曰我告爾彼多羅今日鷄鳴之先爾將稱三次以不認得我
J13-38　耶穌答之曰爾要為我捐命乎我確確語爾鷄不致鳴待爾將三次言以不認得我

また，以下のような用例が1例ある。

J20-4　伊兩人皆跑惟那別門徒比彼多羅跑得快而先到墳

(3)“了”

	マタイ	マルコ	ルカ	ヨハネ	全文
了	10	8	8	10	36

助詞の“了”は36例である。そのうちの多数の26例はマイナスイメージの場合に使われている。その内訳は，“死了”10例で，“壞了”“廢了”“犯了”が各2例，その他“畢了”“害了”“害病了”“衰了”“稿了”“錯了”“滅了”“費了”“棄了”“倒了”が各1例である。

M2-15　又居彼待希羅得死了之時致驗主以先知所言云出以至

百多我喚我子矣

M2-19　且希羅得死了後主之神使夢中現與若色弗曰

M28-4　因怕之看守者惶而似死了

Ma12-20　夫有七個兄弟第一個娶妻而無子死了

Ma12-22　其第七個皆娶之而無遺子也後婦亦死了

Ma15-44　故彼拉多奇其如是早死而喚百夫長者問之耶穌死了幾久否

J6-58　斯乃從天下來之餅非如爾祖吃嗎嗱而已死了食此餅者則永生矣

J8-53　爾大於吾祖亞百拉罕已死者乎先知亦死了爾想自為誰

J11-14　時耶穌明語伊等曰拉撒路死了

J19-33　到耶穌之時見其業已死了且不打折厥小腿

M9-17　…恐罇發裂致連酒流出並罇壞了惟人裝新酒如新罇而兩存矣

L5-37　又無人裝新酒在舊皮罐恐新酒裂罐即酒漏而罐壞了

L6-6　遇於別嗮晒日其進公所而教一人在彼有其右手廢了

L6-8　惟耶穌識伊念對人有廢了的手曰起身而立于中其即起立

J5-18　…如大輩更尋殺之因其不止犯了嗮晒日乃亦言以神為厥父致以自己與神平一等

J18-30　伊等答謂之曰他若非犯了罪則不解到汝

J19-30　耶穌接醋後曰已畢了即俯首而給靈魂去也

J4-46　…耶穌再來加利利之加拿前變水為酒之所彼有或王爺厥子在加百耳拿翁害了病

J5-5　彼有或人已害病了三十有八年

M12-10　而卻遇一人有厥手衰了故伊等欲告耶穌問之曰是否為合法於嗮晒日而醫人也

M21-19　…向之曰從此以來爾永不致結菓故無花菓樹就槁了

M22-29　耶穌答謂伊等曰爾錯了不知經書與神之能

M25-8　且愚蠢者向有智者云以爾之油給我們蓋我燈滅了
Ma5-26　又因醫生已受多苦並已費了本業惟不見愈乃病更深
Ma7-8　蓋爾等棄了神之誡而守人之遺傳如洗杯盅之類而如是之多情
MaL4-35　耶穌責之曰止言而由彼出來鬼倒了其人會中即出未曾害之

この他の用例は以下の通りである。

Ma14-41　…謂伊等曰爾今可睡而得安事情完了時候已到卻人之子賣付與得罪神者之手
Ma12-43　且其喚厥門徒謂之曰我確語汝知此貧婦比眾投庫者投了更多
L14-18　伊眾一一托故推諉第一曰我買了田須去看之求爾恕我不到
L14-19　別人曰我買了五並牽牛而須去試之求爾恕我不到
L14-20　又別人曰我娶了妻故此不能到
M2-11　…即見嬰兒同厥母馬利亞故伊等俯伏拜之又開了盒即獻之以金以香水以香油也
J11-28　言斯畢即往去私喚厥妹馬利亞曰主來了而喚汝
Ma8-25　此後其復按手厥目上而使其再舉目而即得愈致見各物明白了
MaL5-6　做了如此即包許多魚以致爛網
M16-2　其答謂伊等曰晚時爾等曰將為清天蓋雲紅了

(4) 助詞“的”

	マタイ	マルコ	ルカ	ヨハネ	全文
的	48	22	15	25	110

連体修飾語となる名詞や動詞などの後ろに用いる助詞の“的”は，上表の通り，4福音書全体では110例ある。また，“的”の用例は後ろに名詞を伴って連体修飾を表すものだけではなく，後ろに名詞を伴わずに名詞化を表すものも多い。ただ，『神天聖書』では“底”と表記する用例は無い。

M4-23　耶穌走加利利四方在公所教訓而宣神王之福音又民之中愈各様的病各様的疾矣
M13-48　得滿時即拉至岸而坐下拾好的載器乃不好的棄之
Ma4-5　有的落在石地非多泥而即生起因泥非深也
L20-24　教我一文氏拿利以看誰的象與字在上伊等答曰西撒耳的
J5-32　有別的証及我而我知其所証及我之証為真也
J7-16　耶穌答伊等曰我的道理非我自己的乃遣我者的

白話的な語彙については，その他のものも併せて，第6章で改めて考察することとする。しかし，『神天聖書』では，白話語彙が使われている場面の描写には，『三国演義』に見られるような，文言と白話の文体を場面によって使い分けるという手法は，まず見られないことを指摘しておく。

3.2.6　口語・書面語の特徴となる語彙の対比を通して

これまで考察してきた語彙と多少の重複もあるが，ここで文言と白話の特徴となる幾つかの語彙をキーワードとして，同じ意味を表すものを組にして対比し，各々の語彙の用例数を比較する。

(1)“甚”と“狠”(“很”)について

	マタイ	マルコ	ルカ	ヨハネ	全文
甚	5	5	1	1	12
狠/很	1	0	2	0	3

まず“甚”については『聖経直解』では形容詞に後置する用法が多く,『四史攸編』では,形容詞や動詞に前置するもの,後置するもの,単独で「甚だしい」意で使われるものなど様々である。『神天聖書』では12例全てが,形容詞,あるいは形容詞的な表現に前置される用法になっている。一方,“狠”は2例,“很”は1例で合わせて3例である。

“甚”の用例は以下の通りである。

M17-23　且伊等將殺之而第三日其必復生也故門徒甚憂
Ma10-23　耶穌環視謂厥門徒曰甚難乎伊等有財者得進神之國矣
Ma16-4　蓋是石為甚大惟看時見石已滾去
L18-23　其聞此甚甚悶蓋為大富
J12-3　時馬利亞取吐嗷哄嗱呷之香油一觔甚貴物而傅耶穌之脚又以厥髮拭之…

“狠”或は“很”の用例は以下の通りである。

M4-8　又氏亞波羅帶之上狠高山示之看世間之諸國與國之榮也
L19-21　蓋我怕爾因爾為狠嚴人取所不放下及割所不種
L19-22　且謂之曰爾惡僕依爾口所出我將審爾爾知我為狠嚴人取所不放下割所不種者乎

(2)“無”と“沒有”について

	マタイ	マルコ	ルカ	ヨハネ	全文
無	78	73	85	84	320
沒有	0	0	0	0	0

存在の否定を表す“無”については，すでに**3. 2. 3**で見た通り320例である。用例については**3. 2. 3**を参照されたい。“沒有”は用例が無い。

(3)“何”と“甚麼”について

	マタイ	マルコ	ルカ	ヨハネ	全文
何	104	70	92	108	374
甚麼	0	0	0	0	0

疑問を表す“何”と“甚麼”については，**3. 2. 3**で見たように，“何”は上表の374例で，このうち“如何”が75例，“因何”が55例，“為何”が21例ある。“甚麼”は4福音書に用例が無い。また，『聖経直解』と『四史攸編』には用例がある“曷”も，『神天聖書』の4福音書には用例が無い。なお，“何”の例文については，**3. 2. 3**を参照されたい。

(4)“彼”と“那”について

	マタイ	マルコ	ルカ	ヨハネ	全文
彼	54	30	94	65	243
那	4	2	0	7	13

近称を表す指示詞の“此”と“這”については，**3. 2. 3**ですでに見てきたが，遠称を表す“彼”は，三人称としての用法，指示詞（場所，ヒト）を全て合わせて243例ある。“那”は用例が13例と少なく，とくに「ルカによる福音書」では用例が見られない。“那”の用例については，以

下の通りである。

M21-31　此兩個那一個行厥父之意也伊等答之曰其之第一也耶穌謂伊等曰…

Ma3-5　既怒環視伊等因憂伊等之硬心其向那人謂之曰伸出爾手…

J18-12　時那群兵丁厥官同如大憲輩俱取耶穌而縛之

J20-3　故彼多羅出去同那別門徒而往向墳

(5) 介詞“同，與”と“合，和，跟”について

	マタイ	マルコ	ルカ	ヨハネ	全文
同	13	15	11	7	46
與	14	6	9	7	36
合	0	0	0	0	0
和	0	0	0	0	0
跟	0	0	0	0	0

“同”と“與”は，動詞の用法と曖昧なところがあるが，介詞と思われる用例は，それぞれ“同”が46例，“與”が36例である。“同”と“與”との使い分けは特に見られない。白話的な“合，和，跟”の3語については用例が無い。

3.2.7　小結

以上の考察を通して分かるように，『神天聖書』の4福音書全訳部分の本文では，総じて文言としての特徴を網羅しており，分析した虚詞も，ほとんどが文言の虚詞で占められている。底本とした先行の『四史攸編』4福音書抄訳部分と同じく，基本的には文言の特徴を踏襲し，ほぼ文言

の文体に忠実に翻訳されていることが分かる。ただ，虚詞の使用法が各福音書で異なり，とくに「ルカによる福音書」では，他の3つの福音書と異なるところが多い。4福音書は物語の内容の順序に違いはあるものの，基本的に同じ内容を描いているのであるから，同じ翻訳者が同じ内容を翻訳して，これだけ虚詞の使用の仕方にばらつきがあるのも不自然なことである。これは，あるいは翻訳を担当した者が各福音書で異なり，各々異なる言語観が現れた結果であるかも知れない。

また，白話語彙については，『四史攸編』ではヤホントフ1969の白話虚字が8例しか無かったのが，『神天聖書』では349例に増えている。とくに量詞の“個”或は“箇”と，助詞の“的”が各々110例ずつとなっており，大きな変化である。この他，助詞“了”がマイナスイメージをもつ動詞に使われているケースも目立った特徴であると言えよう。これが，『聖経』ではどうなるのか，続いて次章で考察したい。なお，人称代名詞については，第6章で考察することとする。

第 3 節 『神天聖書』の欄外注について
—その概容と索引—

3. 3. 1 注をもつ聖書

モリソンは，1813 年に新約聖書の中国語訳『新遺詔書』を，また，その後は同僚の宣教師ミルンの協力を得て，旧約聖書を中国語訳し，1823 年に『舊遺詔書』を出版した。

ところで，この『新遺詔書』と『舊遺詔書』から成る『神天聖書』には，聖書本文の枠外に注釈（あるいは説明文）が添えられており，本文中で使用されている語句などの説明がされている。本節では，「幕末邦訳聖書集成」（ゆまに書房）を資料として調査したが，新約部分の『新遺詔書』では合計 52 箇所，また，旧約部分の『舊遺詔書』では合計 158 箇所という結果が得られた。本節の考察の範囲はこの 210 例とした。また，『舊遺詔書』のうち同集成に含まれない部分については，大英図書館所蔵本マイクロコピーによる調査で 30 箇所見られたが，これについては本節の本文では扱わず，索引別表にて紹介するにとどめる。

この『神天聖書』の底本になったバセの『四史攸編』や，モリソン後の代表的な中国語訳聖書のいずれもが，語句の説明に関しては，このような注釈の形式はとっていない。この欄外の注釈は『神天聖書』の特徴の一つであると言える。本節では，聖書の原典（対訳英語）と比較しつつ，『神天聖書』の本文欄外に付されている注釈の特徴について見ていきたい。[18)]なお，本節では聖書の書名については，資料原文の表記に従ったので，日本語名称等については聖書名対照表 (p.450) を併せて参照されたい。

3. 3. 2 注の数について

『神天聖書』の本文枠外に付されている注釈の数は，調査した範囲では新約部分の『新遺詔書』では合計52箇所，また，旧約部分の『舊遺詔書』では合計158箇所で，合計210例である。『神天聖書』はモリソンとミルンによって翻訳されたが，このうち『舊遺詔書』の「復講法律傳（申命記）」ほか14書はミルンが担当した。[19] 担当部分別に見ると，モリソン訳部分では147例，ミルン訳部分では63例であり，以下の通りである。

モリソン訳部分	147例	うち新約	52例
		うち旧約	95例
ミルン訳部分	63例（旧約のみ）		

各書での注釈の数は次の通りである。[20] まず，『新遺詔書』では，「聖馬竇傳福音書（馬竇）」（11例），「聖馬耳可傳福音書（馬耳可）」（5例），「聖路加傳福音書（路加）」（15例），「聖若翰傳福音之書（若翰）」（4例），「使徒行傳」（3例），「聖保羅使徒與羅馬輩書（羅馬）」（2例），「聖保羅與厄拉氐亜輩書（厄拉氐亜）」（1例），「聖保羅與希比留輩書（希比留）」（2例），「聖彼多羅之第一公書（彼多羅・第一）」（5例），「聖若翰現示之書（現示）」（4例）となっている。

また，『舊遺詔書』では，「創世歴代傳」（54例），「出以至比多地傳」（15例），「利未氏古傳」（2例），「復講法律傳」（34例），「若書亜傳」（3例），「審司書傳」（1例），「路得氏傳」（2例），「撒母以勒上巻」（8例），「撒母以勒下巻」（3例），「歴代史紀上巻」（8例），「撒母以勒下巻」（4例），「以賽亜書伝」（4例），「耶利米亜傳」（2例），「依西其理書傳」（3例），「但依理書傳」（1例），「何西亜書」（3例），「若以利書」（1例），「阿巴氐亜書」（1例），「若拿書」（1例），「米加書」（1例），「拿戸馬書」（1例），「夏巴古書」（1例），「夏哀書」（1例），「洗華利亜書」（4例）となっている。

とくに，モリソン担当部分では『舊遺詔書』の「創世歴代傳（創世記）」の54例，「出以至比多地傳（出エジプト記）」の15例，「聖路加傳福音書（ルカによる福音書）」の15例が，ミルン担当部分では『舊遺詔書』の「復講法律傳（申命記）」の34例が，数の多さで際だっている。

注釈が無いのは，『新遺詔書』では，「聖保羅與可林多輩第一書」，「聖保羅使徒與可林多輩第二書」，「聖保羅使徒與以弗所輩書」，「聖保羅使徒與腓利比輩書」，「聖保羅使徒與可羅所書」，「聖保羅使徒與弟撤羅尼亜輩書・第二書」，「聖保羅使徒與弟摩氐第一書・第二書」，「聖保羅使徒與弟多書」，「聖保羅使徒與腓利們書」，「者米士或稱牙可百之公書」，「聖彼多羅之第二公書」，「聖若翰之第一公書・第二書・第三書」，「聖如大或稱如大士之公書」である。『舊遺詔書』では，欠本を除いた調査の範囲では「耶利米亜悲歎書傳」「亜摩士書」「洗法尼亜書」「馬拉其書」である。

3. 3. 3　注の種類

上に挙げたように，注釈は合計 210 箇所であるが，本節ではそれぞれ内容によって，本文中の語句を言い換えたものを「換句」，本文中の語句に説明を加えたものを「説明」，音訳語に原語での意味を示した「音訳」，内容の指す時代を中国の王朝名で説明した「時代」の 4 種類に分類してみた。数は「換句」が 14 箇所，「説明」が 31 箇所，「音訳」が 148 箇所，「時代」が 15 箇所である。

3. 3. 3. 1　換句（言い換え）によるもの

本文中の語句について，“食獻亦云麵獻（食献は亦た麺献ともいう）”という風に，“或，或曰，或云，或讀，亦，亦云”で「或いは～，亦は～」と言って，「言い換え」をしているものが 14 箇所で，全て『舊遺詔書』にある。例えば，“神主→君”（以至比多 12-12），“食獻→麵獻”（利未氐 02-03），“宗→羅斯”（依西其理 39-01），“咒詛→詈罵”（以至比多 21-17），“合手→接”（以至比多 23-01），“我之為閨女→我之不出嫁”（審司 11-37）などである。以下は「換句（言い換え）」に分類したものの一覧である。なお本節を通して，各用例に付した書名と番号は，原文で表記された書名の略称と注が付された章・節を表す。

書名	番号	本文	注
創世	01-01	神當始創造天地	神當始造天地
以至比多	12-12	神主	或云君也
以至比多	21-17	咒詛	或云詈罵
以至比多	23-01	合手	或云接
利未氐	02-03	食獻	食獻亦云麵獻
法律	32-43	宜同厥民大作樂矣	或曰頌厥民也
審司	11-37	我之為閨女	或曰我之不出嫁
依西其理	39-01	宗	宗字或讀羅斯
依西其理	45-19	祭臺	祭臺或壇
依西其理	46-06	玷	玷或毛病
但依理	04-27	或可救藥爾之愆疾也	又云或長存爾之安也
洗革利亞	03-08	奇視之人也	或云東起太陽者也
洗革利亞	03-09	七眼	或云七泉
洗革利亞	04-10	之眼	或云之泉

3. 3. 3. 2　音訳語に関する注

音訳語に関する注釈は最も多く，延べ148箇所である。それぞれ，人名，地名，度量衡などのギリシャ語，ヘブライ語の原典，あるいは英語訳の語彙から中国語への音訳語について説明したものである。以下，「宗教に関するもの」「モノに関するもの」「貨幣に関するもの」「場所に関するもの」「植物に関するもの」「身分に関するもの」「人名に関するもの」「度量衡に関するもの」「動物に関するもの」「民族名に関するもの」に分けて，簡単に紹介する。

ちなみに，これらの音訳語のうち，のちのブリッジマン・カルバートソン訳（BC訳）の本文でも同じものが使われているのは，宗教“嗮呾（サタン）”，モノ“嗎嗱（マナ）”，場所“是巴（シブア）”“馬撒（マサイ）”，人名“流便（ルベン）”“西面（シメオン）”“利未（レビ）”“但（ダン）”“摩西（モーセ）”“拿阿米（ナオミ）”“所羅門（ソロモン）”“羅亞米（ロ・

アミ)”の合計12例で，意訳語にかわったものは延べ41例で，残りの大半は異なった音訳語になっている。また「彼多羅1 02-06（ペトロの手紙一第2章第6節)」の人名“洗因（Sion，シオン)”の1例のみは，BC訳の当該箇所には出ていない。

（1）宗教

148箇所のうち，まず宗教に関するものから紹介する。

語彙	モリソンの発音表記／普通話拼音	英語／備考
氐亞波羅	Te a po lo / Di ya bo luo	Devil（悪魔）ギリシャ語“διαβολου”の音訳
嗵呾	Sa tan / Sa dan	Satan
彌賽亞	Me sae a / Mi sai ya	Messiah
嗵陌	Sa pih / Sa bai	sabbaths
嗵吧	Sa pa / Sa ba	
巴所瓦	Pa so wa / Ba suo wa	passover
吧唦呱	Pa so wa / Ba suo wa	
巴拉氐士	Pa la te sze / Ba la di shi	paradise
啞們	A mun / Ya men	Amen
基利士當	Ke le sze tang / Ji li shi dang	Christians
啞唎嘮呀	A le loo ya / Ya li lu ya	Hallelujah
耶何瓦	Yay ho wa / Ye he wa	the Lord, Yahweh, ヤーウェ，エホバ
嗎嗱	Ma na / Ma na	manna
吧嘞啤啊咡	Pa lih pe o urh / Ba le Bi a er	Baal-peor
啞吡陌	A pe pih / Ya bi bai	Abib
大均	Ta keun / Da jun	Dagon
巴利麥	Pa le mih / Ba li mai	Baalim
亞實大羅得	A sae ta lo tih / Ya sai da luo de	Ashtaroth

それぞれ，『神天聖書』の音訳語，モリソンのローマ字表記（『五車韻府』），現代語のピンイン，原語（英語）の順で紹介する（「(2) モノ」以下からも同様である）。延べ数では25例である。

「悪魔」を表す語には“氐亞波羅”と“嘰呾”2つがある。まず，“氐亞波羅”については“氐亞波羅意謗者即魔鬼者也”（馬竇04-01），“氐亞波羅者厄利革之音意是冤枉稱者也是惡神之名”（路加04-02），“氐亞波羅即魔鬼之首”（彼多羅1 05-08）と言う3つの注釈を読めば，「氐亞波羅は謗る者，即ち悪魔，また，ギリシャ語で，意味は謂われの無い罪を口にする者，悪神の名前，悪魔の首領」であることが分かる。もう一方の“嘰呾”は“嘰呾魔鬼是也”（馬耳可01-13），“嘰呾即是魔鬼”（馬耳可03-23），“音譯嘰呾者魔鬼是也”（若翰13-27），「魔鬼即ち悪魔」となる。

また，祈りのことばについては，“啞們”は“啞們希百耳音義乃心悦有如此”（路加24-53），“啞們兩個字乃我心願為如此之意也”（法律27-15）で「ヘブライ語で，この2字の意味は心悦ばしきこと・心に願うこと此の如くあれ，即ちアーメン」，“啞唎咯呀（ハレルヤ）”は“啞唎咯呀譯言讚頌神主也”（現示19-04）で「神を賛美する」と説明されている。

“彌賽亞”には，“乃先知古時指耶穌之稱”（使徒26-23）の「乃ち予言者の古の時イエスを指した名称」と言う他に，非常に長い注があり，“彌賽亞希百耳字音耶穌之別稱與基利士督厄利革字音同義通用即是被傅油者古禮王輩祭者首輩及先知輩受神命時被傅油者”（路加02-11）で，「メシアはヘブライ語でイエスの別称，ギリシャ語のキリストと同義で通用し，即ち油注がれし者。古の禮王，祭司者，予言者たちの神の命を受けるとき油注がれる者」とされている。“嘰哂日”或いは“嘰吧日”は，“每七日之稱安息之日是也”（路加04-31），“譯言安息日”（以至比多20-08）から「七日ごとの安息の日」であり，“巴所瓦”或いは“吧岈吡”は“意越過也指一段故事”（路加22-11），“指一款禮以色耳以勒之人每年所該守一次者也”（法律16-01）から「過越，ある故事を指し，イスラエル人が毎年一回必ず行っている款礼」であることが分かる。また“基利士當”とは“即是屬基利士督之教者”（使徒 11-26），“信耶穌之稱”（使徒 26-28）から「即ちキリストの教えに属し，イエスを信じる者のこと」となる。

この他，“巴拉氐士（パラダイス）”とは「信ずる者が死後神の面前にあること（信者死後而在神面前是也…）」（路加 23-43），“耶何瓦”とは「神，自然なるものの意味，他物から生まれるものは無く，始まりも終わりもなく，世世代代ただ自然なるもの（神自然者之意無由他物生出無始無終生生世世只自然者主…）」（創世 04-15），“嗎嗱”とは「これは何だろうという意（譯言是何也）」（以至比多 16-15），“吧嘞啵啊咡（バアル・ペオル）”とは「菩薩の名称，牛のように大きな口をあけているもの（菩薩之名其像似牛而大開其口也）」（法律 04-03），“啞吡哂（アビブ）”とは「おおよそ2月から3月（約自二月中至三月中也）」（法律 16-01），“大均（ダゴン）”とは「ある菩薩の名前（是一等菩薩之名）」（撒母以勒上 05-02），“巴利麥及亞實大羅得（バアル，アシュウタロテ）”とは「偽の神の類（假神之類也）」（撒母以勒上 07-04）となる。

(2) モノ

モノについては重複を含めて延べ16例である。

このうち「ノアの箱舟」で有名な“啞咡嚀”は英語“ark”からの音訳で，“乃大船之類”（希比留 11-07），“似一大船在於洪水時”（彼多羅 103-20），“乃略似大船”（創世 06-14），“是似大船名耶穌入世之前約二千三百六十九年”（創世 07-07）の各注に見られるように，「洪水のときの大型の船の類で，イエスの2369年以前」のものである。

また，「記章」を表す“吐吷吧嗕”については，まず「皮，金紙で聖書の上に書いた字句で，これを額の上に置く（吐吷吧嗕譯言即用皮金紙寫聖經上的字句置面上是也…）」（法律 06-08）と説明して，さらに別の箇所では“吐吷吧嗕”の意味については「第6章第8節を参照のこと（吐吷吧嗕之解見六章八節…）」（法律 11-18）と指示を加えている。

語彙	モリソンの発音表記／普通話拼音	英語／備考
嘀啦嗶哋唎	Tang la kih te le / Fu la ge di li	phylacteries
馬們	Ma mun / Ma men	mammon
啞咡嗶	A urh kih / Ya er ge	ark
吐呔嗎	Too ta yen / Tu da yan	mandrakesヘブライ語の音訳
以弗得	E fuh tih / Yi fu de	Ephod
嗎嗱	Ma na / Ma na	manna
吐呔吧嘚	Too ta pa tih / Tu da ba de	frontlets
吐咪嘜	Too me mih / Tu mi mai	Thummim
嗚咡哋嘜	Woo urh e mih / Wu er yi mai	Urim
亞拉摩得	A la mo tih / Ya la mo de	Alamoth
是米尼得	She me ne tih / Shi mi ni de	Sheminith

以下，「モノ」に分類したもので，上記のもの以外の例を挙げておく。

書名	番号	注と日本語訳・当該語彙の共同訳（【注】【訳】【共】）
創世	30-14	【注】音譯吐呔嗎或者一種果子 【訳】音訳語，吐呔嗎は或いは一種の果実 【共】恋なすび
以至比多	25-07	【注】（以弗得）行禮卦肩胸心衣 【訳】以弗得は，儀式で肩から胸に掛ける法衣 【訳】エフォド（エポデ）
法律	08-03	【注】嗎嗱者自天下來好食而好養人命非常糧之類也 【訳】嗎嗱は天から降りて来た美味で人命を養う非常の糧の類 【共】マナ
法律	33-08	【注】吐咪嘜者美與玉成之意也 【訳】吐咪嘜は美と玉よりなる意味である 【共】トンミム

書名	番号	注と日本語訳・当該語彙の共同訳（【注】【訳】【共】）
法律	33-08	【注】呞哩𠯠嘍光與智之意也 【訳】呞哩𠯠嘍は光と智の意味である。 【共】ウリム
歴代上	15-20	【注】亞拉摩得或曰一様樂器今不明知也 【訳】亞拉摩得は或いは，ある楽器，今ではよく分からない 【共】アラモト
歴代上	15-21	【注】是米尼得或樂名亦不明知也 【訳】是米尼得は或いは，ある楽器，今ではよく分からない 【共】竪琴

（3）貨幣

貨幣については，“呔啉呔 Ta lin ta / Da lin da（talents）”“哋嗱唎𠯠 Te na le e / Di na li yi（denarii）”“唎吡呔 Le pe ta / Li bi da（lepta）”“呱哋囒 Kwa te lan / Gua di lan（quadrans）”“喥啩啦 She ke la / Shi qi la（shekels）”で，延べ12例ある。

“呔啉呔（タラントン）”は“銀鏍之名約值四十両”（馬竇18-24）と“係鏍名約值四十両”（馬竇25-15）から，「貨幣の名称で，約40両」の値うちがある「貨幣の単位（銀呔啉呔是權金銀之器…）」（撒母以勒下12-30）である。次に，“哋嗱唎𠯠（デナリオン）”は，“銀子之名約值一錢”（馬竇18-28），“是銀子之名”（路加07-41）と“三百哋嗱唎𠯠即三十両銀子”（若翰12-05）から「貨幣の名で，約1銭の値うちで，300デナリオンは30両」であることが分かる。また，“喥啩啦（シェケル）”は“四百喥啩啦銀子乃近乎二百両銀”（創世23-15），“意看前篇方知”（創世24-22），“是秤銀之器名也”（法律22-19），“銀子之名也”（耶利米亞32-09）の各注から「貨幣或いは貨幣を量る器の名で，400シェケルがおよそ200両で，前篇を見ると意味が分かる」と言うことである。その他，“唎吡呔（レプトン）”“呱哋囒（クァドランス）”はそれぞれ“唎吡呔両厘如此少唎吡吠與呱呧嘣皆是銀子之名”（馬耳可 12-42）から，「レプトンは，2 厘で此の如く少なく」，「レプトン，クァドランスはどちらも貨幣の名前」であることが分かる。

(4) 場所

場所（地名を含む）については，全注釈とその日本語訳を挙げておく。

書名	番号	注と日本語訳・当該語彙の共同訳（【注】【訳】【共】）
創世	11-09	【注】巴比勒本言意乃混亂也 【訳】バベル，原義は混乱である 【共】バベル
創世	21-31	【注】比耳是巴譯言乃發誓之井也 【訳】ベエル・シェバは訳して，誓いの井戸である 【共】ベエル・シェバ
創世	26-20	【注】本言以色音意相爭也 【訳】原文ではエセクという音，意味は相争う，である 【共】エセク
創世	26-21	【注】西得拿本言意乃恨也 【訳】シトナ，原義は恨む，である 【共】シトナ
創世	26-22	【注】利何波本言意乃有地方也 【訳】レホボト，原義は場所ある，である 【共】レホボト
創世	26-33	【注】比耳是巴即是是巴之井 【訳】ベエル・シェバ，シェバの井戸である 【共】ベエル・シェバ
創世	26-33	【注】是巴本言誓也 【訳】シェバ，原義は誓い，である 【共】シェバ

書名	番号	注と日本語訳・当該語彙の共同訳（【注】【訳】【共】）
創世	28-19	【注】百得勒即是神之家也 【訳】ベテル，神の家である 【共】ベテル
創世	31-47	【注】厄亞利得本言意同 【訳】ガルエド，原義は同じである。（下の注にある）証拠の塁，を指す 【共】ガルエド
創世	31-47	【注】耶厄耳撒下土大本言意乃証見之壘 【訳】エガル・サハドタ，原義は証拠の塁，である 【共】エガル・サハドタ
創世	31-49	【注】米色巴本言保塔 【訳】ミツパ，原義は守る・見張りの塔，である 【共】ミツパ（見張り所）
創世	32-02	【注】馬下拿翁本言意軍也 【訳】マハナイム，原義は軍，である 【共】マハナイム（二組の陣営）
創世	32-30	【注】彼尼以勒本言神之面也 【訳】ペヌエル，原義は神の顔，である 【共】ペヌエル（神の顔）新共同訳では第31節
創世	33-17	【注】數可得本言茅房也 【訳】スコト，原義は草葺の家，である 【共】スコト（小屋）
創世	33-20	【注】以利羅希以色耳以勒神也以色耳以勒之神也 【訳】エル・エロヘ・イスラエルは，神，イスラエルの神である 【共】エル・エロヘ・イスラエル
創世	35-07	【注】以勒百得勒本言百得勒之神 【訳】エル・ベテル，原義はベテルの神，である 【共】エル・ベテル

書名	番号	注と日本語訳・当該語彙の共同訳（【注】【訳】【共】）
創世	35-08	【注】亞倫巴古得本意乃哭之橡樹也 【訳】アロン・バクト，原義は嘆きの樫の木，である 【共】アロン・バクト（嘆きの樫の木）
以至比多	15-23	【注】馬拉譯言苦也 【訳】マラは訳すと，苦い，と言うことである 【共】マラ（苦い）
以至比多	17-07	【注】（米利巴）譯言争也 【訳】メリバは訳すと，争う，と言うことである 【共】メリバ（争い）
以至比多	17-07	【注】（馬撒）譯言試也 【訳】マサイは訳すと，試す，と言うことである 【共】マサ（試し）
法律	03-14	【注】（亞我得牙以耳）譯言住巴山牙以耳之村也 【訳】ハボト・ヤイルは訳すと，バシャン，ヤイルの村，と言うことである 【共】ハボト・ヤイル
法律	04-10	【注】何利百山者或曰西乃山地 【訳】ホレブ山は，或いはシナイ山と言う 【共】ホレブ
法律	32-51	【注】米利百係爭鬥之意 【訳】メリバテは，争う，の意味である 【共】メリバ
法律	33-05	【注】耶書倫者以色耳以勒是也 【訳】エシュルンはイスラエルである 【共】エシュルン
若書亞	05-03	【注】夏拉勒者皮之意因在彼處埋所割去之皮故曰夏拉勒山即皮山也 【訳】ギブアト・アラロトは，余った皮の意味。そこに割礼した皮を埋めたことからアラロト山，即ち餘皮山と言う 【共】ギブアト・アラロト

書名	番号	注と日本語訳・当該語彙の共同訳（【注】【訳】【共】）
若書亞	05-09	【注】厄以勒厄亞勒者滾去之意也 【訳】ギルガルは，ころがす，という意味である 【共】ギルガル
撒母以勒上	23-28	【注】西拉夏馬利可得相分別之山石也 【訳】西拉夏馬利可得は，相分かつ仕切りの岩である 【共】「分かれの岩」
撒母以勒下	02-16	【注】希勒加下訴理麥即勇士之場之意也 【訳】ヘルカト・ツリムは，勇者の場所の意味である 【共】ヘルカト・ツリム
歴代上	13-11	【注】彼理士五撒即折五撒也 【訳】ペレツ・ウザは，割り込むウザ，である 【共】ペレツ・ウザ（ウザを砕く）

(5) 植物

植物については，“吐味咥 She pun che / Shi ben zhi（sponge）”“路 Loo / Lu（rue）”“啊唎珁 O le wa / A li wa（olive）”“希所布 He so poo / Xi suo bu（hyssop）”の4例である。「吐味咥（海綿）は海草の名である（吐味咥海草名）」（馬竇 27-48），「路（うん香）は草の名である（路草名）」（路加 11-42），「啊唎珁（オリーブ）は樹木の名である（啊唎珁樹名）」（羅馬 11-17），「唏晰咘（ヒソプ）は草の名である（唏晰咘是草名）」（希比留 09-19）のように，いずれも簡単な説明にとどまっている。

(6) 身分

身分については，“嗎咥 Ma che / Ma zhi（magi, magicians）”と“啦吡 La pe / La bi（rabbi）」で，延べ3例である。“嗎咥”は，「大学問の輩の一門（馬至乃大學問輩一門）」（馬竇 02-01）であり，「聖賢（嗎至聖賢之屬）」（創世 41-08）である。これは「東方の三博士の一人」の意味のギリシャ語“μαγοι”，ラテン語“magus”の複数形“magi”の音訳である。“啦吡”は「師・先生（啦比譯言師也）」（馬竇 23-07）の訳である。

(7) 人名

人名については，ほぼ全ての注が名前の由来，原典での意味を説明したものである。延べ40例あり，全用例を巻数の順に挙げておく。

語彙	モリソンの発音表記／普通話拼音	英語／備考
西法	Se fa / Xi fa	Cephas
洗因	Seen yin / Xi yin	Sion
彼勒厄	Pe lih go / Bi lei e	Peleg
比勒厄	Pe lih go / Bi lei e	Peleg
以實馬以勒	E sae ma e lih / Yi sai ma yi le	Ishmael
流便	Lew peen / Liu bian	Rueben
西面	Se meen / Xi mian	Simeon
利未	Le wi / Li wei	Levi
如大	Joo ta / Ru da	Judah
但	Tan / Dan	Dan
拿弗大利	Na fuh ta li / Na fu da li	Naphtali
厄得	Go tih / E de	Gad
洗布倫	Seen poo lun / Xi bu lun	Zebulum
太拿	Tae na / Tai na	Dinah
若色弗	Jo sih fuh / Ruo se fu	Joseph
比挼尼	Pe no ne / Bi nuo ni	Ben-oni
便者民	Peen chay min / Bian zhe min	Benjamin
法利士	Fa le sze / Fa li shi	Pharez
飒拉	Sa la / Sa la	Zarah
法拉阿	Fa la o / Fa la a	Pharaoh
馬拿色	Ma na sih / Ma na se	Manasseh
以法拉現	E fa la heen / Yi fa la xian	Ephraim
摩西	Mo se / Mo xi	Moses
厄耳所麥	Go urh so mih / E er suo mai	Gershom

語彙	モリソンの発音表記／普通話拼音	英語／備考
厄耳順	Go urh shun / E er shun	Gershom
以來以士耳	E lae e sze urh / Yi lai yi shi er	Eliezer
拿阿米	Na o me / Na a mi	Naomi
馬辣	Ma la / Ma la	Mara
撒母以勒	Sa moo e lih , Sa mu yi le	Samuel
以加波得	E jia po tih / Yi jia bo de	I-chabod
拿巴勒	Na pa le / Na ba le	Nabal
耶太氐亞	Yay tae te a / Ye tai di ya	Jedidiah
巴得是巴	Pa tih she pa / Ba de shi ba	Bathshua
所羅門	So lo mun / Suo luo men	Solomon
耶何亞士	Yay ho a shi / Ye he ya shi	Jehoahaz
義馬努理	E ma noo le / Yi ma nu li	Immanuel
馬下沙拉下是巴	Ma hea sha la hea sih pa / Ma xia sha la xia shi ba	maher-shalal-hash-baz
羅路下馬	Lo loo hea ma / Luo lu xia ma	Lo-ruhamah
羅亞米	Lo a mi / Luo ya mi	Lo-ammi
挼亞	No a / Nuo ya	Naths

以下，「人名」に分類したもので，上記のもの以外の例を挙げておく。

書名	番号	注と日本語訳・当該語彙の共同訳（【注】【訳】【共】）
厄拉氐亞	02-09	【注】西法即彼多羅 【訳】ケファはペテロ 【共】ケファ
彼多羅1	02-06	【注】音譯冼因神之會者也 【訳】音訳シオンは神の教会，神殿 【共】シオン
創世	07-01	【注】挼亞與厥家進啞喱革 【訳】ノアとその家族は箱舟に乗った 【共】ノア

書名	番号	注と日本語訳・当該語彙の共同訳（【注】【訳】【共】）
創世	10-25	【注】彼勒厄即是于希百耳之言分者也 【訳】ペレグはヘブライ語で，分ける 【共】ペレグ
創世	16-11	【注】以實馬以勒本言意乃神聽也 【訳】イシュマエル，原義は神が聞く 【共】イシュマエル
創世	29-32	【注】流便本言意乃見個子也 【訳】ルベン，原義は子どもを見よ 【共】ルベン
創世	29-33	【注】西面意乃聞也 【訳】シメオン，意味は聞く 【共】シメオン
創世	29-34	【注】利未意乃和也 【訳】レビ，意味は和する，結ぶ 【共】レビ（ラベ）
創世	29-35	【注】如大意乃讚也 【訳】ユダ，意味は讃える 【共】ユダ（ヤダ）
創世	30-06	【注】但本言意審也 【訳】ダン，原義は裁く 【共】ダン（ディン）
創世	30-08	【注】拿弗大利意我之爭求也 【訳】ナフタリ，意味は我の争い求めること 【共】ナフタリ（ニフタル）
創世	30-11	【注】厄得本言意群也 【訳】ガド，原義は群 【共】ガド
創世	30-20	【注】洗布倫意乃住也 【訳】ゼブルン，意味は住む 【共】ゼブルン（ザバル）
創世	30-21	【注】太拿意乃審也 【訳】ディナ，意味は裁く 【共】ディナ

書名	番号	注と日本語訳・当該語彙の共同訳（【注】【訳】【共】）
創世	30-24	【注】若色弗意加添也 【訳】ヨセフ，意味は加える 【共】ヨセフ
創世	35-18	【注】比援尼乃我憂之子 【訳】ベン・オニは，我が憂いの子 【共】ベン・オニ（わたしの苦しみの子）
創世	35-18	【注】便者民本言乃右手之子也 【訳】ベニヤミン，原義は右手の子 【共】ベニヤミン（幸いの子）
創世	38-29	【注】法利士本言意乃勉裂也 【訳】ペレツ，原義は無理に裂く，割り込む 【共】ペレツ（出し抜き）
創世	38-30	【注】颯拉本言光起也 【訳】ゼラ，原義は光が起こる，輝く 【共】ゼラ（真っ赤）
創世	41-44	【注】法拉阿本言意王也 【訳】ファラオ，原義は王 【共】ファラオ
創世	41-51	【注】馬拿色意乃忘記也 【訳】マナセ，意味は忘れる 【共】マナセ（忘れさせる）
創世	41-52	【注】以法拉現意乃豐盛結實也 【訳】エフライム，意味は豊かな実り 【共】エフライム（増やす）
以至比多	02-10	【注】（摩西）譯言乃撈出也 【訳】モーセは訳すと，引き出す，と言うことである 【共】モーセ（マーシャー）
以至比多	02-22	【注】（厄耳所麥）譯言在此為旅也 【訳】ゲルショムは訳して，ここに仮住まいする，寄宿者 【共】ゲルショム（ゲール）

書名	番号	注と日本語訳・当該語彙の共同訳（【注】【訳】【共】）
以至比多	18-03	【注】（厄耳順）譯言在彼為旅 【訳】ゲルショムは訳すと，そこに仮住まいする，寄宿者，と言うことである 【共】ゲルショム
以至比多	18-04	【注】（以來以士耳）譯言我神為助者 【訳】エリエゼルは訳すと，私は神が助けた，と言うことである 【共】エリエゼル
路得	01-19	【注】拿阿米本意樂也 【訳】ナオミ，原義は楽しい，快い 【共】ナオミ（快い）
路得	01-20	【注】馬辣本意若也 【訳】マラ，原義は苦しむ 【共】マラ（苦い）
撒母以勒上	01-20	【注】撒母以勒即譯言被求於神主者也 【訳】サムエル，訳すと，神に求められる，願われる者 【共】サムエル（その名は神）
撒母以勒上	04-21	【注】以加波得即譯言云榮光安在之意 【訳】イカボドは訳して，栄光何にか在る，栄光が無い 【共】イカボド（栄光は失われた）
撒母以勒上	25-25	【注】拿巴勒即痴者 【訳】ナバルは，愚かの意味 【共】ナバル
撒母以勒下	12-25	【注】耶太氏亞即譯言神主所愛者也 【訳】エディドヤは訳して，神の愛するところの者 【共】エディドヤ（主に愛された者）
歷代上	01-19	【注】比勒厄是分別之意也 【訳】ペレグは，分けるの意味 【共】ペレグ

書名	番号	注と日本語訳・当該語彙の共同訳（【注】【訳】【共】）
歴代上	03-05	【注】（巴得是巴）又曰巴得書亞也 【訳】バト・シュアはまた巴得書亞とも言う 【共】バト・シュア
歴代上	22-09	【注】所羅門即譯言温和之意也 【訳】ソロモンは訳すと，温和の意味，と言うことである 【共】ソロモン
歴代下	21-17	【注】耶何亞士或讀下西亞 【訳】ヨアハズは或いは下西亞と読む 【共】ヨアハズ
以賽亞	07-14	【注】（義馬努理）譯言神偕我等 【訳】インマヌエルは訳すと，神が我等を伴う，と言うことである 【共】インマヌエル
以賽亞	08-03	【注】（馬下沙拉下是巴）譯言速至掠而快取其擄物也 【訳】マヘル・シャラル・ハシュ・バズは訳して，速く至り掠め快くその獲物を取る 【共】マヘル・シャラル・ハシュ・バズ
何西亞	01-06	【注】（羅路下馬）譯言未獲慈憐 【訳】ロ・ルハマは訳すと，未だ慈憐，愛を得ず，と言うことである 【共】ロ・ルハマ（憐れまれぬ者）
何西亞	01-09	【注】（羅亞米）譯言非我民也 【訳】ロ・アミは訳すと，我が民にあらず，と言うことである 【共】ロ・アミ（わが民でない者）

(8) 度量衡

度量衡については延べ10例あり，全用例を巻数の順に挙げておく。

語彙	モリソンの発音表記／普通話拼音	英語／備考
巴	Pa / Ba	baths
吧嗕	Pa tih / Ba de	baths
何馬	Ho ma / He ma	cors
士大氐亞	Sze ta te a / Shi da di ya	stadia
士大氐以	Sze ta te e / Sze da di yi	stadia
呫吡哆	Koo pe to / Gu bi duo	cubits
啊咪咡	A me urh / A mi er	homer
𠯈呿	E fa / Yi fa	ephah

容量単位を表すものでは，“巴是升斗之名”（路加16-06），“何馬是升斗之名”（路加16-07），“吧嗕啊咪咡𠯈呿倶是量酒與穀之器”（以賽亞05-10）が，それぞれ「酒や穀物を量る升」の名前である。ちなみに，“巴，吧嗕（バテ）”は37リットル，“何馬（コル）”は370リットル，“𠯈呿（エパ）”はヘブライの単位で33リットル，“啊咪咡（ホメル）”はその10倍に相当する。

長さを表すものでは，“士大氐亞，士大氐以”（スタディオン）が「士大氐亞量名”（路加24-13），“士大氐以即量名約半里之長”（現示21-16）の2つの注から「量目で，約半里の長さ」を表し，また，“呫吡哆（キュビト）”が“呫吡哆度名九呫吡哆約長一丈一尺七寸也”（法律03-11），“呫吡哆度器名也”（撒母以勒上17-04），“呫吡哆量器約一肘也但有大小不同”（歴代下03-03），の3つの注釈から「度量衡の単位で，およそ肘（腕）の長さ，長さは違いがある。9キュビトは約1丈1尺7寸（約3.9メートル）の長さ」であることが分かる。

（9）動物

動物は，“啞吐吡 A she pe / Ya shi bi”，“啞色吡 A sih pe / Ya se bi（英語 asps, ギリシャ語 ασπιδων）”，“咖咪嘞吧咡嘚 Jia me lih pa urh tih / Jia mi le ba er de（chamois）”，“啵呃咡咕 Pe go urh koo / Bei e er gu（pygang）”，“嗄唎嘟吐 Hea le too sze / Xia li du shi（ospray）”，“呃唎嚩吐 Go le fei she / E li fei shi（ossifrage）”，“咖啦嘚唎啹吐 Jia la tih le keu she / Jia la de li ju shi（英語 heron…ヘブライ語の音訳）”，“唔咘吧 Woo poo pa / Wu bu ba（英語 lapwing…ヘブライ語の音訳）”で，延べ 8 例である。用例については索引を参照されたい。

（10）民族

民族では，“啞嗱唭嘜 A na ke mih / Ya na qi mai mu 輩（Anakims）”，“颯嘜嗽咪𠯈嘜 Sa mih soo me e mih / Sa mai shu mi yi mai（Zamzummims）”の 2 例である。

“啞嗱唭嘜輩（アナク人）”は「（背丈も，その城壁も）いと高く天にそびえる人で，横暴に覇道を行う者（甚高天人之類横行霸道者也…）」（法律 01-28）であると説明し，“颯嘜嗽咪𠯈嘜（ザムズミム人）”は「猛悪をほしいままにする（是自擅猛惡之意…）」（法律 02-20）者であると説明している。

（11）その他

語彙	モリソンの発音表記／普通話拼音	英語／備考
啊嗽嗱	Ho san na / He san na	Hosanna
啊嗽啞	Ho san ya / He san ya	Hosanna
啊㰴嗱	Ho sa na / He sa na	Hosanna

例えば，“Hosanna（ホサナ）”は，注の“啊嗽嗱譯言讚頌神之意”（馬寶 21-09），“音譯啊嗽啞即我求今救也”（馬耳可 11-09），“啊㰴嗱請福安之意”（若翰 12-13）を見ると，音訳語で“啊嗽嗱”“啊嗽啞”“啊㰴嗱”

と表記され,「神を賛美し，今の救いを求め，祝福を請う」と言う意味であることが分かる。

3. 3. 3. 3　説明

音訳語以外の語彙について，意味の説明をしているものが31例ある。まず宗教に関するものは11箇所，モノについては，“救之角（a horn of salvation)”，“墳（tomb)”，“樹林（groves)”，“利刀（sharp knives)”についての4例があり，貨幣は“両厘（lepta two)”，“錢（denarius)”についての2箇所2例がある。時間（時刻）については“第六時至第九時（the sixth hour until hour the ninth)”を「馬の刻から申の刻（即從午至申時也…馬竇27-45」,“三時（hour third)”を「巳の刻（三時即交巳時…馬耳可15-25」と説明した2例がある。場所（地名を含む）は“活而視我者之泉（Beer-lahai-roi)”，“神主看見（Jehovah-jireh)”は，本文では意訳して，注で原語の音を紹介したもので2箇所2例，植物は“婆可，啞呢嘓，金嫩（mint, dill, cummin)”についての1箇所3例，となっている。また，索引の種類の項で「説明」に分類したものは，当該番号の本文の内容やその一部に関するものや，上記のいずれにも分類できないもので，例えば,「法律09-02」の“立者當住也（「立（stand)」は「當住（立ち向かう)」である)”や,「歴代上25-03」の“見第十七節有是米以與此五人共算其六也（第17節にシムイがあり，この5人とあわせて6人である)”などである。

全ての用例については，索引を参照されたい。

3. 3. 3. 4　時代

また，これ以外に聖書本文とは関係なく，中国の王朝名で時代のめやすを示したものが15箇所ある。いずれも『舊遺詔書』にある。例えば,「創世記」(舊・創世01-01）の冒頭,「初めに，神が天と地を創造した。」くだりの「耶穌在世之前約四千零四年即是漢朝孝哀帝之前約有四千年也」や,「エレミヤ書」(舊・耶利米亞01-01）の冒頭,「ベニヤミンの地アナトテに……，ユダの王ヨシヤの時代……」の「周襄王時（前651～前619)」，「ヨナ書」（舊・若拿01-01）の冒頭，「アミタイの子ヨナに……」の「周朝匡王時（前612～前607)」などである。

3. 3. 4　小結

以上，簡単に『神天聖書』における注釈について紹介した。例えば**3. 3. 3. 2**の（11）その他で触れたように，“Hosanna（ホサナ)”については3箇所の注釈を見れば，“呵嗽嗱”“呵嗽啞”“呵嚂嗱”と表記され，「神を賛美し，今の救いを求め，祝福を請う」という意味であることが分かる。また，“氐亞波羅”は，3箇所の注から「謗る者，即ち悪魔，ギリシャ語で，意味は謂われの無い罪を口にする者，悪神の名前，悪魔の首領」だと見当がつく。その他の項目についても同じく，このような枠外の注釈という形式は，中国人が馴染みのない聖書の語句を理解する上で，非常に役に立つ親切な配慮であったと考えられる。

モリソンは聖書の翻訳に対して，『三国演義』の文体を目指したように「中国語の文体重視」という目標を持っていた。同時に，「原文の意味に忠実」であるべきという強い態度も持っていた。とりわけ，後者の態度が強いことの副作用として，中国語としての不自然さと，改訳の必要性が『神天聖書』の翻訳直後から指摘された。モリソン自身も多かれ少なかれ改訳の必要性を感じていた。『神天聖書』に注釈が多用されていることは，訳者のモリソン自身が訳了，出版当初から，早期の改訂の必要性を明言していたことと無縁ではない。中国語の文法的な面だけではなく，訳語そのものにもゆれがあり確定していなかったことから，注釈によって二重，三重に説明して補う必要があったことを示していると言えよう。本節では注で説明された語句について，ごく簡単に概容を紹介したが，漢訳聖書の歴史におけるモリソン訳語彙の位置づけや，その特徴など，詳しい分析については今後の課題としたい。

注

1） 本書ではモリソンの一連の中国語訳聖書を総称して『神天聖書』と呼ぶ。

2） イングランド北部ノーサムバランド（Northumberland）の小都市モーペス（Morpeth）の中心から北に徒歩数分のビューラーズグリーン（Bullers Green）地区の一角にある民家の道路側の壁にモリソン生家所在地の史跡標識があり，"IN VICTORIA' S JUBILEE YEAR THIS HOUSE REPLACED THE ONE IN WHICH ROBERT MORRISON D.D. WAS BORN"と記されている。

3） 蘇精 2000「馬禮遜與他的中文教師」によると，容三徳はモリソンの1人目の中国語教師である。中国広州近郊の出身で，英語を学ぶために当時ロンドンに滞在していた1805年に2人はロンドンで知り合い，1820年まで双方の往来は15年間続いたという。都田1974などは，その名を"堇三託"と記している。

4） 同書の出版の経緯，内容については何群雄 2000『中国文法学事始』に詳しい。

5） モリソン夫人による伝記（*Memoirs of the life and Labours of Robert Morrison, Compiled by his Widow, vol.II*）は，蘇精 2000 及び同 2005 によると，細かい部分では正確でない箇所もあるということであるが，モリソンの生涯を網羅した1094ページにわたる大部の伝記である。

6） Wylie1867, *MEMORIALS OF PROTESTANT MISSIONARIES TO THE CHINESE* の原文は以下の通りである。

9. 神天聖書 Shin t'ëen shing shoo. The Holy Bible.21 Vols.Malacca,1823. The New Testament of this version was made by Dr.Morrison on the basis of an old version of the Gospels, Acts and Epistles, which he obtained in England, and brought out with him to China. The Acts was revised from the old M.S. and first printed in 1810; Luke was printed in 1811; most of the Epistles were printed in 1812, the Pauline Epistles being merely revised by Dr.Morrison; the New Testament was completed in 1813. In the Old Testament, Dr.Morrison translated Genesis, Exodus, Leviticus, Numbers, Ruth, Psalms, Proverbs, Ecclesiastes, Canticles, Isaiah, Jeremiah, Lamentations, Ezekiel, Daniel, Hosea, Joel, Amos, Obadiah, Jonah, Micah, Nahum, Habakkuk, Zephaniah,Haggai, Zechariah and Malachi. The remaining books were translated by Dr.Milne, under the superintendence of Dr.Morrison.

7） モリソンが中国に携帯したのは，18世紀初頭にパリ外国宣教会のジャン・

バセによって中国語に翻訳された稿本のうち，大英図書館に所蔵されている所謂『四史攸編』（新約聖書の一部）である。モリソンはロンドン在住中にこの稿本を大英図書館にて筆写した。吉田寅 1997 では,『神天聖書』と『四史攸編』の一部について簡単な比較がなされている。

8）『新遺詔書』8 冊の内訳は，巻一「聖馬竇傳福音書」71 葉，巻二「聖馬耳可傳福音書」45 葉，巻三「聖路加傳福音書」70 葉，巻四「聖若翰福音之書」58 葉，巻五「使徒行傳」64 葉，巻六「聖保羅使徒與羅馬輩書」から「聖保羅與可林多輩第二書」71 葉, 巻七「聖保羅與厄拉氏亞輩書」から「聖保羅使徒與弟多書」61 葉，巻八「聖保羅使徒與腓利們書」から「聖若翰現示書」97 葉である。

9）本書序章ならびに志賀 1973 参照。

10）永井 1999 参照。

11）*Memoirs of the life and Labours of Robert Morrison, Compiled by his Widow,vol. II*,p.10 に，文体に関する記述があり，柳父章 1986 では当該箇所が以下の通り全訳されている。「中国語の「説話」とか俗語は，読書人に軽蔑されてはいるが，程度の低い俗な表現なのではなくて，民衆の共通のことばであり，教育のある人だけに分かる高級で古典的で難しい文体と違っているのである。わたしの翻訳では，忠実で，明快で，単純であることを心がけた。めったに使われない古典のことばよりも，ふつうのことばを選んだ。異教徒の哲学者や宗教家が使うような用語を避けた。洗練されてなくても，分かりやすいようにした。」

12）古屋 1996 では, ヴァロが『官話文典』のなかで中国語には, 高雅なスタイル，中間的なスタイル，粗野なスタイルの 3 つのモードがあり，それぞれ相応しい場面に応じて使い分けられる，と分析していることが紹介されている。また，山崎 1989 では，清代の『紅楼夢』では，同一作品の中で人物，場面，話題によって「文語的スタイル，口語的スタイル，文語と口語の混淆体」が使われていた, としている。香坂 1983 では,『三国志演義』でも，登場人物や場面による文言，白話の使い分けは読者向けに意図して行われていた，としている。

13）雅洪托夫（ヤホントフ）1969（1986 版）参照。

14）本節では，*The New Greek-English Interlinear New Testament*,1990 のギリシャ語原典対訳の英語訳に依った。

15）太田 1964,p.19 及び p107 参照。

16）太田 1958,p.174 参照。

17）太田 1958,p.176 参照。

18）本節で使用した聖書（英語版）は以下の通りである。
Alfred Marshall, 1993, *THE INTERLINEAR NRSV-NIV PARALLEL NEW TESTAMENT IN GREEK AND ENGLISH*, Zondervan Publishing House
R.Carroll, S.Prickett, 1997, *THE BIBLE AUTHORIZED KING JAMES VERSION WITH APOCRYPHA*, Oxford university press

19）ミルンが担当したのは『舊遺詔書』のうち,「申命記」「ヨシュア記」「士師記」「ルツ記」「サムエル記（上，下）」「列王記（上，下）」「歴代誌（上，下）」「エズラ記」「ネヘミヤ記」「エステル記」「ヨブ記」である。

20）本節の原文資料と索引には，ゆまに書房刊行の「幕末邦訳聖書集成」のものを使用した。モリソン訳『神天聖書』でのタイトルは以下のとおりである。（　）内は日本聖書協会『聖書　新共同訳』（1987）でのタイトルである。なお,「幕末邦訳聖書集成」は旧約部分の第4，8，11，12，13本が欠けており，当該部分の注については本節の本文では扱わないこととするが，大英図書館所蔵本のマイクロコピーをもとに，本章の『神天聖書』の欄外注索引の末尾に別表（p.234）を作成した。

以下は「幕末邦訳聖書集成」所収一覧である。
『舊遺詔書』
第1本　創世歴代傳（創世記）
第2本　出以至比多地傳（出エジプト記）
第3本　利未氏古傳（レビ記）
第5本　復講法律傳（申命記）
第6本　若書亜傳（ヨシュア記），審司書傳（士師記）
第7本　路得氏傳（ルツ記），撒母以勒上巻（サムエル記上），撒母以勒下巻（サムエル記下）
第9本　歴代史紀上巻（歴代誌上）
第10本　歴代史紀下巻（歴代誌下）
第14本　以賽亜書傳（イザヤ書）
第15本　耶利米亜傳（エレミヤ書），耶利米亜悲歎書傳（哀歌）
第16本　依西其理書傳（エゼキエル書）
第17本　但依理書傳（ダニエル書），十二先知傳〔何西亜書（ホセア書），若以利書（ヨエル書），亜摩士書（アモス書），阿巴氏亜書（オバデヤ書），若拿書（ヨナ書），米加書（ミカ書），拿戸馬書（ナホム書），夏巴古書（ハ

バクク書), 洗法尼亜書（ゼファニヤ書), 夏哀書（ハガイ書), 洗華利亜書（ゼカリヤ書), 馬拉其（マラキ書)〕

＊なお, 4（民数記), 8（列王記上, 下), 11, 12, 13（エズラ記, ネヘミヤ記, エステル記, ヨブ記, 詩編, 箴言, コヘレトの言葉, 雅歌）本は欠。

『新遺詔書』

第1本　聖馬竇傳福音書（マタイによる福音書）

第2本　聖馬耳可傳福音書（マルコによる福音書）

第3本　聖路加傳福音書（ルカによる福音書）

第4本　聖若翰傳福音之書（ヨハネによる福音書）

第5本　使徒行傳（使徒言行録）

第6本　聖保羅使徒與羅馬輩書（ローマの信徒への手紙), 聖保羅與可林多輩第一書・聖保羅使徒與可林多輩第二書（コリントの信徒への手紙一・二）

第7本　聖保羅與厄拉氏亜輩書（ガラテヤの信徒への手紙), 聖保羅使徒與以弗所輩（エフェソの信徒への手紙), 聖保羅使徒與腓利比輩書（フィリピの信徒への手紙), 聖保羅使徒與可羅所書（コロサイの信徒への手紙), 聖保羅使徒與弟撒羅尼亜輩書・第二書（テサロニケの信徒への手紙一・二), 聖保羅使徒與弟摩氏第一書・第二書（テモテへの手紙一・二), 聖保羅使徒與弟多書（テトスへの手紙), 聖保羅使徒與腓利們書（フィレモンへの手紙）

第8本　聖保羅與希比留輩書（ヘブライ人への手紙), 者米士或稱牙可百之公書（ヤコブの手紙), 聖彼多羅之第一公書・第二公書（ペトロの手紙一・二), 聖若翰之第一公書・第二書・第三書（ヨハネの手紙一・二・三), 聖如大或稱如大士之公書（ユダの手紙), 聖若翰現示之書（ヨハネの黙示録）

[補定]『神天聖書』の欄外注索引

凡　例

號碼：全ての注釈に付した通し番号である。なお索引は以下に説明する「分類」「種類」の項目毎に新約，舊約の順で配列している。

本-章-節：注釈が何番目の「本」の第何章第何節にあるかを示す。「新」は『新遺詔書』，「舊」は『舊遺詔書』を示し，『新遺詔書』は「馬竇書」から，『舊遺詔書』は「創世歴代伝」から順に 01，02，……と通し番号を付けた。中央の数字は章を，右の数字は節を示し，「舊 01-01-01」は，旧約（『舊遺詔書』）第 1 本「歴代創世傳（創世記）」第 1 章第 1 節であることを示す。

書：『神天聖書』における各書の題名を示す。

分類：注釈を内容に基づいて，換言（言い換え），説明（語句の説明），音譯，時代（同時代の中国の王朝名）の 4 種類に分類して示す。

種類：上記分類で，「説明」「音譯」の注釈を具体的な内容に基づいて，「宗教に関係するもの（表中では「＊」），本文の語彙にさらに説明を加えたもの（同「説明」），様々な物品名の由来など（同「モノ」），貨幣，時間，場所（地名を含む），植物，身分，人名，度量衡，動物，民族」に分類して示す。

本文語句：注で説明されている本文中の語句を示す。

注：本文中の語句についての注釈全文を示す。

原典英譯：各注釈の該当部分について，英語訳本文を示したものである。新約部分は，*THE INTERLINEAR NRSV-NIV PARALLEL NEW TESTAMENT IN GREEK AND ENGLISH* を，旧訳部分は英語欽定訳聖書（*THE BIBLE AUTHORIZED KING JAMES VERSION WITH APOCRYPHA*）をそれぞれ参照した。

BC 譯本文：各注釈の該当部分について，ブリッジマン・カルバートソン訳（BC 訳）聖書の本文の語彙を示す。BC 譯本文については，「幕末邦訳聖書集成」（ゆまに書房刊）所収『新約全書』『舊約全書』を参照した。

日譯聖書（新共同譯）：参考として日本語訳聖書（日本聖書協会 1987『聖書　新共同訳』2005 版）の本文中の語彙を挙げた。

なお，本索引は「幕末邦訳聖書集成」を使用したが，同書で欠けている旧約第4，8，11，12，13 本の注については，大英図書館所蔵本をもとに別表 1 を作成した。

號碼	本-章-節	書	分類	種類	本文語句	注	
1	舊01-01-01	創世	換言	–	神當始創造天地	神當始造天地	
2	舊02-12-12	以至百多	換言	–	神主	或云君也	
3	舊02-21-17	以至百多	換言	–	咒詛	或云詈罵	
4	舊02-23-01	以至百多	換言	–	合手	或云接	
5	舊03-02-03	利未氏	換言	–	食獻	食獻亦云麵獻	
6	舊05-32-43	法律	換言	–	宜同厥民大作樂矣	或曰頌厥民也	
7	舊07-11-37	審司	換言	–	我之為閨女	或曰我之不出嫁	
8	舊26-39-01	依西其理	換言	–	宗	宗字或讀羅斯	
9	舊26-45-19	依西其理	換言	–	祭臺	祭臺或壇	
10	舊26-46-06	依西其理	換言	–	玷	玷或毛病	
11	舊27-04-27	但依理	換言	–	或可救藥爾之愆疾也	又云或長存爾之安也	
12	舊38-03-08	洗革利亞	換言	–	奇視之人也	或云東起太陽者也	
13	舊38-03-09	洗革利亞	換言	–	七眼	或云七泉	
14	舊38-04-10	洗革利亞	換言	–	之眼	或云之泉	
15	新21-01-08	彼多羅1	說明	*	彼	彼字是指耶穌	
16	新21-02-04	彼多羅1	說明	*	彼	彼字指主也	
17	新27-20-02	現示	說明	*	龍	龍字指魔鬼而言之	
18	舊01-04-15	創世	說明	*	主	主乃主神當作耶何瓦三字而用	
19	舊01-07-05	創世	說明	*	主	所有主字指神本言有寫耶何瓦其三字之意乃係自然而是者	
20	舊02-06-03	以至百多	說明	*	神主	本言音唧啊呃	
21	舊05-01-04	法律	說明	*	神主	神主者造天地人萬物之神也	
22	舊05-31-16	法律	說明	*	寐	寐者指其死也	

	原典英譯	BC譯本文	日譯聖書(新共同譯)
	in the beginning God created the heaven and earth	元始時神創造天地	初めに、神は天地を創造された。
	the Lord	耶和華	主
	curseth	詛	呪う
	put thine hand	執手	に加担して
	the meat Offering	禴祭	穀物の献げ物
	Rejoice, with his people	宜與其民同歡悦	主の民に喜びの声をあげよ
	my virginity	我之為處子	わたしが処女のままであること
	the chief prince	首君	総首長
	the altar	壇	祭壇
	blemish	疵	傷
	the lengthening of thy tranquillity	或爾之逸樂可久焉	そうすれば、引き続き繁栄されるでしょう(24節)
	for they are men wondered at	奇人也	しるしとなるべき人々
	seven eyes	七目	七つの目
	eyes	目	御目
	him (ye love)	耶穌	キリスト
	him	彼	主
	dragon	龍	竜
	the Lord	耶和華	主
	the Lord	耶和華	主
	the name of God Almighty, but by my name JEHOVAH	耶和華	主
	the Lord	神耶和華	主(3節)
	sleep	寢	眠る

號碼	本-章-節	書	分類	種類	本文語句	注	
23	舊05-32-08	法律	說明	＊	至上者	至上者神也	
24	舊05-32-15	法律	說明	＊	厥	厥字指神也	
25	舊09-12-21	撒母以勒1	說明	＊	虛物	虛物者世人所立各神也	
26	舊13-23-05	歷代1	說明	＊	我	我者大五得也	
27	新03-01-69	路加	說明	モノ	救之角	救之角借語大能之救者是也	
28	新04-19-41	若翰	說明	モノ	墳	如氐亞國有墳鑿在大石裡似小房	
29	舊05-07-05	法律	說明	モノ	樹林	樹林者有菩薩偶像之所在也	
30	舊06-05-02	若書亞	說明	モノ	利刀	利刀者本火石做的利其■而用之也	
31	新03-21-02	路加	說明	貨幣	兩厘	兩厘如此少	
32	新27-06-06	現示	說明	貨幣	錢	本言說錢稱呧喑唎呶	
33	新01-27-45	馬竇	說明	時間	第六時至第九時	第六時至第九時即從午至申是也	
34	新02-15-25	馬耳可	說明	時間	三時	三時即交巳時	
35	舊01-16-14	創世	說明	場所	活而視我者之泉	活而視我者至泉本言稱云比耳拉海羅以	
36	舊01-22-14	創世	說明	場所	神主看見	神主看見乃耶何瓦■勒之本言也	
37	新01-23-23	馬竇	說明	植物	薆可，啞呢嘸，唅嗽	薆可係香草啞呢嘸唅嗽皆草名	
38	新03-10-30	路加	說明	說明	耶路撒冷人，撒馬利亞人	耶路撒冷人與撒馬利亞人相仇	
39	舊01-01-05	創世	說明	說明	首日子	首日子造光者	
40	舊01-19-08	創世	說明	說明	此人	此人兩字只羅得言之	
41	舊05-03-11	法律	說明	說明	照人手之度	照人手之度即自肘至指頂也	
42	舊05-03-21	法律	說明	說明	二王者	二王者即西訓亞摩利得之王阿厄巴山之王也	

	原典英譯	BC譯本文	日譯聖書(新共同譯)
	the most High	至上者	いと高き神
	his	之	(無)
	vain things	虚物	むなしいもの
	I	我	ダビデ
	a horn of salvation	救之角	救いの角
	tomb	墓	墓
	groves	木柱	石柱
	sharp knives	利刀	火打ち石の刃物
	lepta two (two small copper coins)	二半厘	レプトン銅貨二枚
	of, for (denarius)	錢	デナリオン
	the sixth hour until hour the ninth	自午正至未終	昼の十二時に、……それが三時まで
	hour third	時已辰盡	午前九時
	Beer-lahai-roi	別拉海莱	ベエル・ラハイ・ロイ
	Jehovah-jireh	耶和華葉徠	ヤーウェ・イルエ(主は備えてくださる)
	mint, dill, cummin	薄荷，茴香，馬芹	薄荷、いのんど、茴香
	(無)	(無)	(無)
	the first day	元日	第一の日
	these man	斯人	あの方々
	length there of	以人之肘為度	基準のアンマ
	two kings	二王者	二人の王

號碼	本-章-節	書	分類	種類	本文語句	注	
43	舊05-09-02	法律	說明	說明	立	立者當住也	
44	舊05-29-17	法律	說明	說明	(無)	此十七節接連上十四節之意	
45	舊13-25-03	歷代1	說明	說明	(無)	見第十七節有是米以與此五人共算其六也	
46	舊14-22-02	歷代2	說明	說明	依該讀二十二	依該讀二十二	
47	新01-04-01	馬竇	音譯	*	氐亞波羅	氐亞波羅意謗者即魔鬼者也	
48	新02-01-13	馬耳可	音譯	*	嗷呾	嗷呾者魔鬼是也	
49	新02-03-23	馬耳可	音譯	*	嗷呾	嗷呾即是魔鬼	
50	新03-02-11	路加	音譯	*	彌賽亞	彌賽亞希百耳字音耶穌之別稱與基利士督厄利革字音同義通用即是被傅油者古禮王輩祭者首輩及先知輩受神命時被傅油者	
51	新03-04-02	路加	音譯	*	氐亞波羅	氐亞波羅者厄利革之音意是冤枉稱者也是惡神之名	
52	新03-04-31	路加	音譯	*	嗷陌日	嗷陌日每七日之稱安息之日是也	
53	新03-22-11	路加	音譯	*	巴所瓦	巴所瓦意越過也指一段故事	
54	新03-23-43	路加	音譯	*	巴拉氐士	巴拉氐士信者死後而在神面前是也	
55	新03-24-53	路加	音譯	*	啞們	啞們希百耳音義乃心悅有如此	
56	新04-13-27	若翰	音譯	*	嗷呾	嗷呾者魔鬼是也	
57	新05-11-26	使徒	音譯	*	基利士當	基利士當即是屬基利士督之教者	
58	新05-26-23	使徒	音譯	*	彌賽亞	彌賽亞乃先知古時指耶穌之稱	
59	新05-26-28	使徒	音譯	*	基利士當	基利士當者信耶穌之稱	

	原典英譯	BC譯本文	日譯聖書(新共同譯)
	stand	立	立ち向かい
	(無)	(無)	(無)
	(無)	(無)	(無)
	Forty and two years old	年四十有二歲	四十二歳
	devil	魔鬼	悪魔
	Satan	撒但	サタン
	Satan	撒但	サタン
	Christ (or Messiah)	主也，基督也	主メシア
	devil	魔鬼	悪魔
	sabbaths	安息日	安息日
	passover	逾越節	過越
	paradise	樂園	楽園
	(無)	(無)	(無)
	Satan	撒但	サタン
	Christians	基督徒	キリスト者
	Christ (or Messiah)	基督	メシア
	Christian	基督徒	キリスト信者

號碼	本-章-節	書	分類	種類	本文語句	注	
60	新21-05-08	彼多羅1	音譯	*	氏亞波羅	氏亞波羅即魔鬼之首	
61	新27-19-04	現示	音譯	*	啞唎路呀	啞唎路呀譯言讚頌神主也	
62	舊01-04-15	創世	音譯	*	耶何瓦	耶何瓦即是神自然者之意無由他物生出無始無終生生世世只自然者	
63	舊02-16-15	以至百多	音譯	*	嗎嗱	譯言是何也	
64	舊02-20-08	以至百多	音譯	*	嚽吧日	譯言安息日	
65	舊05-04-03	法律	音譯	*	吧嘞啵啊咡	吧嘞啵啊咡者菩薩之名其像似牛而大開其口也	
66	舊05-16-01	法律	音譯	*	啞吡咟	啞吡咟者約自二月中至三月中也	
67	舊05-16-01	法律	音譯	*	吧㖫㕷	吧㖫㕷指一款禮以色耳以勒之人每年所該守一次者也	
68	舊05-27-15	法律	音譯	*	啞們	啞們兩個字乃我心願為如此之意也	
69	舊09-05-02	撒母以勒1	音譯	*	大均	大均是一等菩薩之名	
70	舊09-07-04	撒母以勒1	音譯	*	巴利麥，亞實大羅得	巴利麥及亞實大羅得者假神之類也	
71	新01-21-09	馬竇	音譯	*	啊嗷嗱	啊嗷嗱譯言讚頌神之意	
72	新02-11-09	馬耳可	音譯	*	啊嗷啞	啊嗷啞即我求今救也	
73	新04-12-13	若翰	音譯	*	啊嘋嗱	啊嘋嗱請福安之意	
74	新01-23-05	馬竇	音譯	モノ	噏啦嗶呧唎	噏啦嗶呧唎譯言即用羊皮紙寫經來得字句而帶之手腕或手上是也	
75	新03-16-09	路加	音譯	モノ	馬們	馬們是財帛之類	
76	新19-11-07	希比留	音譯	モノ	啞咡嗶	啞咡嗶乃大船之類	
77	新21-03-20	彼多羅1	音譯	モノ	啞咡嗶	啞咡嗶似一大船在於洪水時	
78	舊01-06-14	創世	音譯	モノ	啞咡嗶	啞咡嗶乃略似大船	

	原典英譯	BC譯本文	日譯聖書(新共同譯)
	devil	魔鬼	悪魔
	Hallelujah (halleluiah)	宜讃美主乎	ハレルヤ
	the Lord	耶和華	主
	manna	何物	これは一体何だろう
	sabbath	安息日	安息日
	Baal-peor	巴力比	バアル・ペオル
	Abib	亞筆月	アビブ
	passover	逾越節	過越祭
	Amen	心所願也	アーメン
	Dagon	大公	ダゴン
	Baalim, Ashtaroth	巴力，亞大緣	バアルとアシュトレト
	Hosanna	萬福	ホサナ
	Hosanna	萬福	ホサナ
	Hosanna	萬福	ホサナ
	phylacteries	佩經	聖句の入った小箱
	mammon	財	富
	ark	方舟	箱舟
	ark	舟	箱舟
	ark	方舟	箱舟

號碼	本-章-節	書	分類	種類	本文語句	注	
79	舊01-07-07	創世	音譯	モノ	啞咡嘩	啞咡嘩是似大船名耶穌入世之前約二千三百六十九年	
80	舊01-30-14	創世	音譯	モノ	吐吠嗎	吐吠嗎或者一種菓子	
81	舊02-25-07	以至百多	音譯	モノ	以弗得	行禮卦肩胸心衣	
82	舊05-06-08	法律	音譯	モノ	吐吠吧嘚	吐吠吧嘚譯言即用皮金紙寫聖經上的字句置面上也	
83	舊05-08-03	法律	音譯	モノ	嗎嗱	嗎嗱者自天下來好食而好養人命非常糧之類也	
84	舊05-11-18	法律	音譯	モノ	吐吠吧嘚	吐吠吧嘚之解見六章八節	
85	舊05-33-08	法律	音譯	モノ	吐咪嘍	吐咪嘍者美與玉成之意也	
86	舊05-33-08	法律	音譯	モノ	呃咡叺嘍	呃咡叺嘍光與智之意也	
87	舊13-15-20	歷代1	音譯	モノ	亞拉摩得	亞拉摩得或曰一樣樂器今不明知也	
88	舊13-15-21	歷代1	音譯	モノ	是米尼得	是米尼得或樂名亦不明知也	
89	新01-18-24	馬竇	音譯	貨幣	吠啉吠	吠啉吠銀錁之名約值四十兩	
90	新01-18-28	馬竇	音譯	貨幣	呧嗱唎叺	呧嗱唎叺銀子之名約值一錢	
91	新01-25-15	馬竇	音譯	貨幣	吠啉吠	吠啉吠係錁名約值四十兩	
92	新02-12-42	馬耳可	音譯	貨幣	唎吡吠，呱呧囒	唎吡吠兩厘如此少唎吡吠與呱呧囒皆是銀子之名	
93	新03-07-41	路加	音譯	貨幣	氏拿利以	氏拿利以是銀子之名	
94	新04-12-05	若翰	音譯	貨幣	氏拿利以	三百氏拿利以即三十兩銀子	
95	舊01-23-15	創世	音譯	貨幣	喥哄啦	四百喥哄啦銀子乃近乎二百兩銀	
96	舊01-24-22	創世	音譯	貨幣	喥哄啦	喥哄啦意看前篇方知	
97	舊05-22-19	法律	音譯	貨幣	喥哄啦	喥哄啦是秤銀之器名也	
98	舊24-32-09	耶利米亞	音譯	貨幣	喥哄啦	喥哄啦銀子之名也	

	原典英譯	BC譯本文	日譯聖書(新共同譯)
	ark	方舟	箱舟
	mandrakes	茄	恋なすび
	Ephod	以弗	エフォド
	frontlets	誌	しるし
	manna	嗎嗱	マナ
	frontlets	誌	しるし
	Thummim	土明	トンミム
	Urim	烏陵	ウリム
	Alamoth	瑟(鼓瑟，其聲清越)	アラモト調
	Sheminith	琴(鳴琴，其聲宏緩)	竪琴
	talents	千萬金	タラントン
	denarii	金(十)	デナリオン
	talents	千(金五千)	タラントン
	lepta, quadrans	半厘，一厘	レプトン、クァドランス
	denarii	金	デナリオン
	denarii	金	デナリオン
	shekels	是客	シェケル
	shekels	是客	シェケル
	shekels	是客	シェケル
	shekels	是客	シェケル

號碼	本-章-節	書	分類	種類	本文語句	注	
99	舊01-11-09	創世	音譯	場所	巴比勒	巴比勒本言意乃混亂也	
100	舊01-21-31	創世	音譯	場所	比耳是巴	比耳是巴譯言乃發誓之井也	
101	舊01-26-20	創世	音譯	場所	以色	本言以色音意相爭也	
102	舊01-26-21	創世	音譯	場所	西得拿	西得拿本言意乃恨也	
103	舊01-26-22	創世	音譯	場所	利何波	利何波本言意乃有地方也	
104	舊01-26-33	創世	音譯	場所	比耳是巴	比耳是巴即是是巴之井	
105	舊01-26-33	創世	音譯	場所	是巴	是巴本言誓也	
106	舊01-28-19	創世	音譯	場所	百得勒	百得勒即是神之家也	
107	舊01-31-47	創世	音譯	場所	厄亞利得	厄亞利得本言意同	
108	舊01-31-47	創世	音譯	場所	耶厄耳撒下土大	耶厄耳撒下土大本言意乃証見之壘	
109	舊01-31-49	創世	音譯	場所	米色巴	米色巴本言保塔	
110	舊01-32-02	創世	音譯	場所	馬下拿翁	馬下拿翁本言意軍也	
111	舊01-32-30	創世	音譯	場所	彼尼以勒	彼尼以勒本言神之面也	
112	舊01-33-17	創世	音譯	場所	數可得	數可得本言茅房也	
113	舊01-33-20	創世	音譯	場所	以利羅希以色耳以勒	以利羅希以色耳以勒神也以色耳以勒之神也	
114	舊01-35-07	創世	音譯	場所	以勒百得勒	以勒百得勒本言百得勒之神	
115	舊01-35-08	創世	音譯	場所	亞倫巴古得	亞倫巴古得本意乃哭之像樹也	
116	舊02-15-23	以至百多	音譯	場所	馬拉	馬拉譯言苦也	
117	舊02-17-07	以至百多	音譯	場所	米利巴	譯言爭也	
118	舊02-17-07	以至百多	音譯	場所	馬撒	譯言試也	
119	舊05-03-14	法律	音譯	場所	亞我得牙以耳	譯言住巴山牙以耳之村也	
120	舊05-04-10	法律	音譯	場所	何利百	何利百山者或曰西乃山地	
121	舊05-32-51	法律	音譯	場所	咪唎咟	咪唎咟係爭鬥之意	
122	舊05-33-05	法律	音譯	場所	耶書倫	耶書倫者以色耳以勒是也	

	原典英譯	BC譯本文	日譯聖書(新共同譯)
	Babel	巴別	バベル
	Beer-sheba	別是巴	ベエル・シェバ
	Esek	埃色	エセク
	Sitnah	息拿	シトナ
	Rehoboth	哩河伯	レホボト
	Beer-sheba	別是巴	ベエル・シェバ
	Shebah	是巴	シブア
	Beth-el	伯特利	ベテル
	Galeed	迦列	ガルエド
	Jegar-saha-dutha	亦甲撒哈士大	エガル・サハドタ
	Mizpah	密士巴	ミツパ
	mahanaim	馬哈念	(無)(口語訳:マハナイム)
	Peniel	便以利	(無)(口語訳:ペニエル)
	Succoth	數割	スコト
	El-elohe-Israel	以利羅熙以色列	エル・エロヘ・イスラエル
	El-beth-el	益伯特利	エル・ベテル
	Allon-bachuth	亞倫巴哭	アロン・バクト
	Marah	馬剌	マラ
	Meribah	米利巴	メリバ
	Massah	馬撒	マサ
	havoth-jair	巴山睚耳	ハボト・ヤイル
	Horeb	何烈	ホレブ
	Meribah	米利巴迦	メリバ
	Jeshrun	耶書崙	エシュルン

號碼	本-章-節	書	分類	種類	本文語句	注	
123	舊06-05-03	若書亞	音譯	場所	夏拉勒	夏拉勒者餘皮之意因在彼處埋所割去之皮故曰夏拉勒山即餘皮山也	
124	舊06-05-09	若書亞	音譯	場所	厄以勒厄亞勒	厄以勒厄亞勒者滾去之意	
125	舊09-23-28	撒母以勒1	音譯	場所	西拉夏馬利可得	西拉夏馬利可得相分別之山石也	
126	舊10-02-16	撒母以勒2	音譯	場所	希勒加下訴理麥	希勒加下訴理麥即勇士之場之意也	
127	舊13-13-11	歷代1	音譯	場所	彼理士五撒	彼理士五撒即折五撒也	
128	舊14-20-26	歷代2	音譯	場所	彼拉加	彼拉加祝謝之意也	
129	新01-27-48	馬竇	音譯	植物	吐味咥	吐味咥海草名	
130	新03-11-42	路加	音譯	植物	路	路草名	
131	新06-11-17	羅馬	音譯	植物	啊唎呃	啊唎呃樹名	
132	新19-09-19	希比留	音譯	植物	唏哳哢	唏哳哢是草名	
133	新01-02-01	馬竇	音譯	身分	嗎咥	嗎咥乃大學問輩一門	
134	新01-23-07	馬竇	音譯	身分	啦吡	啦吡譯言師也	
135	舊01-41-08	創世	音譯	身分	嗎咥	嗎咥聖賢之屬	
136	新09-02-09	厄拉氏亞	音譯	人名	西法	西法即彼多羅	
137	新21-02-06	彼多羅1	音譯	人名	洗因	洗因神之會者也	
138	舊01-10-25	創世	音譯	人名	彼勒厄	彼勒厄即是于希百耳之言分者也	
139	舊01-16-11	創世	音譯	人名	以實馬以勒	以實馬以勒本言意乃神聽也	
140	舊01-29-32	創世	音譯	人名	流便	流便本言意乃見個子也	
141	舊01-29-33	創世	音譯	人名	西面	西面意乃聞也	
142	舊01-29-34	創世	音譯	人名	利未	利未意乃和也	
143	舊01-29-35	創世	音譯	人名	如大	如大意乃讚也	
144	舊01-30-06	創世	音譯	人名	但	但本言意審也	
145	舊01-30-08	創世	音譯	人名	拿弗大利	拿弗大利意我之爭求也	
146	舊01-30-11	創世	音譯	人名	厄得	厄得本言意群也	

	原典英譯	BC譯本文	日譯聖書(新共同譯)
	the hill of the foreskins	餘皮之山	ギブアト・アラロト(口語訳:陽皮の丘)
	Gilgal	吉甲	ギルガル
	Sela-hammahlekoth	抹利割磐	分かれの岩
	Helkath-hazzurim	黑甲哈素林	ヘルカト・ツリム
	Perez-uzza	比列烏撒	ペレツ・ウザ
	Berachah	比喇加谷	ベラカ
	sponge	海絨	海綿
	rue	芸香	芸香
	olive	橄欖	オリーブ
	hyssop	牛膝草	ヒソプ
	magi, wise men	博士	占星術の学者たち
	rabbi	夫子	先生
	magicians	哲人博士	魔術師
	Cephas	磯法	ケファ
	Sion	(無)	シオン
	Peleg	法勒	パラグ
	Ishmael	以賽馬利	イシュマエル
	Rueben	流便	ルベン
	Simeon	西面	シメオン
	Levi	利未	レビ
	Judah	猶大	ユダ
	Dan	但	ダン
	Naphtali	納大利	ナフタリ
	Gad	伽得	ガド

號碼	本-章-節	書	分類	種類	本文語句	注	
147	舊01-30-13	創世	音譯	人名	亞實耳	亞實耳乃福之意	
148	舊01-30-20	創世	音譯	人名	洗布倫	洗布倫意乃住也	
149	舊01-30-21	創世	音譯	人名	太拿	太拿意乃審也	
150	舊01-30-24	創世	音譯	人名	若色弗	若色弗意加添也	
151	舊01-35-18	創世	音譯	人名	比挼尼	比挼尼乃我憂之子	
152	舊01-35-18	創世	音譯	人名	便者民	便者民本言乃右手之子也	
153	舊01-38-29	創世	音譯	人名	法利士	法利士本言意乃勉裂也	
154	舊01-38-30	創世	音譯	人名	颯拉	颯拉本言光起也	
155	舊01-41-44	創世	音譯	人名	法拉阿	法拉阿本言意王也	
156	舊01-41-51	創世	音譯	人名	馬拿色	馬拿色意乃忘記也	
157	舊01-41-52	創世	音譯	人名	以法拉現	以法拉現意乃豐盛結實也	
158	舊02-02-10	以至百多	音譯	人名	摩西	譯言乃撈出也	
159	舊02-02-22	以至百多	音譯	人名	厄耳所麥	譯言在此為旅也	
160	舊02-18-03	以至百多	音譯	人名	厄耳順	譯言在彼為旅	
161	舊02-18-04	以至百多	音譯	人名	以來以士耳	譯言我神為助者	
162	舊08-01-19	路得	音譯	人名	拿阿米	拿阿米本意樂也	
163	舊08-01-20	路得	音譯	人名	馬辣	馬辣本意若也	
164	舊09-01-20	撒母以勒1	音譯	人名	撒母以勒	撒母以勒即譯言被求於神主者也	
165	舊09-04-21	撒母以勒1	音譯	人名	以加波得	以加波得即譯言云榮光安在之意	
166	舊09-25-25	撒母以勒1	音譯	人名	拿波勒	拿波勒即痴者	
167	舊10-12-25	撒母以勒2	音譯	人名	耶太氐亞	耶太氐亞即譯言神主所愛者也	
168	舊13-01-19	歷代1	音譯	人名	比勒厄	比勒厄是分別之意也	
169	舊13-03-05	歷代1	音譯	人名	巴得是巴	又曰巴得書亞也	
170	舊13-22-09	歷代1	音譯	人名	所羅門	所羅門即譯言溫和之意也	
171	舊14-21-17	歷代2	音譯	人名	耶何亞士	耶何亞士或讀下西亞	

	原典英譯	BC譯本文	日譯聖書(新共同譯)
	Asher	亞設	アシェル
	Zebulun	西布倫	ゼブルン
	Dinah	底拿	ディナ
	Joseph	約瑟	ヨセフ
	Ben-oni	便阿尼	ベン・オニ
	Benjamin	便雅憫	ベニヤミン
	Pharez	法勒士	ペレツ
	Zarah	錘拉	ゼラ
	Pharaoh	法老	ファラオ
	Manasseh	馬拿西	マナセ
	Ephraim	以法蓮	エフライム
	Moses	摩西	モーセ
	Gershom	革順	ゲルショム
	Gershom	革順	ゲルショム
	Eliezer	以列撒	エリエゼル
	Naomi	拿阿米	ナオミ
	Mara	馬喇	マラ
	Samuel	撒母耳	サムエル
	I-chabod	以迦泊	イカボド
	Nabal	拿八	ナバル
	Jedidiah	耶底太亞	エディドヤ
	Peleg	法勒	ペレグ
	Bathshua	拔書亞(或拔示巴)	バト・シュア
	Solomon	所羅門	ソロモン
	Jehoahaz	約哈斯(或亞哈謝，亞撒利)	ヨアハズ

號碼	本-章-節	書	分類	種類	本文語句	注	
172	舊23-07-14	以賽亞	音譯	人名	義馬努理	譯言神偕我等	
173	舊23-08-03	以賽亞	音譯	人名	馬下沙拉下是巴	譯言速至掠而快取其擄物也	
174	舊28-01-06	何西亞	音譯	人名	羅路下馬	譯言未獲慈憐	
175	舊28-01-09	何西亞	音譯	人名	羅亞米	譯言非我民也	
176	舊01-07-01	創世	音譯	人名 モノ	挼亞，啞唎嗶	挼亞與厥家進啞唎嗶	
177	新03-16-06	路加	音譯	度量衡	巴	巴是升斗之名	
178	新03-16-07	路加	音譯	度量衡	何馬	何馬是升斗之名	
179	新03-24-13	路加	音譯	度量衡	士大氐亞	士大氐亞量名	
180	新27-21-16	現示	音譯	度量衡	士大氐以	士大氐以即量名約半里之長	
181	舊05-03-11	法律	音譯	度量衡	咕吡哆	咕吡哆度名九咕吡哆約長一丈一尺七寸也	
182	舊09-17-04	撒母以勒1	音譯	度量衡	咕吡哆	咕吡哆度器名也	
183	舊10-12-30	撒母以勒2	音譯	度量衡	呋啉呋	銀呋啉呋是權金銀之器	
184	舊14-03-03	歷代2	音譯	度量衡	咕吡哆	咕吡哆量器約一肘也但有大小不同	
185	舊23-05-10	以賽亞	音譯	度量衡	吧嗬，啊咪唡，叺呿	吧嗬啊咪唡叺呿俱是量酒與穀之器	
186	新06-03-13	羅馬	音譯	動物	啞吐吡	啞吐吡蛇之名	
187	舊05-14-05	法律	音譯	動物	咖咪嘞吧唡嗬	咖咪嘞吧唡嗬或曰野鹿之屬	
188	舊05-14-05	法律	音譯	動物	嗷呃唡咕	嗷呃唡咕者獸名或鹿或山羊之類	
189	舊05-14-12	法律	音譯	動物	嗄唎嘟吐	嗄唎嘟吐亦鳥名	
190	舊05-14-12	法律	音譯	動物	呃唎嚹吐	呃唎嚹吐者鳥名或曰鷹之類	
191	舊05-14-18	法律	音譯	動物	咖啦嗬唎喏吐	咖啦嗬唎喏吐其足每掌四爪性亦生怒食魚之鳥也	
192	舊05-14-18	法律	音譯	動物	呃咘吧	呃咘吧亦鳥名也	

	原典英譯	BC譯本文	日譯聖書(新共同譯)
	Immanuel	以馬內利	インマヌエル
	maher-shalal-hash-baz	馬黑沙辣哈八	マヘル・シャラル・ハシュ・バズ
	Lo-ruhamah	囉路哈馬	ロ・ルハマ
	Lo-ammi	囉亞米	ロ・アンミ
	Noah, ark	挪亞，方舟	ノア，箱舟
	baths	斗	バトス
	cors	斛	コロス
	furlongs (stadia)	(約二十五里)	スタディオン
	furlongs (stadia)	(得五千里長)	スタディオン
	cubits	尺	アンマ(口語訳:キュビト)
	cubits	尺(六尺一布指之長)	アンマ
	talent	兩(一千五百兩)	キカル(口語訳:タラント)
	cubits	尺	アンマ(口語訳:キュビト)
	bath, homer, ephah	背塔(約六斗)何母，以法(約六斗)	バテ、ホメル，エバ
	asps	蝮	蝮
	chamois	羚	ガゼル
	pygarg	麞	羚羊
	ospray	鴞	黒禿鷲
	ossifrage	鵰	禿鷲
	heron	鶴	青鷺の類
	lapwing	鴐	やつがしら鳥

號碼	本-章-節	書	分類	種類	本文語句	注	
193	舊05-32-33	法律	音譯	動物	啞咆吡	啞咆吡蛇之名也	
194	舊05-01-28	法律	音譯	民族	啞嗱唭嘍輩	啞嗱唭嘍輩者甚高天人之類橫行霸道者也	
195	舊05-02-20	法律	音譯	民族	颯嘍嗷咪吺嘍	颯嘍嗷咪吺麥是自擅猛惡之意	
196	舊01-01-01	創世	時代	時代	(無)	耶穌在世之前約四千零四年即是漢朝孝哀帝之前約有四千年也	
197	舊01-16-01	創世	時代	時代	(無)	在耶穌一千九百十三年之先	
198	舊02-01-01	以至百多	時代	時代	(無)	商朝太庚時	
199	舊03-01-01	利未氏	時代	時代	(無)	商王河亶甲時	
200	舊23-01-01	以賽亞	時代	時代	(無)	周昭王時	
201	舊24-01-01	耶利米亞	時代	時代	(無)	周襄王時	
202	舊28-01-01	何西亞	時代	時代	(無)	周宣王時	
203	舊29-01-01	若以利	時代	時代	(無)	周宣王時	
204	舊31-01-01	阿巴氏亞	時代	時代	(無)	周朝匡王時	
205	舊32-01-01	若拿	時代	時代	(無)	周朝匡王時	
206	舊33-01-01	米加	時代	時代	(無)	周幽王時	
207	舊34-01-01	拿戶馬	時代	時代	(無)	周朝平王時	
208	舊35-01-01	夏巴古	時代	時代	(無)	周襄王時	
209	舊37-01-01	夏哀	時代	時代	(無)	周景王時	
210	舊38-01-01	洗革利亞	時代	時代	(無)	周景王時	

	原典英譯	BC譯本文	日譯聖書(新共同譯)
	asps	蝮	コブラ
	Anakims	亞納人	アナク人
	Zamzummims	亞捫人	ザムズミム人
	(無)	(無)	(無)
	(無)	(無)	(無)
	(無)	(無)	(無)
	(無)	(無)	(無)
	(無)	(無)	(無)
	(無)	(無)	(無)
	(無)	(無)	(無)
	(無)	(無)	(無)
	(無)	(無)	(無)
	(無)	(無)	(無)
	(無)	(無)	(無)
	(無)	(無)	(無)
	(無)	(無)	(無)
	(無)	(無)	(無)
	(無)	(無)	(無)

別表1　旧約第4, 8, 11, 12, 13本の注

號碼	本・章・節	書	本文語句	注
1	舊04-01-01	算民數	（無）	商王河亶甲時
2	舊04-03-26	算民數	帳房	帳房亦云帳堂
3	舊04-15-30	算民數	若書亞	若書亞亦云耶何書亞
4	舊04-21-03	算民數	盡滅處	盡滅本言何耳馬
5	舊04-21-18	算民數	在己境界	在己境界或云用己杖掘之
6	舊04-23-23	算民數	能害	能害又云于字
7	舊11-01-36	列王傳上	啞們	啞們者心願如此也
8	舊11-04-33	列王傳上	唏晰咘	唏晰咘者小菜名也
9	舊11-06-02	列王傳上	咕吡哆	咕吡哆又量之器亦肘也
10	舊11-07-21	列王傳上	呀听	呀听者即譯言其將使為穩固者
11	舊11-07-21	列王傳上	啵啞吐	啵啞吐者即譯言有力在此也
12	舊11-07-25	列王傳上	牛	此牛亦是銅所鑄
13	舊11-09-13	列王傳上	加布勒	加布勒者污穢也
14	舊12-01-02	列王傳上	巴亞勒西布白	巴亞勒西布白即譯言蚊虫之神也
15	舊12-06-25	列王傳上	咖啵	咖啵斗量之類
16	舊15-06-02	以士拉	啞嗱咪呋	或曰啞嗱咪呋者箱也
17	舊16-07-65	尼希米亞	氐耳沙大	亞革米大是加勒氐亞國之言即總督也
18	舊18-09-09	若百	亞士路士	或曰亞士路士即大角星
19	舊18-09-09	若百	阿利因	阿利因即玉井宿
20	舊18-09-09	若百	比利以亞氐士	比利以亞氐士即昴宿之名也
21	舊18-20-14	若百	啞吐吡，咮吡咡	啞吐吡及咮吡咡毒蛇之類也
22	舊18-38-31	若百	百利亞地士	進春之星宿
23	舊18-38-31	若百	阿利因	進冬之星宿
24	舊18-38-31	若百	馬撒羅得	十二星名
25	舊18-38-31	若百	亞勒士路士	亦星名
26	舊18-40-15	若百	比希摩得	獸虫至大者也
27	舊18-41-01	若百	利未亞但	鱗中至大者也
28	舊19-86-03	神詩書	（無）	或曰我乃所憐之一人
29	舊19-86-13	神詩書	（無）	或曰從塚之最深已救我命
30	舊19-96-05	神詩書	（無）	或云乃神主創造天也

第4章
域外における中国語訳聖書
—マーシュマン(馬士曼)の『聖経』—

第1節　マーシュマンと『聖経』の翻訳

4.1.1　マーシュマンについて

モリソンが中国で『神天聖書』を中国語訳したのとほぼ同時期に，インドのセランポールでも，聖書の中国語への翻訳に従事した人物，マーシュマン（Joshua Marshman 1768-1837）がいた。マーシュマンは，中国語表記では馬士曼，1768年イギリスはウィルトシャー（Wiltshire）のウエストベリー（Westbury）の織物職人の家に生まれた。家庭環境は貧しく，小学校卒業後すぐに書店に奉公したが，ほどなくして家にもどり父親について家業の織物の仕事に従事した。また，マーシュマンは生来の能力と勤勉によって，18歳までに5千冊を超える書物を読んだといわれる。

1794年からはイギリスのブリストル（Bristol）のバプテスト学校の教師をつとめ，ウィリアム・カーリー（William Carley1761-1834）に影響を受け，インド行きを決意し，1799年にアメリカ船にてインドに向かい，同年カルカッタに到着後，セランポールに向かった。当地で布教活動の傍ら，学校を設立し，聖書の翻訳に従事した。幾つかのインド諸言語への翻訳を行ったフォート・ウィリアム・カレッジ（Fort William College）のブラウン（Brown）牧師の勧めによって，聖書の中国語訳に取りかかることになり，1805年にラサールについて中国語の学習を開始し，

1811年には新約部分を訳了し出版した。[1)]

4. 1. 2 『聖経』の翻訳

モリソンが聖書の翻訳を開始したのは，彼がプロテスタント初の来華宣教師として広州に到着した1807年以降のことであり，この時点で，もうすでにマーシュマンは聖書の新約部分の半分について，中国語への翻訳を終えていたと言う説もある。[2)]

マーシュマンによる『聖経』の全訳は，1823年にイギリス外国聖書協会の総会に提出された。一方で，モリソンによる『神天聖書』は，その翌年の1824年に同総会に提出されたので，公式にはマーシュマンの『聖経』のほうが，モリソンの『神天聖書』よりも1年早く，中国語による全訳を公のものにしたと言うことになる。

『神天聖書』と『聖経』の両者には，一見しただけでも，翻訳が酷似した箇所が数多くあることが分かるが，当時のイギリス国内では，モリソンのほうが名声で勝っていたために，当初から，中国語訳聖書については，モリソンの中国語訳をマーシュマンが踏襲したという説が有力であった。[3)]

このモリソン先行説は，モリソンの協力者であるミルン（W. Milne 米憐 1785-1822）がデービッド・ボーグ（David Bogue 1750-1825）に宛てた手紙の中で述べていることに依るものである。ボーグは，1818年にモリソンに宛てた手紙で，「ミルンはマーシュマンの訳本については，明らかにモリソンの訳本から写したという見解である」と述べている。また「彼ら（マーシュマン）の印刷された訳本には，あなた（モリソン）の訳本における誤字があったり，あなたの訳本の刻字職人が誤ったところを消去したりしている」とも述べている。

しかし，訳了した聖書の出版に関しては，モリソンはマーシュマンから遅れること2年，1813年にようやく新約部分の中国語訳を出版し，聖書全文の中国語訳でも，マーシュマンよりも1年遅れている。新約聖書の中の各書の翻訳をみても，概してマーシュマンのほうが，出版年が早くなっており，出版時期だけから判断するとすれば，マーシュマンがモリソンを踏襲したとするのは難しいかも知れない。

しかし，サミュエル・キッド（Samuel Kidd 1797or1804-1843）は，「ヨハネによる福音書」第13章第26節の訳語を例に，「もし2人の翻訳者がお互いに独立して翻訳を行ったのであれば，かくも多く一致する箇所があるのはおかしい」と述べている。[4)] 同節の本文は『四史攸編』，『神天聖書』，『聖経』では以下の通りである。

【四】耶穌答曰余所將給點餅者即是也儒達問曰主是我乎耶穌曰爾已言矣隨點餅給之

【神】耶穌答曰我將給此些餅沾濕之之時就是其人且沾濕些餅之時給之與西們之子如大士以色加掠

【聖】耶穌答曰我將給此些餅沾濕之之後便是其人且沾濕些餅之後給之與西們之子如大士以色加掠

そして，ジョージ・ストーントン（George Staunton1781-1859）は，マーシュマンに中国滞在の経験が無いことから，彼の中国語の能力に疑問符を付けている。また，モリソン自身も，マーシュマンに中国語を教えたラサールの中国語能力を疑っていたことから，『聖経』の中国語のレベルに疑問を抱いていた。このように，モリソン訳をマーシュマンが踏襲した，とする説が大勢である。

しかし，一方でマーシュマンは *The Works of Confucius* で，孔子の著作を翻訳したり，中国語の文法書『中国言法』*CLavis Sinica* を出版するなど，その中国語能力には，問題は無かったとする説もある。[5)] そして，聖書の外国語訳という面から見ても，マーシュマンは中国語訳以前にも，インド諸言語への翻訳を経験しており，中国語訳に際しても，一語の翻訳に長時間かける真摯な態度を貫いた。

2人の宣教師の間でのやりとりがどうであったかは，ひとまず置いて，次節では，『神天聖書』と『聖経』の翻訳文に現れた中国語の語彙と文体の分析を通して，『聖経』を中心に，2 書の語彙と文体の特徴と，共通点，相違点について分析していきたい。

第2節　マーシュマン訳『聖経』4福音書部分の文体と語彙的特徴
―『神天聖書』同一節との比較対照を通して―

『聖経』と『神天聖書』の中国語が非常に似通っていることに関して，譚樹林2004など，氏の一連の研究は，「マーシュマンが先行するモリソンの中国語訳を参照した」という一般的な見解に対して，両者が『四史攸編』という同一の底本を使って翻訳を行ったことの必然的な結果である，と述べている。果たして，事実はどうであるのか，本節では，前章までの方法と同じく虚詞の用例の頻度をもとに，文体の特徴を見ながら，『四史攸編』，『神天聖書』と比較対照しつつ，『聖経』の語彙的特徴を考察したい。

4.2.1　虚詞の用例について

『聖経』の4福音書の文体は，前節で翻訳までの経過について見たように，一見したところモリソン訳の『神天聖書』と中国語の表現が非常に似通っており，訳文も一致する割合が高い。また，白話語彙も若干混在するものの，総じて，文語的な印象がかなり強い。本節では第三章と同様の方法で，ヤホントフ1969の文言から白話までの虚字26語を中心に，文言，混淆体，白話（口語）的な性格の虚詞の用例を調査し，文体と語彙の使用の特徴について見ていきたい[6]。

なお，用例については『四史攸編』，『神天聖書』の同一章節と対照し，各語彙の用例で必要と思われるものについては，適宜，ギリシャ語原典対訳の英語訳を付した[7]。

4.2.2 文言虚詞について(1)—上古漢語を中心に

まずは，最も文言的であるA組の鑑定語から順に見ていきたい。中国語の書面語の最も古い形を残しているA組（上古漢語）の虚詞“其，之（代），以（介），於／于，也，者，所，矣，則”の用例数について，「マタイによる福音書」以下の4福音書を調査した結果は下表の通りである。“其”と“之”，“以”については，用例数を省略した。以下，関連する語彙の用例について，『神天聖書』の同一節と比較対照しながら順に見ていきたい。

	マタイ	マルコ	ルカ	ヨハネ	全文
于/於	95/124	49/45	33/209	140/49	317/427
也	506	146	82	214	948
者	428	229	404	323	1384
所	118	79	174	168	539
矣	89	62	87	75	313
則	136	30	44	95	305

(1)“其”は主格，属格の三人称代名詞，および指示代名詞の役割である。なお，用例の**【神】**，**【聖】**はそれぞれ出典が『神天聖書』『聖経』であることを表し，例えばM1-21は「マタイによる福音書」第1章第24節であることを表す。なお，以下の各用例中の“□”は，もう一方の聖書では漢字が表記されている箇所に該当する漢字が無いことを示すものである。

M1-21

【神】又其將生一子爾必名之耶穌因其將救厥民出伊等之□罪也

【聖】□其將産一子汝□名之耶穌因其將救厥民出伊等之諸罪也

Ma4-9

【神】其謂伊等曰有耳能聽者宜聽也

【聖】其謂伊等曰有耳能聽者宜聽也

L1-31

【神】夫爾□孕胎及生子□稱其名耶穌

【聖】夫爾將孕胎□生子宜稱其名耶穌

J19-33

【神】到耶穌之時見其業已死了且不打折厥小腿

【聖】到耶穌之時見其已經死矣故弗折打厥小腿

(2)“之”は目的格の三人称代名詞および指示代名詞の役割としての用法である。下表の通り，用例数は『神天聖書』とほぼ同じである。

	マタイ	マルコ	ルカ	ヨハネ	全文
神天聖書	61	58	119	50	288
聖経	73	59	115	58	305

文末三人称“他”の用例数は下表の通りである。

	マタイ	マルコ	ルカ	ヨハネ	全文
神天聖書	3	2	0	3	8
聖経	0	2	0	3	5

M4-20

【神】伊等即離網而從之

【聖】伊等即棄網而從之

Ma5-18

【神】其既上船昔懷鬼風者求之准隨之

【聖】其既上船昔懷鬼風者求之准隨之

L5-28

【神】即棄眾起身而隨之

【聖】其即棄所有起身而隨之

J12-18

【神】因聞其行斯神跡故眾出迎之

【聖】伊等因聞其行斯神跡故出迎之

(3) “其” とともに，三人称代名詞と指示代名詞の属格を表す “厥” は，用例数がほぼ同じである。

	マタイ	マルコ	ルカ	ヨハネ	全文
神天聖書	196	110	105	126	537
聖経	191	111	115	130	547

M8-23

【神】其既上船厥門徒隨之

【聖】其既上船厥徒隨之

M8-25

【神】故厥門徒就之曰主救我們我們沉淪

【聖】厥徒就之曰主救我們我們淪沒

L6-20

【神】耶穌目視厥門徒曰爾貧者為福矣蓋神之國屬爾

【聖】耶穌舉目視厥徒曰爾貧者為福矣蓋神國將屬爾也

J7-5

【神】蓋厥弟兄們亦弗信于之

【聖】蓋厥弟兄們也弗信于之

また “他” の字は，「マタイによる福音書」では三人称の用例が 12 例ある。他の福音書についても下表の通りで『神天聖書』に比べると少ない。このほか「マルコによる福音書」に “他們” が 1 例ある。

	マタイ	マルコ	ルカ	ヨハネ	全文
神天聖書	31	28	2	55	116
聖経	12	17	6	42	77

M 8-7

【神】耶穌謂之曰我則去醫他

【聖】耶穌曰吾便往療之

Ma14-6

【神】惟耶穌曰由他爾為何勞他他及我行善功

【聖】惟耶穌曰由他爾為何勞他他為我行善功

L19-25

【神】伊等曰主他有十塊

【聖】伊等曰主他有十塊

J9-26

【神】伊等又言之曰他與爾何行他如何開爾目

【聖】伊等又問之曰他與汝何行他如何開汝目

また，『神天聖書』にあった英語の関係代名詞の影響を思わせる“他”2例を『聖経』と対照してみよう。『聖経』では，2例は以下のように表現されている。

M10-28

【神】又勿怕伊等殺身而無能殺靈者寧怕他能使連身靈沉淪於地獄者也

【聖】又勿驚彼□殺身而無能殺魂者寧畏彼能使身連魂沉淪于地獄者也

Do not fear *those who* kill the body but cannot kill the soul; rather fear *him who* can destroy both soul and body in hell!

M25-28

【神】且取去其之一個吠啉吠而給之與他有十個吠啉吠□

【聖】且取去其之一箇吠啉吠而給之與□有十□吠啉吠者

So take the talent from him, and give it to *the one* with the ten talents.

この他の三人称では，“渠”は用例が無い。吏文で多用される“伊”やその複数語尾のついた“伊等”の用例が多数あるが，これについては，改めて第 6 章で考察する。

(4) “于”と“於”のほとんどは動詞に後置されて「動詞＋“于 / 於”＋場所」の形をとり，目的語がある場合はこれを動詞との間に置いて，動作の行われる場所や時間，方向，出発点，対象，原因，理由などを表す。

M13-1
【神】當日耶穌出家坐于海邊
【聖】是日耶穌自屋去坐于海邊
Ma6-29
【神】厥門徒聞此之時即來而取起厥尸葬之于墓矣
【聖】厥門徒既聞此即來取起厥尸而葬之于墓矣
L1-74
【神】以賜我得救于我仇之手
【聖】以賜我得救出仇手
J8-8
【神】而再曲身寫于地面
【聖】而再曲身寫于地面

「“來 / 去 / 往”＋“于 / 於”＋場所」となり，目的地を表す“來于(於)”については，下表の如く『聖経』の方が用例が多い。

1) “來于（於)”17 例

	マタイ	マルコ	ルカ	ヨハネ	全文
神天聖書	3	1	2	0	6
聖経	4	4	7	2	17

L16-28，M22-4 の用例は『神天聖書』とは異なる表現が用いられている。

M3-1

【神】於當數日若翰施洗者來于如氐亞之野

【聖】於是日間若翰施蘸者來於如氐亞之野

Ma6-31

【神】其謂伊等曰爾等自避來于野處歇些時蓋有眾多往來致伊等勿得空可吃

【聖】其謂伊等曰爾等自避來于野處歇些時蓋有眾多往來致伊等無得空可喫

L16-28

【神】蓋有五箇兄弟而欲拉撒路往勸之恐伊亦來于此受苦之處

【聖】蓋我有五兄弟欲其去勸之免伊亦來此受苦之處

M22-4

【神】…達知被請者云卻我已准備我餐也我牛我肥家畜皆已▒諸事已便來於婚也

【聖】…達知見請者曰夫我已備筵席矣吾牛與肥畜皆已宰諸事齊備請來赴婚也

2）“去于（於）”は用例が無い。『神天聖書』で用例のある 3 例のうち，1 例は全く同じで，2 例は“往於”が用いられているが，各用例の文全体の表現はほぼ同じである。

M25-46

【神】此等將去于永刑惟義者于常生也

【聖】此等將去于永刑惟義者于常生也

M10-5

【神】此十二位耶穌遣出外而令伊等曰勿去於異民之路又勿進於

撒馬利亞之何邑

【聖】此十二位耶穌遣出外而命伊等曰勿往於異民之路勿進於撒馬利亞之何邑

M10-6

【神】乃寧去於以色耳以勒家之失羊也

【聖】乃寧往於以色耳勒家之失羊也

3）“往于（於）”12 例。

	マタイ	マルコ	ルカ	ヨハネ	全文
神天聖書	2	4	3	2	11
聖経	4	4	1	3	12

『神天聖書』で“往于（於）”のある章節は，ほとんどが全く同じ表現である。

M27-53

【神】而出墓又復活之後往於聖邑現與多人也

【聖】而出墓又復活之後往於聖邑現與多人也

Ma1-38

【神】其謂伊等曰我們宜往于近之各邑以宣教蓋緣此我出來

【聖】其謂伊等曰吾等宜往于近之各邑以宣教蓋因此我出來

L22-39

【神】時耶穌出而照常往于阿利瓦山厥門徒隨之

【聖】□耶穌出而如常往于阿利瓦山厥門徒隨之

J7-8

【神】爾往斯禮宴去我不曾往於此禮宴蓋我時未曾滿至

【聖】爾往此禮宴去我不曾往於此禮宴蓋我時未曾滿至

4）“進于（於）”７例。

	マタイ	マルコ	ルカ	ヨハネ	全文
神天聖書	4	2	4	0	10
聖経	4	2	1	0	7

M25-10

【神】伊等去買時新郎來而伊便者進于婚而閉門

【聖】伊等去買時新郎到而伊便者進于婚而閉門

M10-5

【神】此十二位耶穌遣出外而令伊等曰勿去於異民之路又勿進於撒馬利亞之何邑

【聖】此十二位耶穌遣出外而命伊等曰勿往於異民之路勿進於撒馬利亞之何邑

Ma10-24

【神】門徒奇其言惟耶穌再答謂伊等曰小兒輩伊等賴財者甚難進于神之國

【聖】門徒奇其言惟耶穌再答謂伊等曰小兒輩伊等賴財者甚難進于神之國

L19-45

【神】耶穌隨進于堂而逐出去彼在內行買賣

【聖】耶穌隨進堂而驅出在彼中作買賣者

“於”と“于”の幾つかは，さらに文言で比較を表す「形容詞＋“於／于”」の形で，介詞“比”を使用する現代語の“比～更…”や“比～尤…”と並んで用いられている。

太田 1964 には，論語では「述語が形容詞のばあい，賓語のまえに「於」「乎」を用い，比較するものをあらわ」し，孟子では「述語が形容詞のばあい「於」などを用いて比較する対照をあらわす」とある[8)]。さらに，太田 1958 では，比較句の相対的差比を表すもので“於”を用いるものは，古代より唐五代頃まで用いられたらしく，古代語式の表現であると言う。[9)]

5）形容詞＋“於 / 于”

比較の表現で“于”を用いた例は無く，全て“於”が使われている。

	マタイ	マルコ	ルカ	ヨハネ	全文
神天聖書	15	4	2	9	30
聖経	11	4	3	8	26

『聖経』では，“大於”が全体で21例である。このうち18例は『神天聖書』と同一章節で同じように使われている。

M11-11

【神】…以凡由女得生向無起大於若翰付洗者也惟天王中之至小大於彼也

【聖】…以凡受生由女者向無起大於若翰付蘸者也惟天國中之至小者大於他也

Ma1-7

【神】其宣曰我之後有大於我來者我不堪以俯伏解厥鞋之帶也

【聖】其宣曰我之後有大於我者來我弗堪以俯伏解厥屨之帶也

J13-16

【神】我確確語爾僕者並非大於主又被遣者大於遣之者也

【聖】我確確語汝僕者非大於主被遣者非大於遣之者也

『神天聖書』で“大於”が用いられている用例のうち6例は，『聖経』では別の表現が用いられているが，以下の用例のうちM3-11，M6-25，M10-24，L12-7のように，『神天聖書』では全て“大於”で表現されているところが，『聖経』では割合細かく表現されている。またL12-24の用例のように，逆に『聖経』で“大於”が使われているものもある。

M3-11

【神】…惟後我而來之耶穌大於我厥鞋我不堪帶之其將于聖神風並火…

【聖】…第後我而來者能於我厥鞋皮帶我不堪解之其將於聖風及於火…

M6-25

【神】…並勿為身何可穿生命豈非大於糧並身大於衣乎

【聖】…並勿為身何得穿命豈非貴於糧並身貴於衣乎

M10-24

【神】門徒非大於師並僕非大於主也

【聖】門徒不在師之上僕不在主之上

L12-7

【神】又到爾頭之髮都已數且勿懼爾直大於多雀

【聖】至爾首之髮皆已數且勿懼爾乃大過多雀

L12-24

【神】想其烏鴉伊種割受皆無伊藏所倉房皆無惟神養之爾豈非更貴於鴉

【聖】想彼烏鴉伊無稼無穡無藏所無倉房惟神養之爾豈非更大於鴉乎

この他に，『神天聖書』で“大於”とするものが，『聖経』の同一章節では“比～更大…”と表現されているものや，また逆に，“比～更大…”が“大於”と表現されているものもある。このことからも，比較を表す2つの表現，「形容詞＋“於 / 于”」と，介詞“比”を使用する“比～更…”が，マーシュマンには同じ意味を表すものとして的確に理解されていたであろうことが分かる。

J5-36

【神】惟我有証大於若翰的者蓋父所施我成之功…

【聖】惟我有證比若翰更大者蓋父所施我成之功…

L11-31

【神】…蓋其自地末界來聽所羅們之才智而比所羅們更大在此

【聖】…蓋其自地之末界來聽所羅們之才智而卻有大於所羅們者在此

L11-32

【神】…蓋彼因若拿傳勸悔而比若拿更大在此

【聖】…蓋伊悔因若拿之傳教而卻有大於若拿在此

この他,「マタイによる福音書」には“貴於”が5例,“美於”が1例あるが,先に用例として挙げたM6-25以外のものは以下の通りである。

M5-47

【神】又爾若止施禮與弟兄們爾何如美於別人哉異民豈非如此

【聖】又若爾止禮爾弟兄們爾如何美於他人哉徵餉者豈非如是乎

M6-26

【神】…伊不播種並不收獲不放于倉惟爾天上之父養伊等爾豈非貴於伊等

【聖】瞻彼天空之鳥不稼不穡不收于倉惟爾父在天者養伊等爾豈非多貴於伊乎

M10-31

【神】故勿懼爾貴於麻雀多也

【聖】故勿驚爾貴於麻雀多矣

M12-12

【神】且一人豈不貴於羊乎故此於嚒哂日行好則合法也

【聖】且人豈非貴於羊乎因此於嚒哂日行好為合例也

6）"比"を使用するもの

介詞"比"で比較を表す"比～更…"/"比～尤…"の用例数は以下の通りである。

	マタイ	マルコ	ルカ	ヨハネ	全文
神天聖書	7/1	3/0	9/0	1/2	20/3
聖経	8/1	3/0	7/1	4/0	22/2

比較の表現で"比"を介詞として使用するのは，近代以降に見られる新しい用法で，太田1958によると，さらに"比"による比較句に副詞・助形詞・補語を用い，差比をさらに細かに表現することは，白話の特徴である。[10)]『聖経』では"比～更…"が最も多く22例で，"比～尤…"が2例である。"比～更…"と"比～尤…"，"比～越…"の用例は以下の通りである。以下の用例からも，比較の表現については，さきの文言の特徴である「形容詞＋"於/于"」と，新しい用法である介詞"比"の表現が併用されていることが分かる。

M19-24

【神】我又語爾知以駝進通針之眼比富人進神之國更易也

【聖】又我告爾知以一隻駱駝入通針眼比富人進神之國更易也

Ma10-25

【神】一隻駝入通針之眼比富人進神之國更容易

【聖】一隻駝入通針之眼比富人進神之國更易也

L18-25

【神】比一富人進神國駱駝透針眼更易

【聖】蓋一富人進神國比駱駝穿針眼更易

J5-20

【神】蓋父愛其子而指之以自己凡所行作又其將指之以比斯尤大功致爾可奇

【聖】蓋父愛其子而示之以自己凡所行作又其將示之以比此更大

功致爾可奇

L16-17

【神】天地消去比例之一點見廢更易矣

【聖】天地消去比律之一點廢去尤易矣

L10-14

【神】故於審判時比爾地耳及西頓勢更堪耳

【聖】故於審判時比爾地耳與西頓之勢越堪耳

この他の用例は以下の通りで，『神天聖書』にある“跑得快”の用例は，全く同じ表現である。

J20-4

【聖】伊兩人皆跑惟那別門徒比彼多羅跑得快而先到墳

(5) 文末助詞の“也”について

	マタイ	マルコ	ルカ	ヨハネ	全文
神天聖書	592	139	54	205	990
聖経	506	146	82	214	948

用例数は上表の通りで，『聖経』でも「マタイによる福音書」での用例数が極端に多く，地の文にも，白の部分にも多用されている。一方で，本文の総字数が最も多い「ルカによる福音書」では82例しか無い。以下，『神天聖書』で“也”が用いられている章節について，『聖経』と比較して見てみると，若干の異同はあるものの，“也”の使い方がほぼ同じであることが分かる。

M3-6

【神】又謝認自己之罪受他施洗于若耳但河也

【聖】又謝認己罪而受其施蘸於若耳但河矣

M4-19

【神】其謂伊等曰從我而我將使爾漁人也

【聖】其為伊等曰從我而我將使爾漁人也

Ma10-12

【神】又若婦休厥夫而另娶一個則行姦也

【聖】又若婦休厥夫而另嫁別個則行姦也

Ma13-37

【神】又我所語爾亦以之我語眾即醒守也

【聖】又我所語爾亦以之我語眾即醒守也

L2-47

【神】凡聞之者奇其聰明而所答者也

【聖】凡聞之者奇其靈敏而所對者也

L7-50

【神】其謂女曰爾之信救爾矣爾且安去也

【聖】耶穌謂女曰汝信救汝矣平安而去

J1-9

【神】彼為真光照凡來世之人也

【聖】彼為真光照凡入世之人者也

J19-30

【神】耶穌接醋後曰已畢了即俯首而給靈魂去也

【聖】耶穌接醋後曰已畢矣即俯首而給靈魂去焉

(6) “者” について

4福音書の全てで,『神天聖書』よりも用例が多く，極めて多く用いられている。

	マタイ	マルコ	ルカ	ヨハネ	全文
神天聖書	372	171	327	275	1145
聖経	428	229	404	323	1384

太田 1964 によると，名詞性連語のうち助詞“者”を末尾に有し全体で 1 個の名詞に相当する連語を「者」字連語という。太田 1964 の論語，孟子での文言的用法の分類に依って見てみると，「マタイによる福音書」に限ってみても，『聖経』の用例は，以下の 1）～ 6）のいずれの用法についても条件を充足していることが分かる。

1）形容詞につく（M13-52）

【神】時其謂伊等曰故各書士教為天國者乃似人為家主取出其藏以舊者以新者也

【聖】隨其謂伊等曰故各書士教為天國者乃似人為家主取出其藏新與舊者也

2）動詞につく（M14-21）

【神】夫食者大約五千人除婦兒女之外也

【聖】夫食者約五千人另外婦人孩子

3）動賓連語につく（M2-20）

【神】起也取嬰兒同厥母往去以色耳以勒之地蓋尋殺嬰兒者已死

【聖】起身取嬰兒偕厥母往以色耳勒之地蓋尋害嬰兒之命者已死矣

4）主述連語につく（M5-3）

【神】心貧者為福矣蓋天國屬伊等

【聖】心貧者為福矣蓋天國屬伊等也

5）複数の述詞をもつ複雑なものにつく（M10-2）

【神】我固以水施洗爾致悔罪惟後我而來之耶穌大於我…

【聖】我以水施蘸爾致悔罪第後我而來者能於我…

6）名詞，固有名詞につく（M1-16）

【神】…第一西們名彼多羅者同安得路厥昆又洗比氐之子者米士同若翰厥昆也

【聖】…第一西們名彼多羅者同安得路厥昆又洗比氐之子牙可百同若翰厥昆也

（7）“所”について。

	マタイ	マルコ	ルカ	ヨハネ	全文
神天聖書	115	81	181	169	546
聖経	118	79	174	168	539

用例数はいずれの福音書も『神天聖書』とほぼ同数である。名詞性連語のうち“所”によって連語を構成する「所」字連語（“～所…”）については，「話す，告げる」に使われているものが“～所言”24 例，“～所語”12 例，“～所説”1 例“～所告”2 例で合計 39 例である。“～所在”も比較的多く 20 例ある。『神天聖書』で“所”が使われている主な用例は，『聖経』では以下の通りである。

M28-6

【神】…乃已復活依其所言爾來見主被放在之所

【聖】…乃已復活依其所語爾來看主被放在之所

Ma13-37

【神】又我所語爾亦以之我語衆即醒守也

【聖】又我所語爾亦以之我語衆即醒守也

M10-27

【神】我于暗而所告汝爾于光宣之…

【聖】吾于暗告爾者爾于光宣之…

L2-50

【神】惟伊不明其所説之之言

【聖】但伊不達其所語之之言

L12-34

【神】蓋爾財所在之處彼爾心同在焉

【聖】蓋爾財所在處彼爾心同在焉

(8) 文末助詞の“矣”

	マタイ	マルコ	ルカ	ヨハネ	全文
神天聖書	70	59	73	76	278
聖経	89	62	87	75	313

用例数は上表の通りで，各福音書でおおよそ同じように用いられており，用例は以下の通りである。

M9-26

【神】夫此事之名聲揚於彼之諸方矣

【聖】夫此事之名聲播於彼之諸方矣

Ma13-17

【神】惟伊等孕者乳子者當時有禍矣

【聖】惟伊等孕者乳子者當時有禍矣

L18-21

【神】對曰此皆我自幼時而來守矣

【聖】對曰凡此我自幼至今守矣

J4-24

【神】神為靈則崇拜之者必以靈以誠而拜之矣

【聖】神為靈則崇拜之者須以靈以誠而拜之矣

J18-32

【神】…耶穌所講及其以何樣而受死之語得驗矣

【聖】如是耶穌所講及其以何樣而受死之言得驗矣

（9）承接の連詞“則”

承接を表す連詞の“則”の用例数は下表の通りで，305例である。

	マタイ	マルコ	ルカ	ヨハネ	全文
神天聖書	161	32	18	90	301
聖経	136	30	44	95	305

また，『神天聖書』では“便”が16例，“就”が33例あり，『聖経』では“便”が18例，“就”が9例で，白話で承接を表す“便”や“就”も若干数使われているが，やはり“則”が圧倒的に多い。『聖経』での用例数は『神天聖書』と殆ど同じであるが，『神天聖書』で“則”が使われている主な用例は，『聖経』では以下のようになっており，“則”が使われている章節が異なる。

M20-24

【神】其十位聞此則滿恨兩弟兄們

【聖】其十位聞此即滿恨兩弟兄們

Ma11-6

【神】故伊等依耶穌令而答則放他們去

【聖】伊等乃依耶穌所命而答伊等得放行

L1-29

【神】見之則驚為其言並想其請安如何

【聖】見之即驚及厥言並想當何請安

M6-23

【神】惟若眼不好則渾身暗黑故若在爾之光為暗則暗大矣

【聖】惟若目有患則全體暗黑故若在爾之光為黑其黑大矣

J14-15

【神】爾等若愛我則守我誡

【聖】汝曹若愛我則守我誡

4.2.3 文言虚詞について(2)—B組の中古漢語を中心に

『聖経』4福音書全文での，中古漢語の特徴をもつ虚詞の用例数の一覧は下表の通りである。

	マタイ	マルコ	ルカ	ヨハネ	全文
而	437	321	312	340	1410
之	省　略				
何	139	109	121	135	504
無	78	83	78	93	332
此	167	92	142	144	545
乃	78	60	80	154	372

(1)“而”によって動詞または動詞連語を並列するもの

	マタイ	マルコ	ルカ	ヨハネ	全文
神天聖書	455	333	304	344	1436
聖経	437	321	312	340	1410

形容詞や動詞，動詞を含む連語を並列する場合，順接，逆接など，“而”は様々に用いられ，その用例数もきわめて多い。

M8-15

【神】既摩厥手瘧病即退致其起身而服事伊等

【聖】既摩其手熱病立退即起身而服事伊等

Ma6-53

【神】既過海伊等到厄尼撒勒之地而就岸下船

【聖】既過海伊等到厄尼撒勒之地而就岸下船

L18-9

【神】又對或思自為善而輕忽他人者其言此喻

【聖】又對或思自為義而輕視他人者其設此喻

J20-6

【神】遂西們彼多羅到而進墳去見麻布放在

【聖】後西們彼多羅到而進墳去見麻布放在

(2) 連体修飾の助詞としての“之”

“之”は連体修飾の助詞としての用例である。連体修飾を表すのは全文を通して，ほとんどが“之”である。“的”が用いられているのは87例で白話語彙のなかでは量詞の“個（箇）”に次いで多いものの，“之”の約20分の1である。

M14-1

【神】時四方督希羅得聞耶穌之名聲

【聖】當時四方督希羅得聞耶穌之名聲

Ma10-43

【神】惟爾之中必不要如此……乃凡欲為大必為爾之役

【聖】惟爾之中必不要如此……乃凡欲為大必為爾之役

L22-7

【神】夫無酵麵之日……即巴所瓦應祭之日已到

【聖】夫無酵麵頭之日……即巴所瓦#應祭之日子已至

J4-5

【神】且其到撒馬利亞之邑名數革耳…近牙可百所給厥子若色弗之塊地

【聖】且其到撒馬利亞之邑名數革耳近……牙可百所給厥子若色弗之塊地

(3) 疑問代名詞の“何”

“何”の用例数と用例は次の通りである。

	マタイ	マルコ	ルカ	ヨハネ	全文
神天聖書	104	70	92	108	374
聖経	139	109	121	135	504

M6-31

【神】故勿罣慮云我將何吃將何飲我將以何得穿

【聖】故勿懸念云我何以得食何以得飲何以得穿

Ma6-5

【神】且在彼除按手數病者上醫之之外其不得行何異跡

【聖】且在彼除按手數病者上愈之之外其不得行何異跡

L22-49

【神】同耶穌者見將有何事謂之曰主我儕可以刀打否

【聖】同耶穌者見將有何事謂之曰主吾曹可用刀擊否

J7-35

【神】故如大輩相云他往何處致我不能遇着之他往于散異民中者而教訓異民乎

【聖】故如大輩相云其往何處致我不能遇之其往于散異民中而訓異民乎

“何”はこの他に，“如何”が67例（『神天聖書』は75例），“因何”が26例（同55例），“為何”が20例（同21例）ある。“甚麼”は4福音書に用例が無く，『聖経直解』と『四史攸編』に用例がある“曷”は用例が無い。

（4）否定を表す“無”

	マタイ	マルコ	ルカ	ヨハネ	全文
神天聖書	78	73	85	84	320
聖経	78	83	78	93	332

用例は以下の通りである。とくに，M8-20 と L9-58 の用例は同じ場面を描写したものである。ふつう聖書において，同じ場面は同一の表現が使われる。原典ではそうなっているが，『神天聖書』と『聖経』では，同一場面の M8-20 と L9-58 で各々異なるところがある。

M8-20，L9-58 の原典英訳

And Jesus said to him, "Foxes have holes, and birds of the air have nests; but the Son of Man has nowhere to lay his head."

M8-20

【神】耶穌謂之曰狐貍有穴天空之鳥有巢惟人之子無安首之所矣

【聖】耶穌謂之曰狐貍有穴天空之鳥有巢惟人之子無置首之所矣

L9-58

【神】耶穌謂之曰狐有穴空鳥有窩惟人之子無安首之所

【聖】耶穌謂之曰狐有穴空中之鳥有巢惟人之子無置首之處

Ma6-8（下線は原典では第 9 節）

【神】又其令伊等除棍外勿帶何為路費也無袋無餅無銀在荷包裏

【聖】又命伊等勿帶何為路費無袋無餅無銀在荷囊裡惟棍而已

J15-5

【神】我乃葡萄樹爾為枝居于我我居于之者則多結實蓋爾無我則無所能行

【聖】我乃葡萄樹汝乃枝居于我者我居于之居于我者多結實蓋汝無我則無所能行

（5）近称の指示詞“此”

“此”の用例数は下表の通りである。

	マタイ	マルコ	ルカ	ヨハネ	全文
神天聖書	168	95	188	141	592
聖経	167	92	142	144	545

近称を表す指示詞はほぼ全てが“此”で，“這”は2例のみである。用例は以下の通りである。J1-36の用例の原典英訳は“and as he watched Jesus walk by, he exclaimed, “Look, here is the Lamb of God!””であり，『神天聖書』は“here is”に，『聖経』は“Look”に重点をおいて翻訳したと思われる。M21-31は“這”の用例である。

M12-23
【神】眾民奇曰此豈非大五得之子乎
【聖】眾民奇曰此豈非大五得之子乎
Ma6-15
【神】又別的曰此乃以來者又曰此乃先知也或云似昔先知輩之一
【聖】又別的曰此乃以來者又曰此乃預知也或云似預知輩之一
L18-9
【神】又對或思自為善而輕忽他人者其言此喻
【聖】又對或思自為義而輕視他人者其設此喻
J1-36
【神】若翰視耶穌遊時曰此乃神之羔者
【聖】若翰見耶穌遊時曰觀神之羔與
M21-31
【神】此兩個那一個行厥父之意也伊等答之曰…
【聖】這兩個那一個行厥父之意也伊等答之曰…

(6) 副詞の“乃”

	マタイ	マルコ	ルカ	ヨハネ	全文
神天聖書	84	58	61	162	365
聖経	78	60	80	154	372

用例のほとんどは副詞「～はすなわち…である」の意味で用いられている。

L11-34

【神】身之燈乃目且爾目既無疾即全身得光惟或爾目有疾即全身在暗

【聖】身之燈乃目故爾目無疾時則渾身見光惟若爾目有疾則渾身見暗

J9-28

【神】時伊等罵之曰爾為厥門徒我乃摩西之門徒

【聖】時伊等罵之曰汝為厥門徒吾乃摩西之門徒

その他は，副詞「そこで～，はじめて～，やっと～」の意味で用いられている。

M1-19

【神】且厥夫若色弗因為義人不願表其事與眾乃想私休之

【聖】且厥夫若色弗因是義人不欲揚其事於眾乃想私休之

Ma1-25

【神】且耶穌責之曰爾勿講乃從之出來

【聖】耶穌責之曰爾勿講乃從之出來

4. 2. 4　文言の文末助詞について

これまでに見たもの以外で，文言の特徴をもつ文末（句末）助詞の用例数については，次表の通りである。

さきに挙げた“也”948 例，“矣”313 例はもとより，“乎”“焉”をはじめとして，文言の文末助詞の使用頻度が高くなっている。この表の他に，“夫”や“已”“而已”については用例が無い。それぞれ用例については特に挙げない。

	マタイ	マルコ	ルカ	ヨハネ	『聖経』4福音書全文	『神天聖書』4福音書全文	『四史攸編』4福音書抄訳
乎	80	65	46	83	274	254	178
哉	16	2	14	0	32	28	15
耶	5	0	8	8	21	23	12
與	0	0	0	3	3	1	0
歟	0	0	0	0	0	6	1
耳	0	0	12	2	14	5	6
然	1	0	9	8	18	17	1
焉	30	12	19	37	98	71	102
合計	132	79	108	141	460	405	315

4. 2. 5　白話虚詞について

	マタイ	マルコ	ルカ	ヨハネ	『聖経』4福音書全文	『神天聖書』4福音書全文	『四史攸編』4福音書抄訳
便	2	1	13	2	18	16	2
得	18	7	14	5	44	41	0
個/箇	32/21	27/0	9/2	11/0	79/23	99/11	0/0
了	3	3	1	1	8	36	1
裏/裡	2	2	1	2	7	15	3
這	1	0	1	0	2	(1)	0
底/的	42	17	8	20	87	110	1
着	1	3	6	2	12	8	1
只	0	0	0	0	0	2	0
兒	0	0	0	0	0	0	0
子	6	3	1	6	16	25	0
合計	128	63	56	49	296	363	8

（注）『神天聖書』の合計は“這”を含まない。

『神天聖書』4 福音書全文で，白話作品の特徴であるＣ組の語彙についての用例数は前表の通りである。この表で言う“兒”と“子”は接尾辞としての用法である。

白話の特徴をもつ虚詞で表に挙げた語彙の合計は，『四史攸編』が 8 例，『神天聖書』が 364 例，『聖経』が 296 例である。以下，表中の主な語彙とそれに関連する語彙について見ていきたい。

(1)　承接を表す副詞

“便”用例数は下表の通りである。

	マタイ	マルコ	ルカ	ヨハネ	全文
神天聖書	0	0	15	1	16
聖経	2	1	13	2	18

“就”用例数は下表の通りである。

	マタイ	マルコ	ルカ	ヨハネ	全文
神天聖書	6	2	15	10	33
聖経	4	2	0	3	9

白話で承接を表す副詞“便”が 18 例あるが，同じく白話の“就”は 9 例である。全体としては，文言的な“則”が 305 例で 8 割を占めている。

『神天聖書』に“便”の用例があるものは，『聖経』では以下のようになっている。

L8-24

【神】即來打醒之曰主主我等敗耶穌便起叱風與水之洸蕩即息為安靜

【聖】即來醒之曰師師我等敗耶穌便起叱風及水之洸蕩即息為恬靜

L7-36

【神】法利西輩中一位請耶穌同食便進法利西之屋置己於席

【聖】法利西輩中之一邀耶穌同食其即進法利西之家坐己於席

L9-18

【神】且會耶穌在靜所祈禱與厥門徒便問伊等曰眾言我為何

【聖】且遇耶穌在靜處祈禱厥徒偕之其問伊等曰眾言我為何

『神天聖書』に“就”の用例があるものは，『聖経』では以下のようになっている。

J19-22

【神】彼拉多答曰我曾所寫就寫之

【聖】彼拉多答曰我曾所寫就寫之

M9-32

【神】又伊等出去後就有帶懷鬼風之啞人至耶穌

【聖】又伊等既出隨有攜懷鬼風之啞人就耶穌

L12-39

【神】爾自知若東家知何時賊到其就醒守不許打進其屋

【聖】爾自知倘東家知何時賊來其則醒守不容破厥屋而進

J 9-4

【神】蓋尚為白日我須行遣我者之功夜就到無何人能行

【聖】蓋尚為白晝我須行遣我者之功夜將至無何人能行也

⑵ 動詞につく“得”

“得”用例数は下表の通りである。

	マタイ	マルコ	ルカ	ヨハネ	全文
神天聖書	18	10	4	9	41
聖経	18	7	14	5	44

動詞につく助詞“得”のうち，“覺得”は7例，“認得”は10例あるが，“曉得”は用例が無い。“覺得”，“認得”の用例は以下の通りである。全体としての用例数はほぼ同じであるが，同じ章節での用例はM17-13，Ma10-22のように一致しないものが多い。

Ma5-29

【神】即時其血流之源得乾而身覺得其災得愈矣

【聖】立即其血流之源得乾而身覺得其災得愈矣

M17-13

【神】時門徒覺得其言及若翰付洗者也

【聖】時門徒悟其語及若翰付蘸者也

Ma10-22

【神】因此言其覺得悶蓋其大有本業

【聖】因此言其覺悵然蓋其有大財業

L22-34

【神】曰我告爾彼多羅今日鷄鳴之先爾將稱三次以不認得我

【聖】曰彼多羅我告汝今日鷄鳴之先汝將稱三次以弗認得我

また，“跑得快”の用例は『神天聖書』と『聖経』で全く同じものが1例ある。

J20-4

【神】伊兩人皆跑惟那別門徒比彼多羅跑得快而先到墳

【聖】伊兩人皆跑惟那別門徒比彼多羅跑得快而先到墳

(3) 助詞の“了”

“了”の用例数は次表の通りである。

『神天聖書』では，助詞の“了”は36例あり，26例はマイナスイメージの場合に使われている。しかし，『聖経』ではそれに比べてかなり少なく，4福音書全体で8例である。『聖経』では“了”の用例自体が少なく，マイナスイメージの場合への偏りもとくに見られない。

	マタイ	マルコ	ルカ	ヨハネ	全文
神天聖書	10	8	8	10	36
聖経	3	3	1	1	8

1）『聖経』で“了”が使われている例

M13-25

【神】但人眠時厥敵來而播惡草入麥中後往去

【聖】但人睡時厥仇來而播惡草入麥中後去了

2）『神天聖書』と同じもの

M12-10

【神】而卻遇一人有厥手衰了故伊等欲告耶穌問之曰是否為合法於嚫哂日而醫人也

【聖】卻見一人有一隻手衰了伊等問耶穌曰於嚫哂日醫人為合例與否

Ma12-22

【神】其第七個皆娶之而無遺子也後婦亦死了

【聖】其七個皆娶之而無遺子也後婦亦死了

L14-20

【神】又別人曰我娶了妻故此不能到

【聖】又別者曰我娶了妻是以不能到

3）同義の動詞を使っている場合

M25-8

【神】且愚蠢者向有智者云以爾之油給我們蓋我燈滅了

【聖】且愚者向有智者云以爾之油給我們蓋我燈熄了

J5-5

【神】彼有或人已害病了三十有八年

【聖】彼有或人患病了三十有八年

では，『神天聖書』で“了”が使われているもののうち，『聖経』では違う表現が使われているものについて，幾つかの節を対照してみる。なお，各章節の文が長いような場合は該当部分のみを記している。

J11-14

【神】時耶穌明語伊等曰拉撒路死了

【聖】時耶穌明語伊等曰拉撒路死矣

L5-37

【神】又無人裝新酒在舊皮罐恐新酒裂罐即酒漏而罐壞了

【聖】又無人載新酒於舊皮罐恐新酒裂罐則酒漏而罐亦壞矣

J18-30

【神】伊等答謂之曰他若非犯了罪則不解到汝

【聖】伊等答謂之曰若其無犯罪則弗解之到爾

J19-30

【神】耶穌接醋後曰已畢了即俯首而給靈魂去也

【聖】耶穌接醋後曰已畢矣即俯首而給靈魂去焉

M22-29

【神】耶穌答謂伊等曰爾錯了不知經書與神之能

【聖】耶穌答謂伊等曰爾差矣不達經旨或神之能

Ma5-26

【神】又因醫生已受多苦並已費了本業惟不見愈乃病更深

【聖】又因醫生已受多苦並費盡所有的惟不見愈乃病越深

Ma14-41

【神】…謂伊等曰爾今可睡而得安事情完了時候已到…

【聖】…謂伊等曰爾今可睡得安事畢矣時候到矣…

L14-18

【神】…第一日我買了田須去看之求爾恕我不到

【聖】…其第一者曰我購得一段地必須去觀之求恕我不到

Ma8-25

【神】此後其復按手厥目上而使其再舉目而即得愈致見各物明白了

【聖】其後復按手厥目上而使再舉目即得愈乃見各物了然焉

M16-2

【神】其答謂伊等曰晩時爾等曰將為清天蓋雲紅了

【聖】其答謂伊等曰既暮矣爾云將為清天蓋天紅矣

4）助詞“的”

用例数は以下の通りである。

	マタイ	マルコ	ルカ	ヨハネ	全文
神天聖書	48	22	15	25	110
聖経	42	17	8	20	87

助詞の“的”は，上表の通り『聖経』4 福音書全体では 87 例で，『神天聖書』よりはやや少ない。また，“的”の用例は後ろに名詞を持って連体修飾を表すものだけではなく，後ろに名詞を伴わずに名詞化を表すものも多い。以下，『神天聖書』で“的”が使われているものをもとに用例を挙げたが，Ma4-5，L20-24 のように違う表現を用いているものは少数で，それ以外の多くは M13-48，J5-32 の用例のように，『神天聖書』とほぼ同じ表現である。

M13-48

【神】得滿時即拉至岸而坐下拾好的載器乃不好的棄之

【聖】得滿時即拉到岸而坐下拾好的載器不好的棄之

Ma4-5

【神】有的落在石地非多泥而即生起因泥非深也

【聖】有些落在石地無多泥而即生起來因泥非深也

L20-24

【神】教我一文氏拿利以看誰的象與字在上伊等答曰西撒耳的

【聖】給一文氏拿利我看誰之像之字在上對曰西撒耳的

J5-32

【神】有別的証及我而我知其所証及我之証為真也

【聖】有別的證及我而我知其所證及我之證為真也

5）接尾辞“子”

	マタイ	マルコ	ルカ	ヨハネ	全文
神天聖書	8	6	9	2	25
聖経	6	3	1	6	16

『聖経』の接尾辞の“子”については，用例は，“孩子”と“銀子”と“（芥）種子”が 4 例ずつで，“鴿子”，“虫子”，“日子”，“桌子”が 1 例ずつである。

M17-18　時耶穌叱其鬼而即出之而那孩子即時得愈焉

M27-5　遂將那數塊銀子擲下堂中而往去自縊

Ma 4-31　乃似芥種子一粒被播地時為在地萬種之至小

L3-22　聖風以形像似鴿子降臨其上又有聲從天來曰爾為我愛子吾極悦於汝也

J12-33　沽爾物及施濟為己備不漸舊之袋在於天不可乏之財彼無賊近無虫子壞

J13-14　…故謂眾曰有六個日子當行工且於是日來而行醫並非於嚉哂日

J16-21　想喫富人桌子所落之碎物而犬來餂厥瘡

その他の白話的な語彙については，第 6 章第 4 節で改めて考察することとする。また白話語彙が使われている場面の描写には，『三国演義』で言われるような，描きたい場面による文言と白話の使い分けがあるのかどうか，という点については稿を改めて考察したい。

4. 2. 6　口語・書面語の特徴となる語彙の対比を通して

これまで考察してきたところと多少重複するが，ここで文言と白話の特徴となる幾つかの語彙をキーワードとして，同じ意味を表すものを組にして対比し，各々の組で語彙の用例数を比較する。

(1)“甚”と“狠”(或は“很”)について

	マタイ	マルコ	ルカ	ヨハネ	全文
甚	4	3	3	1	11

まず“甚”は『聖経』には 11 例ある。9 例が形容詞に前置するものである。形容詞に後置する文言的な用法は無い。単独で形容詞「甚だしい」の意で使われるもの 1 例，“在悲哀之甚 (22-44)” 1 例である。『神天聖書』では 12 例全てが，形容詞，あるいは形容詞的な表現に前置される用法であるから，同じ傾向である。“狠”“很”は用例が無い。

“甚”の用例は以下の通りである。

M17-23

【神】且伊等將殺之而第三日其必復生也故門徒甚憂

【聖】且伊等將殺之而第三日其必復活也故門徒甚憂

Ma10-23

【神】耶穌環視謂厥門徒曰甚難乎伊等有財者得進神之國矣

【聖】耶穌環視謂厥門徒曰難矣哉伊等有財者得進神之國矣

Ma16-4

【神】蓋是石為甚大惟看時見石已滾去

【聖】蓋其石為甚大惟看時見石已滾去

L18-23

【神】其聞此甚悶蓋為大富

【聖】其聞此甚愁蓋是巨富

また,『神天聖書』で“狠”が使われている節は次のようになっている。

M4-8

【神】又氐亞波羅帶之上狠高山示之看世間之諸國與國之榮也

【聖】嚮呾復帶其上至高之山示之看世間諸國與諸國之榮

L19-21

【神】蓋我怕爾因爾為狠嚴人取所不放下及割所不種

【聖】蓋我懼爾緣爾是貪婪人取所弗放下並割所弗播者

L19-22

【神】…爾惡僕依爾口所出我將審爾爾知我為狠嚴人取所不放下割所不種者乎

【聖】…汝惡僕我將依汝口之所出而審汝汝既知我是貪婪人取所弗放下割所弗播者

(2)“無”“沒有”について

	マタイ	マルコ	ルカ	ヨハネ	全文
無	78	83	78	93	332
沒有	0	0	0	1	1

存在の否定を表す“無”については，すでに **4. 2. 3** で見た通り 332 例である。用例については **4. 2. 3** を参照されたい。“沒有”は用例が 1 例である。

J6-46

【神】非以有何人見過父者獨彼由神者即彼見過父也

【聖】沒有何人得見過父惟彼由神者得見過父也

(3)“何”“甚麼”について

	マタイ	マルコ	ルカ	ヨハネ	全文
何	139	109	121	135	504
甚麼	0	0	0	0	0

疑問を表す“何”と“甚麼”については，**4. 2. 3** で見たように，“何”は 504 例で，このうち“如何”が 67 例，“因何”が 26 例，“為何”が 20 例ある。“甚麼”は 4 福音書に用例が無い。なお，“何”の用例については，**4. 2. 3** を参照されたい。

(4)“彼”と“那”について

	マタイ	マルコ	ルカ	ヨハネ	全文
彼	70	35	97	67	269
那	8	2	5	4	19

近称の指示詞“此”と“這”については，**4. 2. 3** ですでに見たが，遠称の“彼”は，三人称としての用法，指示詞（場所，ヒト）を全て合わせて 269 例あるのに対し，“那”は用例が 19 例である。“那”の用例については，以下の通りである。

M21-31

【神】此兩個那一個行厥父之意也伊等答之曰其之第一也耶穌謂伊等曰…

【聖】這兩個那一個行厥父之意也伊等答之曰其之第一也耶穌謂伊等曰…

Ma3-5

【神】既怒環視伊等因憂伊等之硬心其向那人謂之曰伸出爾手…

【聖】既怒環視伊等因憂伊等之硬心其向那人謂之曰伸出爾手…

J18-12

【神】時那群兵丁厥官同如大憲輩俱取耶穌而縛之

【聖】時那群兵與官及如大憲輩取耶穌而縛之

J20-3

【神】故彼多羅出去同那別門徒而往向墳

【聖】故彼多羅出去同那別門徒而往向墳

(5) 介詞“同”“與”と“合”“和”“跟”について

	マタイ	マルコ	ルカ	ヨハネ	全文
同	13	15	11	7	46
與	14	6	9	7	36

“同”と“與”は，動詞と曖昧なところがあるが，介詞と思われる用例は，それぞれ上表の通りで，“同”と“與”のあいだに使い分けはとくに見られない。白話的な“合”“和”“跟”の3語については用例が無い。

4. 2. 7　その他若干の語彙について

これまでに見た語彙以外で，品詞ごとにどのような特徴があるか見てみよう。

(1) 否定副詞

否定副詞では，“不”が最も多く518例あるが，これには“不論”の4例，“不拘”の1例，“不能”の64例を含む。この他，“無（332例）”，“弗（250例）”，“非（214例）”，“勿（174例）”，“未（95例）”とつづく。

一方で，より文言的な“毋（1例）”，“莫（6例）”はほとんど使われていない。また，“沒（3例）”はまだ用例がかなり少ない。清代から多く用いられた禁止の“別”は『聖経』でも用いられていない。また，婉曲な禁止「～とはかぎらない」を表す“不必”，“未必”は用例が無い。中世で多く用いられた“未曾”が17例あり，“不曾”は1例だけ見られる。

	マタイ	マルコ	ルカ	ヨハネ	全文
不	154	67	175	122	518
無	78	83	78	93	332
毋	0	0	1	0	1
勿	60	38	57	19	174
弗	45	50	41	114	250
非	57	22	40	95	214
未	26	16	22	31	95
莫	3	1	0	2	6
沒	0	1	0	2	3

J7-6　且耶穌謂伊曰我時未曾至爾時常備矣
J7-8　爾往此禮宴去我不曾往於此禮宴蓋我時未曾満至

（2）連詞

不限定を表す連詞では，「清代ではきわめて多く用いられた」“不拘”が1例しか見られない。[11] かわって，同じく不限定を表す“無拘”が7例みられる。この他，“不論”は4例で，“無論”は7例である。

J14-14　汝不拘何求為我名我即行之
M14-7　故其發誓肯賜之以無拘何求也
M 8-19　或書士來謂之曰主我願隨爾不論何往
M18-20　蓋無論何處有兩三位于吾名而會我即在伊之中

累加を表すものでは，文語にも用いられる“何況”が 3 例あるが，この他に，“不但”などの用例は無い。また，推論を表すものでは“既然”が 2 例見られる。

L11-13　且若爾雖惡知如何給好物與爾子何況爾天之父賜聖風與彼求之者乎

「～と～」を表す連詞については，第 6 章で他の 3 聖書（『聖経直解』，『四史攸編』，『神天聖書』）と比較しているので，そちらを参照されたい。“與”が 195 例，“及”が 201 例で，ほぼ同頻度で使われているが，“連”も 15 例見られ，“連”の呼応で「～も…も」の意味を表すものが 1 例ある。承接を表す連詞については用例が無い。

J16-3　伊將如此而行待爾因伊弗認父連我

J15-24　我若弗行伊中從無別者所行之功伊等則無罪惟今伊睹而恨連我連我父者也

原因・理由を表すもののうち，理由の後に置いて，「それで～」の意を表すものでは，“是以”“是故”“故”“因此”“因而”“所以”が用いられている。

	マタイ	マルコ	ルカ	ヨハネ	全文
是以	0	0	1	0	1
是故	0	0	0	1	1
故	57	44	22	44	167
因此	6	1	1	2	10
因而	(1)	0	0	(1)	(2)
所以	0	0	0	4	4
故此	11	1	2	7	21

それぞれ，次のような用例がある。

是以	L1-35)	使者答之曰聖風將臨爾上並至上之德遮爾是以得生之聖者將稱神之子也
是故	J5-16)	是故如大輩攻耶穌而要殺之因其行是情于嘫哂日
故	M5-48)	故爾宜為聖如爾父在天為聖焉
因此	M9-3)	因此或書士輩自內云此人妄稱神也
因而	J13-28)	夫同席無人知其為因而言此於之
所以	J7-39)	其言此及聖神風伊等信之者所將受蓋耶穌尚未升榮光所以聖神風未曾賦

また，以下の用例のように介詞としての“因為”は幾つか見られるが，接続を表す“因為”は1例も見られない。

Ma6-26 王乃悶然因已發誓又因為同席者而弗卻之

4.2.8 小結

以上，**4. 2. 2** から **4. 2. 7** までの考察を通して，『聖経』の本文も，『神天聖書』と同じく，総じて文言としての特徴を網羅していることが分かる。また同時に両者の本文が一部の語彙を除いて，ほぼ同じであり，基本的には文言の特徴を踏襲して翻訳されていることも分かる。

しかし，両者の翻訳文が極めて似ていることの理由を，譚樹林2000他が言うように「同一の底本を用いたこと」だけに求めるのには無理がある。と言うのは，第2章でも触れたように，『四史攸編』は4福音書の抄訳であり，「マルコによる福音書」などは全体の18%しか中国語になっておらず，それのみから，ほぼ同じ中国語が訳出されるとは考えにくいからである。中国本土で翻訳を行ったモリソンからマーシュマンに対して何らかの援助があった可能性が，本文を詳細に対照した結果からも想像できる。しかも，『神天聖書』にはある“他”の関係代名詞的な使い方が『聖経』には無く，『神天聖書』には見られるやや不自然な表現が『聖経』の同一箇所には無いことも見逃せない。虚詞については，ほとんどが文言虚詞で占められているが，一部の虚詞の用法が各福音書で異なり，例えば，“也”や“則”は『神天聖書』と同じく，「ルカによる福音書」で明らかに少なく，同一聖書でも各福音書の間に，翻訳の際の言語観の違いが出ていることが見て取れる。

また，白話語彙については，ヤホントフ 1969 の白話虚字が『四史攸編』の 8 例から，『神天聖書』で 349 例に増え，『聖経』でも 296 例で，使用されている章節も『神天聖書』とほぼ一致している。量詞の“個”或は“箇”と助詞の“的”も，『神天聖書』で 110 例ずつあるのと比べると，わずかに少ないものの，各々102 例，87 例ある。一方で，『神天聖書』で 36 例ある助詞の“了”が，『聖経』ではわずか 8 例しか無いと言う点は両者の大きな違いである。『神天聖書』では，“了”がマイナスイメージをもつ動詞に使われるといった特徴もあるが，マーシュマンは“了”の使用を出来るだけ避けたようである。なお，“個”と“的”の用例など，その他の白話的な語彙による表現の詳細については第 6 章第 4 節で改めて考察する。

注

1）マーシュマンの経歴については譚樹林 2000, 2003, 2004 参照。また，ここで紹介されている Fort William College とは 1800 年にカルカッタに設立された東洋学の研究・教育施設である。

2）*Bible in China* 参照。

3）譚樹林 2000, 2003, 2004 参照。

4）いずれもモリソン夫人による伝記 *Memoirs of the life and Labours of Robert Morrison* に依った。

5）譚樹林 2004 を参照。

6）ヤホントフ 1969 の虚字は，唐宋時代の文献について，その文体（文言・混淆体・白話（口語））を識別するために文言から白話の 26 の虚字を利用して，鑑定語として定めたものである。

7） 本節では，*The New Greek-English Interlinear New Testament, 1990* のギリシャ語原典対訳の英語訳に依った。

8） 太田 1964, p.19 及び p.107 参照。

9） 太田 1958, p.174 参照。

10） 太田 1958, p.176 参照。

11） 太田 1958《不拘》の項参照。

第5章
カトリックからプロテスタントの中国語訳聖書へ
―『神天聖書』「使徒行傳」(使徒言行録)のことばを中心に―

5.1 『神天聖書』「使徒行傳」の翻訳

『四史攸編』までのカトリックの聖書類は,「マタイによる福音書」以下の4福音書部分については,原典を抄訳して編集しなおしたものであった。プロテスタントのモリソンやマーシュマンは,『神天聖書』や『聖経』の中国語訳にあたって,『四史攸編』までのカトリックの聖書類参考にしつつも,全面的に踏襲するということは物理的に無理であった。モリソン,或はマーシュマン(両者の間の関係はさておき)の中国語訳聖書は,彼等自身の苦労による部分も相当大きかったと言えるだろう。しかし,「使徒行傳」(新共同訳は「使徒言行録」とするが,本章では『神天聖書』での名称に依ることとする)以下の新約聖書の後半,とくに「使徒行傳」から「ヘブライ人への手紙」の一部分までは『四史攸編』に全文訳があり,モリソンやマーシュマンは,これをかなり参照しながら翻訳を行ったと考えられる。本節では,モリソン,マーシュマンが『四史攸編』をどの程度底本として,踏襲しながら翻訳したのか,「使徒行傳」を対象として主に語彙的特徴について考察したい。なお,本節では1823年刊『神天聖書』に収録された「使徒行傳」を資料として使用した。[1)]

本章で挙げている用例数,用例は第一に1823年刊『神天聖書』に依ったが(用例の略称は【神$_2$】とする),本書を通して資料として使用している1813版とは若干語彙の異同があるので,1813年版(用例の略称は【神$_1$】

とする）での用例も併せて記した。

5.2 語彙と文体の特徴のあらまし

序章でも紹介したように，中国語訳聖書の文体を志賀 1973 では「漢文（文言）→文理，深文理→浅文理→国語，官話→方言」の 5 期に分ける。また，永井 1999 等は「文理＝文言」ではなく，“文理”は西洋人による語彙であると指摘する。『神天聖書』はふつう“文理，深文理（Wenli, High Wenli）”に入れられる。しかし，モリソンは，翻訳にあたって，「忠実で，明快で，単純であることを心がけ，古典のことばよりも，ふつうのことばを選び，洗練されていることより分かりやすさを取った」と言っている。[2)] そして，中国語の文体には「古典語→中間（『三国演義』に代表されるような文体）→口語」の 3 つがあり，『三国演義』のような文体が，聖書にとってもっともふさわしい，と考えていた。ここからも，モリソンが『三国演義』の文体を目標としていたと言える。果たしてモリソンは目標に達していたのか，またそうであったとしたら「文理」という位置づけは意味を持つのだろうか。

本章では前章までと同様に，文体の分類にあたって，客観的基準として，ロシアのヤホントフが定めた鑑定語を用いることとする。これは，ロシアのヤホントフが唐宋時代の文献について，その文体（文言・混淆体・白話（口語））を識別するために虚字 26 字を，文言虚字 A 組“其，之（代），以（介），於／于，也，者，所，矣，則”と，B 組“而，之（定），何，無，此，乃”を，白話虚字 C 組“便，得，個／箇，了，裡，這，底／的，着，只，兒，子”と定めたもので，氏はこの方法で文体の分類に成功している。

この鑑定語は唐宋の文体を識別するためのものではあるが，清代の文体でも特に文言から白話のはざまにある「文言白話混淆体」と考えられる文献の文体を調べる上で有効だと考えられる。「使徒行傳」の全文（1 行 22 字× 8 行，全 64 葉，約 22500 字）を中心に調査した結果得られた鑑定語の合計数は次の通りである。

A組（1572例）　但し，ここでの“之”は代名詞として

其	之	以	于/於	也	者	所	矣	則
289	325	144	272	90	217	143	84	8

B組（1379例）　但し，ここでの“之”は連体修飾の助詞として

而	之	何	無	此	乃
325	630	66	51	195	112

C組（17例）　但し，ここでの“兒”と“子”は接尾辞として

便	得	個/箇	了	裏/裡	這	底/的	着	只	兒	子
1	3	0	0	2	1	3	3	0	0	4

A組（1572…53%），B組（1379…46.4%），C組（17…0.6%）という結果が得られた。語録・変文は文言白話混淆体で，特に変文ではB組：“而，之（定），何，無，此，乃”の使用頻度が高くなる。その理由としてヤホントフは「読者或いは聞く者にインパクトを与えるため，文献の作者が，意識的・人為的に「文言化」を図り，口語虚字にかえて文言虚字を多く使用した。」のであると言う。「使徒行傳」でのB組の多さ，特に“之”の630語という数はこのことを表しているのではないか。

モリソンが目標とすべき文体の代表と考えていたのが『三国演義』であるが，『三国演義』の巻一「祭天地桃園結義，劉玄徳斬寇立功」（約4272字）について調べてみると以下のような結果が得られる。[3)]

A組（97例）

其	之	以	于/於	也	者	所	矣	則
17	27	5	17	13	12	4	1	1

B組（93例）

而	之	何	無	此	乃
14	24	11	10	26	8

C組（34例）

便	得	個, 箇	了	裏/裡	這	底/的	着	只	皃	子
2	2	12	13	0	3	1	0	0	0	1

A組（97例…43.3％），B組（93例…41.5％），C組（34例…15.2％）と，A組とB組がともに約4割強でほぼ同数，C組がその3分の1の割合という結果が得られた。モリソンの「使徒行傳」に比べてC組の割合が非常に高いことが見てとれる。一応の目安として『三国演義』の方を5.3倍して総字数を同規模にして比較してみると，次のようになる。

	三国演義	使徒行傳
A組	514	1572
B組	492	1379
C組	180	17

数字から明らかなように「使徒行傳」に虚字の多さが目立つ。A組，B組では『三国演義』の約3倍である。しかし白話的虚字であるC組は約10分の1という少なさである。

次に，ブリッジマン・カルバートソン訳（以下BC訳）「使徒行傳」（21859字）と比較（第1章から第5章に限った）してみると，以下のような結果になり，A組，B組は数字の上では大差がない。また，BC訳ではC組は見られない。

A組

	其	之	以	于/於	也	者	所	矣	則
神天聖書	60	65	33	44	23	62	36	12	1
BC訳	63	76	35	64	31	79	52	8	14

B組

	而	之	何	無	此	乃
神天聖書	75	114	18	12	40	13
BC訳	47	94	15	10	43	17

また，ロバート・トーム（Robert Thom 羅伯聃 1807-1846）の言う“particle（不変化詞）”の“之，乎，者，也，矣，焉，哉”については，各福音書によってばらつきがあるが，「使徒行傳」では下表のような結果が得られた。

之	乎	者	也	矣	焉	哉
630	36	217	90	84	33	0

代名詞については，全巻にわたって“我，吾，余，汝，爾，其，之，他，伊”，複数を表す語尾では“輩，曹，等，（我）儕，們”が使われている。なお，巻8（「ヘブライ人への手紙」以下）には“你們，他們”も多数見られる。

5.3　白話的語彙の用例について

『神天聖書』はふつう“文理”に分類されているが，「使徒行傳」には白話的語彙も多数見られる。そのうちの幾つかについて，該当する箇所を紹介する。また，各語彙ともに1例のみについて，モリソン改訳，BC（文理）訳，欽定訳聖書（英語），日本語文語訳（日本聖書協会 2001『舊新約聖書文語訳』以下【文】と略。）を併せて挙げているので，それぞれ対照されたい。

5. 3. 1 「使徒行傳」における白話虚詞

（1）“便”（1 例）

28-16）…but Paul was suffered to dwell by himself with a soldier that kept him.

【四】 …隨保祿便住偕兵守之者

【神₁】 …惟隨保羅便住偕兵守之者

【神₂】 …惟隨保羅便住偕兵守之者

【聖】 …隨保羅便住偕兵守之者

【改】 …惟准保羅同防兵私居也

【BC】 …惟保羅得許偕一守之之卒自居

【文】 パウロは己を守る一人の兵卒とともに別に住むことを許さる,

（2）“得”（3 例）

10-10）And he became very hungry, and would have eaten: but while they made ready, he fell into a trance,

【四】 饑而求食方便時其心超出見異照

【神₁】 其覺得饑而求食做方便時其心超出異照

【神₂】 其覺得饑而求食做方便時其心超出異照

【聖】 饑甚思食具備時其彷彿見奇照

【改】 忽飢欲食備食間彼得羅心神感動

【BC】 饑甚欲食人具餐時則靈遊象外

【文】 飢ゑて物欲しくなり，人の食を調ふるほどに我を忘れし心地して,

（3）“裡”（2 例）

10-30）…I was fasting until this hour; and at the ninth hour I prayed in my house,

【四】　…至此時即九時我在屋裡祈禱…

【神₁】…至此時即九時我在屋裡祈禱…

【神₂】…至此時即九時我在屋裡祈禱…

【聖】　…至此時即九時我在屋內齋禱…

【改】　…適此時吾方持齊正未申之際吾在家祈禱…

【BC】…適至此時當申初在家祈禱…

【文】　われ四日前に我が家にて午後三時の祈をなし，

（4）“這”（1 例）

16-20）saying, These men, being Jews, do exceedingly trouble our city,

【四】　…曰這些人乃如達人擾亂我邑

【神₁】…曰這些人乃如大人擾亂我邑

【神₂】…曰這些人乃如大人擾亂我邑

【聖】　…曰這些人乃如大人擾亂吾邑

【改】　…曰此猶太人多亂吾邑

【BC】…曰此猶太人騷擾我邑

【文】　言ふ「この人々はユダヤ人にて，我らの町を甚く騒がし，

（5）“底／的”（3 例）

17-32）And when they heard of the resurrection of the dead, some mocked: and others said, We will hear thee again of this matter.

【四】　伊等聞死者之復活有的笑有的曰我等再聽爾講

【神₁】伊等聞死者之復活有的笑有的曰我等再聽爾講

【神2】 伊等聞死者之復活有的笑有的曰我等再聽爾講
【聖】 伊等聽得死者之復活有的笑有的曰我們願再聽爾道此
【改】 衆聞復活之道有人戲笑但有人云吾欲再聽爾此論也
【BC】 衆聞死者復生之言有戲笑者有曰我其再聽爾言此
【文】 人々，死人の復活をききて，或者は嘲笑ひしが，或者は「われら復この事を汝に聞かん」と言へり。

（6）“着”（3 例）

26-15/16）…And he said, I am Jesus whom thou persecutest. But rise, and stand upon thy feet; …

【四】 …主曰我是爾所捕者耶穌／爾起立着…
【神1】 …主曰我為爾所捕者耶穌／爾起立着…
【神2】 …主曰我為爾所捕者耶穌／爾起立着…
【聖】 …曰我乃耶穌爾所捕者／爾起立着…
【改】 …主曰吾乃耶穌爾所捕害者也／爾可起來…
【BC】 …曰我乃耶穌爾所窘迫者／爾起…
【文】 主いひ給ふ「われは汝が迫害するイエスなり。起きて汝の足にて立て，

（7）“子”（4 例）

09-23）And after that many days were fulfilled, the Jews took counsel to kill him:

【四】 日子久後如達人謀殺之
【神1】 日子久後如大人謀殺之
【神2】 日子久後如大人謀殺之
【聖】 日子既久如大人謀欲殺之
【改】 數日之後猶太人謀殺掃羅

【BC】 既歴多日猶太人謀殺掃羅

【文】 日を経ること久しくして後，ユダヤ人かれを殺さんと相謀りたれど，

5.3.2 「使徒行傳」に見られるその他の白話的なもの

(8) “從（介詞）”（6例）

“自”が最も多く，次いで“由”がある。“從”はほとんどが「付き従う」の意味であるが，まれに介詞がある。

17-31）in that he hath raised him from the dead.

【四】 自死輩復活之

【神1】 自死輩復活之

【神2】 且從死輩中復活

【聖】 自死中復活之

【改】 且復活之

【BC】 乃自死中復生之

【文】 彼を死人の中より甦へらせて

(9) “在（介詞）”（7例）

11-05）I was in the city of Joppa praying:

【四】 我前在若伯邑祈禱…

【神1】 我前在若巴邑祈禱…

【神2】 我前在若巴邑祈禱…

【聖】 我在若巴邑祈禱…

【改】 我素在約帕邑祈禱…

【BC】 我在約帕邑祈禱時…

【文】 われヨッパの町にて祈り居るとき，

（10）“願意”

15-34）Not with standing it pleased Silas to abide there still.

【四】　西辣意願居焉而如達獨往柔撒冷

【神1】　惟西拉願意居焉

【神2】　惟西拉願意居焉

【聖】　然西拉悦居彼

【改】　然西拉合意尚住安提悪

【BC】　惟西拉決意居彼

【文】　…なし…（異本に「シラスはそこに留るをよしとせり」の句あり。）

（11）“特意”

09-21）Is not this he that destroyed them which called on this name in Jerusalem, and came hither for that intent, that he might bring them bound unto the chief priests?

【四】　此人豈非向在柔撒冷攻害于呼此名輩而特意來此以拘解伊等于鐸德之諸宗乎

【神1】　此人豈非向在耶路撒冷攻害于呼此名輩特意來此以拘解伊等于祭者之諸首乎

【神2】　此人豈非向在耶路撒冷攻害呼此名輩特意來此以拘解伊等于祭者之諸首乎。

【聖】　此人豈非素在耶路撒冷攻害于呼此名輩特意到此以縛解伊等于祭者之首乎

【改】　此人豈非在耶路撒冷害所崇此名者今特來此拘解此徒到祭主乎

【BC】　此人非在耶路撒冷殘害籲斯民者乎且來此非亦為此故欲繫是徒以解於祭司諸長乎

【文】　「こはエルサレムにて此の名をよぶ者を害ひし人ならずや，

又ここに来りしも，之を縛りて祭司長らの許に曳きゆかんが為ならずや」

（12）“不拘”（1例）

他の巻では多くあり，あとは“不論”が幾つか見られる。

10-35）But in every nation he that feareth him, and worketh righteousness, is accepted with him.

【四】　而不拘何民凡畏之行義者中其意也獲其愛也
【神$_1$】　而不拘何處民凡畏之行義者則獲其接收也
【神$_2$】　而不拘何處民凡畏之行義者則獲其接收也
【聖】　而無論何民凡畏之行義者必見納也
【改】　但在萬國敬虔行善者無不悦接也
【BC】　凡國中有畏神而行義者皆為其所納也
【文】　何れの國の人にても神を敬ひて義をおこなふ者を容れ給ふことを。

（13）“不但～乃／～且／～而／～即”（5例）

巻1から巻5（「マタイによる福音書」から「使徒言行録」まで）に万遍なくある。

27-10）not only of the lading and ship,but also of our lives.

【四】　…不但為船為載之貨且為我們之命矣
【神$_1$】　…不但為船為載之貨且為我們之命矣
【神$_2$】　…不但為船為載之貨且為我們之命矣
【聖】　…非獨為船為載之貨且為我等之命矣
【改】　…不只船破貨失亦恐累及生命矣
【BC】　…不第舟與貨且及我儕生命矣
【文】　ただ積荷を船とのみならず，我らの生命にも及ぶべきを認む

（14）“除～外”（2 例）

巻 1 から巻 5 に万遍なくある。

27-22）And now I exhort you to be of good cheer: for there shall be no loss of any man's life among you, but of the ship.

【四】 然今勸爾眾安心除船外不致壞一人之命

【神1】 然今勸爾眾安心除船外不致壞一人之命

【神2】 然今勸爾眾安心除船外不致壞一人之命

【聖】 然今勸爾眾安心除船外不致失一人之命

【改】 但今奉勸安心益除船外爾眾一命必不喪失矣

【BC】 今我勸爾安心爾中無一失生命者惟失舟而已

【文】 いま我なんぢらに勧む，心安かれ，汝等のうち一人だに生命をうしなふ者なし，ただ船を失はん。

（15）“就”（3 例）

28-28）that the salvation of God is sent unto the Gentiles, and that they will hear it.

【四】 なし

【神1】 …今使于異民且其就聞之

【神2】 …今使于異民且其就聞之

【聖】 …已遣于異民且其就聞之

【改】 …將宣及異族類矣伊等將聽之

【BC】 …施於異邦人彼將聽之也

【文】 異邦人に遣されたり，彼らは之を聴くべし」

（16）“差不多”

26-28）Then Agrippa said unto Paul, Almost thou persuadest me to be a

Christian.

【四】　阿基玻謂保祿曰于小爾勸我為基當

【神₁】　亞其巴謂保羅曰爾差不多勸着我為基利士當

【神₂】　亞其巴謂保羅曰爾差不多勸着我為基利士當

【聖】　亞其巴謂保羅曰爾幾勸我為基利士督教

【改】　亞革哩帕語保羅曰只差幾分爾勸我成基督之徒也

【BC】　亞基帕謂保羅曰爾之勸幾使我為基督徒矣

【文】　アグリッパ，パウロに言ふ，「なんぢ説くこと僅にして我をキリステアンたらしめんとするか」

（17）"連／聯"（3例）

15-02）they determined that Paul and Barnabas, and certain other of them, should go up to Jerusalem unto the apostles and elders about this question.

【四】　而定保祿與巴納伯連他班數人上柔撒冷問列使徒及老者明此事

【神₁】　而定保羅與巴耳拿巴連他班數人上耶路撒冷問列使徒及老者明此事

【神₂】　而定保羅與巴耳拿巴連他班數人上耶路撒冷問列使徒及老者明此事

【聖】　而定保羅與巴耳拿巴並別班數人上耶路撒冷問諸使徒及老輩明此事

【改】　後聖會立意遣保羅巴拿巴等往耶路撒冷見聖差長老等問及此事也

【BC】　衆定意遣保羅巴拿巴及其中數人為此端上耶路撒冷見使徒長老

【文】　パウロ，バルナバ及びその中の数人をエルサレムに上らせ，此の問題につきて使徒，長老たちに問はしめんと定む。

(18)“連～亦／連～”(6 例)

11-18) and glorified God, saying, Then hath God also to the Gentiles granted repentance unto life.

【四】 …而嘆稱神曰連異民神亦賜之痛悔…

【神1】 …而讚頌神曰連異民神亦賜之痛悔…

【神2】 …而讚頌神曰連異民神亦賜之痛悔…

【聖】 …而嘆稱神曰連異民神固也賜之以悔心…

【改】 …而讚上帝云是則上帝已賜異族可悔罪享生也…

【BC】 …歸榮於神曰是則神亦賜異邦人悔改…

【文】 頓て神を崇めて言ふ「されば神は異本人にも生命を得さする悔改を与へ給ひしなり」

“連”については，太田辰夫 1958，介詞 17.17 包括・強調の項に「現代語では《連》を用いるが，包括のみならず強調のこともある。最近《包括》も用いるがこれには強調はない。古くは《和》もこれに用いられた。《連》が包括をあらわす介詞としてつかわれた例は唐代からある」，また「《連》が強調をあらわすようになったのはおくれて宋代からである」と言及されている。[4] 香坂順一 1983 では（46）“包括”と“連”で，“連”を英語の“including”にあたるものとし，さらに“連”が介詞や連詞に用いられる例は現在方言に見られる，としている。[5]

また，このほか「使徒行傳」には“該”“～過”“～去”“～上”“為甚麼”“爺們”“我們”“他”“地下”などが見られる。

5.4 その他若干の語彙について

(19)“臺場”(劇場)

19-31) And certain of the chief of Asia, which were his friends, sent unto him, desiring him that he would not adventure himself into the theatre.

【四】 亞細亞數尊貴人素為厥契友亦差人請之毋投于臺場

【神1】 亞西亞數尊貴人素為厥契友亦差人請之毋投于臺場

【神2】 亞西亞數尊貴人素為厥契友亦差人請之毋投于臺場

【聖】 數亞西亞尊貴人素為其厚友亦遣使勸之莫投自于臺場

【改】 又亞西亞貴人與保羅相契者差人勸之不可入場也

【BC】 亞西亞宗伯數人與保羅為友者亦遣人勸之勿自投於戲館

【文】 又アジヤの祭の司のうちの或者どもも彼と親しかりしかば，人を遣して劇場に入らぬやうにと勸めたり。

（20）“麵包”（パン）

モリソン『字典』*A DICTIONARY OF THE CHINESE LANGUAGE PART III* では“BREAD”が“麵頭 meen tow; 麵包 meen paou. Bring the bread, 拿麵頭來 na meen tow lae. ”となっている。聖書では「パン」は非常に重要に位置付けられるものである。[6)]『神天聖書』に見られる「パン」に対する訳語は“餅，麵，麵餅，麵頭，麵包”と様々である。この中では“餅”が圧倒的に多い。「使徒行傳」では，02-42の“恆守使徒之訓通其劈餅而祈禱（彼らは使徒たちの教を受け，交際をなし，パンを擘き，祈祷をなすことを只管つとむ）”をはじめ，5例全て“餅”である。“麵包”は「聖路加傳福音書（ルカ）」の3個所で用いられている。ここではルカの用例を1つ紹介する。

L24-30）And it came to pass, as he sat at meat with them, he took bread, and blessed it, and break, and gave to them.

【四】 同席間取餠祝之擘付伊等

【神1】 會在席時其取麵包言之福擘之而分與伊等

【神2】 會在席時其取麵包言之福擘之而分與伊等

【聖】 既在席其取麵頭言之福擘之而分與伊等

【改】 正赴席間耶穌取餅既祝謝後擘而與之
【BC】 在席間耶穌取餅祝謝擘而予之
【文】 共に食事の席に著きたまふ時，パンを取りて祝し，擘きて与へば，

（21）“議會”（議会）（6 例）

同義のものには“公所”と“會所”がある。他の巻にも見られる。「裁判官」にあたるものには“審司”が，「裁き」にあたるものには“審判”がある。

24-20）Or else let these same here say,if they have found any evil doing in me,while I stood before the council.
【四】 然此等亦可言我在厥議會中責我有何不公之情
【神1】 然此等亦可言我在厥議會中責我有何不公之情
【神2】 然此等亦可言我在厥議會中責我有何不公平之情
【聖】 然此輩亦可言我在議會中責我有何惡端
【改】 或素吾侍公會前之際若伊等察出惡弊則今告我可也
【BC】 或我立議會前在玆者見我有不義之處亦可言也
【文】 或はまた此処なる人々，わが先に議会に立ちしとき，我に何の不義を認めしか言へ。

（22）“原告”（原告）（5 例）

この他，“被告／被告人”（被告）もある。

25-16）To whom I answered, It is not the manner of the Romans to deliver any man to die, before that he which is accused have the accusers face to face, and have licence to answer for himself concerning the crime laid against him.

【四】　我答以羅瑪規矩不容被告人未對質諸原告以能表白己罪前被問罪

【神₁】　我答以羅馬規矩不容被告人未曾對質諸原告以能表白己罪而先被問罪

【神₂】　我答以羅馬規矩不容被告人未曾對質諸原告以能表白己罪而先被問罪

【聖】　我答以羅馬規矩不容被告人未對質諸原告以能表白己罪前被問罪

【改】　惟吾答曰被告之人未曾原告對證且未自白其所告狀遂定死罪非羅馬人規矩也

【BC】　我曰被訟之人未得與訟者面質以自訴己事遂付之於死非羅馬人例也

【文】　我は答へて，訴えらるる者の未だ訴ふる者の面前にて弁明する機を与へられぬ前に付すは，ロマ人の慣例にあらぬ事を告げたり。

最後に現代語と意味が異なるものを2つ挙げておく。

(23)“工業”(仕事)

13-02) As they ministered to the Lord, and fasted, the Holy Ghost said, Separate me Barnabas and Saul for the work whereunto I have called them.

【四】　聖風謂之曰汝曹拔埽琭與巴納伯置與我以就我所為取伊等之工業也

【神₁】　…聖風謂之曰汝曹拔掃羅與巴耳拿巴置與伊以就我所為取伊等之工業也

【神₂】　…聖風謂之曰汝曹拔掃羅與巴耳拿巴置與伊以就我所為取伊等之工業也

【聖】 …聖風謂之曰爾等拔巴耳拿巴及掃羅置與伊以就我所為取伊等之工業也

【改】 …卻聖神諭曰當擇巴拿巴及掃羅以行吾所命之也

【BC】 …聖靈曰為我甄別巴拿巴掃羅俾行我所命彼之職

【文】 彼らが主に事へ断食したるとき，聖霊いひ給ふ「わが召して行はせんとする業の為にバルナバとサウロとを選び，別て」

（24）“落地”（地面に倒れる）

26-14）And when we were all fallen to the earth, I heard a voice speaking unto me, and saying in the Hebrew tongue, Saul, Saul,

【四】 我儕既皆落地余聽聲赫伯音曰埽琭埽琭…

【神₁】 我儕既偕落地余聽聲希百耳音曰掃羅掃羅…

【神₂】 我儕既偕落地余聽聲希百耳音曰掃羅掃羅…

【聖】 我等既皆仆地我聞聲希百耳音曰掃羅掃羅…

【改】 吾等皆伏地聽聲希伯來音語我云掃羅掃羅…

【BC】 衆皆仆地我聞聲亦希伯來方言語我曰掃羅掃羅…

【文】 我等みな地に倒れたるに，ヘブルの語にて「サウロ，サウロ，……」といふ声を我きけり。

5.5　小結

本章では『神天聖書』巻5「使徒行傳」を範囲として調査したが，『四史攸編』の中国語をおおむね踏襲しており，『聖経』とは訳文がほぼ一致することが分かった。また，『神天聖書』は，巻によって，使われる虚詞とその用例数に傾向があり，例えば句末助詞をとっても，「マタイによる福音書」では“也”が，「ルカによる福音書」では“焉”や“哉”が他に比べて目立つのに対して，「使徒行傳」では“也”や“矣”が極端に少ないと言うように，文体の特徴も一様ではない。のちにメドハー

ストはその著書 *China; Its State and Prospect* で，モリソンの弟子梁阿発による「この聖書で用いられている文体は，慣用的表現にはほど遠い。翻訳者はさまざまな文字を使い過ぎたり，慣用に反した文句を用いたりしているので，（中略）余分な助辞を削り，不適当な表現を改める」必要があるという意見を紹介し，改訳の必要性を指摘している。[7)] これはモリソンが，底本とした『四史攸編』以前の文体を踏襲しつつも，読者に分かり良いように平易な口語的なことばを極めて多く使用した結果だとも言える。また，サミュエル・キッド（Samuel Kidd, 1797 or 1804-1843）は「おもな欠点は，原文の語順に忠実に訳しすぎていることで，中国語の慣用的な語順に対しても同じような忠実さで配慮をしてほしいのである」と言っている。[8)]「使徒行傳」を見る限り，これは的を射た指摘であり，本章を通して見てきたように，洗練されていないながらも，個別のことばでは十分に口語的な要素を有していると思われる。同じく“文理”に分類されるブリッジマン・カルバートソン訳（BC訳）と比較してみると，『神天聖書』を文理とするには違和感を覚えるが，では“浅文理”かというと，やはりこれだけ文言虚字の多いものを“浅文理”に分類するのも難しい。『神天聖書』の文体や語彙の特徴はどのようなものか。文体の分類という点では線引きが実に難しいという特徴をもっているのである。

また，異文化の受容という面からみると，『神天聖書』をはじめ，中国語訳聖書には，西洋の文化に関する“麺包”や“議會”などの語彙が顔をのぞかせることから，新しい語彙の形成の過程や，モリソンの路線を基本的に継承したBC訳を経由しての日本語訳聖書への影響などを見る上でも，資料としての可能性を持っていると言えるだろう。

注

1）本章では香港聖経公会1997影印『新遺詔書第一本至第五本（一八二三年）』（1823年版の『神天聖書』に収録されたもの）を使用した。

2）「中国語の「説話」とか俗語は，読書人に輕蔑されてはいるが，程度の低い俗な表現なのではなくて，民衆の共通のことばであり，教育のある人だけに分かる高級で古典的で難しい文体と違っているのである。わたしの翻訳では，忠実で，明快で，単純であることを心がけた。めったに使われない古典のことばよりも，ふつうのことばを選んだ。異教徒の哲学者や宗教家が使うような用語を避けた。洗練されてなくても，分かりやすいようにした。」*Memoirs of the life and Labours of Robert Morrison, Compiled by his Widow, vol. II*, Long Ⅱ man, London 1839, p.10（日本語訳は柳父章 1986 より）

3）資料として，井上泰山編『三国志通俗演義史傳（上）』（関西大学出版部 1997）を利用した。

4）先ず「《連》が包括をあらわす介詞としてつかわれた例は唐代からある」として「若數西山得道者，連予便是十三人（施肩吾詩）」と「何時猛風來，為我連根拔（白居易詩）」の2つの例文がある。次に「《連》が強調をあらわすようになったのはおくれて宋代からである」として，例文「今人連寫也自厭煩了（朱10）」が挙げられている。

5）“包括”と“連”の項で示された例文は“現在這裡的人，從老太太起連上園裡的人，有多一半都愛吃螃蟹的（紅樓夢37）”などであり，また介詞や連詞に用いられる例として『普通話論集』171頁の例“我跟你一塊兒去＝我連你一塊兒去。”と“我的年紀何他一樣＝我的年紀連他一様。”を挙げている。

6）「パン」にあたる中国語の語誌については，尾崎實 1991「清代末期におけるパンの受容度」（『関西大学文学論集』40巻3号）を参照した。

7）W. H. Medhurst, China; *Its State and Prospect* 1838, p.442 に紹介された梁阿発（Leang Afah）の意見の全文は以下の通りである。
"The style adopted in the present version of the scriptures, is far from being idiomatic, the translators having sometimes used too many characters, and employed inverted and unusual phrases, by which the sense is obscured. The doctrines of scripture are in themselves deep and mysterious; and if in addition to this, the style be difficult, men will be less likely to understand the book. I am a Chinese, and know the style most suited to the Chinese mind} let us endeavor, therefore, to render the version more idiomatic, and then print as many books as we please. The belief or rejection of the scriptures rests with those to whom we send them; but it is our duty to render the sacred volume as intelligible as possible. Although 1 am a dull scholar, vet I know whether the style of a book be native or foreign; and perceiving the version to be unidiomatic, I feel the

necessity of attempting its correction. I have, therefore, gone through some of the books of scripture, rejecting the redundant particles, and amending the inverted expressions, with the hope that my countrymen may the more readily comprehend them; ihus the grace of God, in sending Jesus into the world to save sinners, will not be frustrated, and the kind intentions of Christians in communicating the Gospel to the Chinese, will not be entirely in vain."
（日本語訳は柳父章 1986 を参照した。なお，同書は Medhurst1842 を引用しているが，内容は同じである。）

8）同じく W. H. Medhurst 1838, p.444 に紹介されたサミュエル・キッド（Samuel Kidd）の意見の全文は以下の通りである。
"Were I to assert that there are no defects in the old version, I should excite unmixed wonder; since it is a first version into a difficult language, and must needs be susceptible of much improvement. Its chief imperfections are, a too literal adherence to the order of the original, where equal faithfulness might be secured, by a more idiomatic disposition of the words: and also inattention to some minutge, in arranging antithetic words and phrases, to which the Chinese attach great importance. Sometimes by omitting or supplying a word or two, the euphony of the sentence could be improved, without impairing its fidelity to the original,"
（同上）

第6章
聖書本文に見られる宣教師の中国語研究
―4聖書の本文・語彙の比較とのちの聖書への継承関係―

第1節　宣教師が用いた人称代名詞

6.1.1　中国語訳聖書における人称代名詞

中国語訳聖書の語彙の用法，或は文体のイメージを簡潔に表現することは極めて難しいことである。宣教師たちが聖書を中国語に翻訳した時期，彼らの身の回りには，文言，白話の文学作品にみられるようなことば，口語・方言などが混在していた。そして，宣教師たちにとっては，これらいずれもが学習すべき対象の言語であった。当時，書面語や口頭語として，実際に使われていた語彙を，宣教師たちはどんな理解に基づいて，翻訳の際に選択し，用いたのか。そして，その用法にはどのような特徴があるのだろうか。

例えば，人称代名詞を取り上げてみよう。中国語の人称代名詞は，古代の文言，つまり書き言葉には，語彙の用法に厳格な規範があった。中国人による初期の文法書である『馬氏文通』は，文言での人称代名詞の用法について次のように述べている。[1)]

発話者（一人称……筆者注）は，“吾”で表され，文言では主格，修飾格に用いられるものがその常である。“我”と“予”はどの格にも用いられる。“予”は主格と動詞の後ろの目的格に用いられるのが多く，例えば，修飾格で“之”を間に挟む。“朕”と“台”の2つは，発話者の自称で，『書経』で用いられている。

この『馬氏文通』以降にも，胡適をはじめ中国人による人称代名詞の規範についての論考は多く，また，西洋人の文法研究においても人称代名詞に関する記述は多い。本節では，上記の文法書などで指摘されている規範に照らして『聖経直解』『四史攸編』『神天聖書』『聖経』等の中国語訳聖書の本文における用例を分類する[2)]。さらに，西洋人による中国語文法書の解説，中国語の文言の規範，白話，吏文などの用例と対照しながら，中国語の人称代名詞に対する宣教師たちの理解と，聖書の中国語訳における用法の特徴を明らかにしたい。

6. 1. 2　一人称代名詞について

6. 1. 2. 1　『聖経直解』と『四史攸編』

『聖経直解』では一人称代名詞が3種類使用されており，“予”が350例で最も多い。また，そのうち文末での用例が24例である。“我”は73例で，うち文末が5例，“吾”は49例で，うち文末での用例が次の1例である。次の例文の番号は順に，巻・経・文・翻訳された4福音書の名称と章・文を表し，（　）内は「ルカによる福音書」第2章の第15節を翻訳していることを表す。

9-3-1（L2-15）　維時牧童胥言往也亟至白冷往視天主今攸為奇而示于吾

この“吾”の文末の1例は，後述する古文での法則にあてはまらないものであり，この“吾”を含む1節は，『神天聖書』では次のように改められている。以下の例文の各番号冒頭のアルファベットはそれぞれ，“M”が「マタイによる福音書」，“Ma”が「マルコによる福音書」，“L”が「ルカによる福音書」，“J”が「ヨハネによる福音書」であることを表す。

L2-15　神使離之去上天時牧輩相云我宜往到百得利希麥而視主示我此所遇之情

“余”は用例が見られない。また，一人称に複数語尾が付く用例は少なく，それぞれ“予等”が1例，“我等”が7例，“我輩”が2例，“吾等”が4例，“吾輩”が4例，“吾儕”が10例である。

『四史攸編』については，4福音書の抄訳部分から，「マタイによる福音書」に相当する部分のみの用例数を挙げてみると，“我”が190例で，うち文末が5例，“吾”が38例でうち文末が無く，主格が9例，修飾格が29例，“余”が23例でうち文末が3例，“予”は用例が無い。複数語尾では，“我等”が22例，“我輩”が12例，“我們”が3例で，“吾曹，吾輩，吾儕”は各々1例ずつである。

6. 1. 2. 2　モリソンと『神天聖書』

モリソンは，*A Grammar of the Chinese Languag*, 1815の中で，一人称代名詞（おそらく口頭語の……筆者注）について，「“我”I or me」で「複数形は“我們”we or us」，「幾つかの書物ではIは“儂”」，「Tartarsは時々weに“咱們”を用いる」としている。さらに「“我”は一人称単数であるが，時に一人称複数のusと理解されることがあり」，「単数の人称代名詞はしばしば文脈から複数の意味に規定される」とも述べている。それぞれ，その根拠や，例文の典拠は示していないが，いわゆる単数形が複数形を包括している点にも触れている。また，書面語については，「一人称単数の漢字“余，予，吾，俺”は書面語に見られる。二人称単数は“爾，汝”である。複数を表す語尾では“們”とともに，漢字“等，輩，儕，偶，曹”などが複数型に用いられる」と指摘している。

(1) “吾”と“我”の使い分けの法則

モリソンの『神天聖書』では，人称代名詞の使われ方にどのような特徴があるだろうか。先ずは一人称の代詞について見てみよう。『神天聖書』では，“吾”と“我”が使われており，一見したところ，無秩序に使われているようにも見えるが，果たしてそうであろうか。

周法高 1959 は，中国語の一人称代名詞のについて次のように述べている。[3)]

> 列国時代に，“吾”と“我”はいずれも常用の一人称代名詞であった。“吾”は主格と目的格に常用され，“我”は目的格に用いられた。“吾”と“我”の用法の区別は，『論語』の中で比較的顕著で，その他の書物の中では，“我”が主格に用いられるものも少なくないが，“我”が主語になる場合は，大体が語気を強める理由からである。

中国語の古文の一人称には“吾”“我”“卬”“台”“余”“予”“朕”があり，[4)]代表的なものが“吾”と“我”の2つであると言われる。尾崎 1960 では，胡適の“吾”と“我”の使い分けについての8則を挙げている。このうちの1則から6則は以下の通りである。[5)]

1“吾”は主格に用いられる。
2“吾”は属格に用いられ，名詞の前に位して，その所属を示す。
3“吾”は属格に用いられ，代名詞“所”の前に位する。
4“吾”は目的格には用いることができない。
5“我”は目的格に用いられ，他動詞の目的語となる。
6“我”は目的格に用いられ，前置詞の目的語となる。

さらに，尾崎 1960 は，一人称代名詞の区別の生成過程について以下のようにまとめている。

1）“我”の“吾”“我”への分解は，ある声調は句末に立ちやすく，ある声調は句末には立ちにくいという声調上の区別にかかわるものとして起ったかも知れない。

2）声調上の区別にかかわるものとして起ったにせよ，それがその方言内部に定着すると同時に，それは「格」という文法的規範としても意識された。すなわち主格，属格は“吾”によって，目的格は“我”によってあらわされる，という規範の意識である。

また，太田 1964 では，“吾”は単数・複数に両用され，主語・形容詞的修飾語とまり，要するに文の始めか中間に置くもので，文末にくることはない，としており，“我”については，主語，賓語に用い，形容詞的修飾語に用いることは稀である，としている。[6] そして，「同一または隣接した文に一人称代名詞を 2 つ用いる場合には，文語としては一般に（A）主語には“吾”，賓語には“我”，（B）主語には“我”，形修（形容詞的修飾語……筆者注）には“吾”」，と言うようにいずれかのパターンで“吾”“我”を使い分けている，と述べている。

⑵　『神天聖書』の“吾”と“我”

以上の 2 つの論考が，文言における一人称代名詞使用の一般的な法則を最も明確に指摘しているものと思われる。『神天聖書』では，この法則に合致する使い方をしているのであろうか。まず，『神天聖書』の「マタイによる福音書」以下の 4 福音書について，“我”と“吾”の用例数を見てみよう。[7]“我”は，399 例で，そのうち文末での用例は 10 例あり，複数語尾が付いたものは，“我們”50 例，“我等”13 例で，その他の用例は無い。[8]“吾”については，53 例で，「マタイによる福音書」に限るとわずか 3 例しか無く，文末の用例は見られない。複数語尾が付くものは“吾等”の 1 例だけである。[9]

「マタイによる福音書」での上記の“我”と“吾”の用例について見

てみると，1）“我”の 50 例は定型句“我確語爾知”“我確語汝知”などに使用されていること，2）“我之父於天者”“我父在天者”などが 5 例。3）“吾”3 例はそれぞれ引用のなかで用いられている，ことが特徴と言えるだろう。“吾”の 3 例は以下の通りである。

M3-9　ヨハネの言中の引用“我們有亞百拉罕為吾父者”
M8-17　イザヤの言中の引用“其自帶去吾等之患，並負吾各疾。”
M21-42　イエスの言中の聖書引用“此乃主所行而吾眼前可奇矣。”

“吾”の複数語尾は“吾等”の 1 例である。

M8-17　イザヤの言中の引用“其自帶去吾等之患，並負吾各疾。”

“吾”が用いられる格について見ると，次表の通り，福音書によって用例数にばらつきがある。福音書によって文体が均質ではないことも予想されるが，本節では，それには触れないことにする。ここでは 4 福音書全体としての用法について見ていきたい。

	4福音書	マタイ	マルコ	ルカ	ヨハネ
“吾”用例数	53	3	0	35	15
主格	11	0	0	7	4
属格	38	3	0	25	10
目的格・兼語	目2/兼2	0	0	目1/兼2	目1

太田 1964 では，“吾”は単数・複数に両用され，主語・形容詞的修飾語となり，要するに文の始めか中間におくもので，文末にくることはない旨を指摘している。『神天聖書』における，主格での用例は以下の通りで，尾崎 1960 や太田 1964 で定義された法則にあてはまると言える。

L9-13　謂之曰爾自付伊等以食曰吾止有五箇麵頭兩尾魚不然必去買糧為此眾民

L15-18　我就起往父處對之言父吾得罪天並爾

J16-30　今吾儕明知爾無所不知且弗需何人向汝有問因此吾知汝由神而出

属格での用例は以下の通りである。

M8-17　致驗以賽亞先知所語云其自帶去吾等之患並負吾各疾矣

J20-28　多馬士答謂之曰吾主吾神矣

この他，目的格での用例は以下の通りである。

L11-3　賜吾每日吾日用糧（“吾日用糧”のほうは属格）

J1-22　伊等又謂之曰爾為誰吾輩欲復告使吾者爾自說何及己也

兼語での用例は以下の通りである。

L11-4　免吾罪蓋吾亦免負我者勿引吾進誘惑惟救我于凶惡

L15-19　且弗可尚稱爾子使吾為如爾傭人之一然

太田 1964 で言われる，同一または隣接した文に一人称代名詞を 2 個用いるとき，文語としては一般に，（A）主語には“吾”，賓語には“我”を用い，（B）主語には“我”，形修には“吾”，という法則については，以下に挙げる例文に，その法則性が認められる。

（A）について

L11-4　免吾罪。蓋吾亦免負我者。勿引吾進誘惑惟救我于凶惡。

J1-27　是彼後我來而即薦先我吾弗堪解厥履帶者

（B）について

L9-61　又或曰我將從爾惟許我先去辭別吾家人

L12-4　我又言爾吾友勿懼伊殺身者而後無所能行

このほかに，形修“吾”，賓語“我”のパターンもある。

L10-22　萬物乃吾父所賜我。除父外無知子者並除子外無知父者惟子所示知之者也

L12-13　眾內一人謂之曰師令吾兄弟與我分遺業

⑶　“余”

“余”の全用例数は以下の表の通りで，「マタイによる福音書」と「マルコによる福音書」では使われていない。

	4福音書	マタイ	マルコ	ルカ	ヨハネ
余	34	0	0	13	21
うち文末	0	0	0	0	0
複数接尾辞	0	0	0	0	0

用例のほとんどが主格である。以下に挙げているように，“余”は1つの節のなかで複数回用いられることは無く，また，文末にも用いられていない。なお，各用例末尾の（　）内は代名詞が指す人物である。

L1-18　且颯加利亞謂使者曰我如何知此蓋余已年老又我妻已進年矣　（ザカリヤ）

L7-8　蓋余為人在權下而有兵在手下我言此去即去彼來即來言我僕行此即行　（百人隊長）

J1-34　余已見而証其為神之子也　（ヨハネ）

J2-4　耶穌答之曰婦也余與汝何與吾時未曾至矣　（イエス）

J4-19　婦謂之曰爺余明見爾為先知也　（サマリヤの女）

属格は次の1例のみである。

J13-6　到西們彼多羅時彼多羅謂之曰主汝要洗余脚乎　（ペテロ）

この他，兼語での用例が1例ある。

L7-20　其人來耶穌時曰若翰洗者差余來爾問爾為彼來者我曹或必望第二耶　（ヨハネの弟子）

(4)　モリソン著『西遊地球聞見略傳』における一人称

モリソンは聖書以外の著作では，人称代名詞をどのように使っているだろうか。モリソンは，聖書の翻訳以外にも，キリスト教関係の著作や，西洋社会を紹介する著作が多数ある。その中に，紀行文のスタイルで西洋文化を紹介する『西遊地球聞見略傳』という一冊がある。[10)]

本書の本文は旅行者すなわち一人称の“某”こと“塵遊居士”が世界での見聞を語るスタイルを採っている。[11)]“某”は四川省のひとであり，彼はまず旅へと駆り立てられた動機を述べ，チベットからインドを経て，カルカッタより海路フランスに向かったことなどを語る。そして，フランスおよびヨーロッパ各国の教育事情，外国文学，宇宙の起原に関する西洋の考え方，地球に関するヨーロッパの考え方などを紹介している。中間に解説付きの世界地図を挿んで，続いてヨーロッパの時間分割，安息日，ヨーロッパの政府の状態，習慣，宗教についても紹介している。そして，アメリカ経由で中国への帰途，Loo-choo沖で難破したものの，広東行きの福建船に乗船できた段までを語っている。

本書全編を通して，一人称の代名詞は40例使用されている。本書の語り部である旅行者“塵遊居士”は，旅程に関わる部分の記述では，一人称は最初から最後まで“某”で通している。“某”の全25例は主格としての用例である。以下の各用例の番号は，葉，表裏，行を表し，例えば“2a-1”は「第2葉表の1行目」である。

2a-1　某獨坐書房時，心下略想及天文地理人類等事。
2b-3　某原來為西川人。
3a-4　某歇了些時後，再往西發。
3b-5　某到加利古打後，即起意要學該處的字語。
4a-5　某心內主意有些不定。
4b-4　某心下略惶惟過了數日。
5a-3　某飄行洋面五月之後，方至友羅巴之法蘭西國。
5b-1　供以日食，好使某得空，更進西學。
6a-5　某離本鄉，至到了法蘭西國。
6b-3　某從母孀所飲之理，又云盤古氏為開闢首君。
8a-5　依某看來，西云神靈主宰等字，略似五經內之上帝等云。
8b-4　某初聽之時，甚覺無根之言。
9a-1　某在巴利士時，與各儒辯駁云。
9a-6　某聞此言有答不及之容緣。
13b-3　某之本鄉在京都之西有十五度。
15b-3　某在巴利士城，讀此一節後。
26b-2　某在米利堅國，止有二十日，遂搭來廣東省皮船一隻。

一人称で“我”が使われているのは9例で，そのうち4例は西洋人と直接会話をしている場面での用例である。なお，以下の用例末尾の（　）内は一人称の人物と会話の相手である。

1）会話の場面での用例

9a-2　設使今我立著之地，飛疾然轉運（“塵遊居士”から西洋人）
9a-3　我不信（“塵遊居士”から西洋人）
9a-3　我不信（“塵遊居士”から西洋人）
9b-2　依我看來，兩様說俱難明（“塵遊居士”から西洋人？）

2）その他（いずれも一人称は“塵遊居士”）

17b-5　我說若他真守禮拜日敬神，習善，方是有用處。
25b-3　時我略怕海路揚帆而去順風去了。
26b-4　我在該船有四個月久。
27a-3　我脚再站中國美地，則五中忻喜不可勝言矣。
27b-1　我今坐書房追憶見聞。

前書き，あとがきにあたる部分では，“予”(1例) や “余”(3例) も使われている。しかし，これらは本編では使われていない。

1a-3　予乃西蜀人也。
1b-3　余雖不敢自矜博覽。
25a-5　余在外數年後心甚慕本家原村。
27a-6　只是余在外之各日，家人刻慮。

この他，複数語尾のついたものについては，いずれも会話の場面での用例で“我們”が2例ある。

8b-6　乃是我們立著此地，於十二個時辰間轉運一次 (西洋人から“塵遊居士”)
9a-3　難道我們總然不覺麼 (“塵遊居士”から西洋人)

本書は旅人である“塵遊居士”が一人称“某”として語るスタイルである。モリソンは語りのスタイルには，“某”が相応しいと判断したのだろうが，聖書である『神天聖書』は，語りのスタイルではないので，一人称の“某”は1例も使われていない。

6. 1. 2. 3　『聖経』

(1)　『聖経』の“吾”と“我”

一人称代名詞は，『聖経』ではどのような使われ方をしているであろうか。『神天聖書』と同様に，さきの法則にあてはまるのであろうか。

『聖経』の「マタイによる福音書」について，“我”と“吾”の用例数を見てみよう。“我”は，315例で，そのうち文末での用例は13例ある。複数語尾が付いたものは全56例で，“我們”40例，“我等”14例で，その他“我輩”“我曹”がそれぞれ1例ずつある。また，定型句「まことに汝らに告ぐ」の表現には“我確語爾知”など“我”を使った表現が57例で，例外1つ（“吾又告爾知”）を除いて，全てに“我”が使用されている。“吾”は，73例で『神天聖書』よりかなり多く，『神天聖書』では“我”が使われているところで“吾”が使われている。文末での用例はやはり見られない。複数語尾が付くものは“吾等”のみで7例しか無い。

M6-9　故宜如此祈禱云吾等父在天者爾名成聖

M6-11　賜吾等以日用糧

M6-12　赦吾負債如吾赦負債吾等者也

M6-13　勿由吾等人誘惑乃救吾等出兇惡蓋爾為之國者權者榮者於世世啞們

M8-17　致驗以賽亞預知所言云其自帶去吾等之患並負吾各疾矣

M20-18　夫吾等上耶路撒冷而人之子將被賣付祭者首書士輩而伊等將定罪殺之

「マタイによる福音書」で“吾”が用いられる格については以下の通りである。

①主格　15例（うち“我”と同時は2例）

②属格　41例（うち“我”と同時は17例）

③目的格　用例が無い。

④“吾”と“我”が同時に使われる場合　19例

⑤文末での用例は無い。

『聖経』の「マタイによる福音書」における，主格での用例は以下の通りで，尾崎 1960 や太田 1964 で定義された法則にあてはまると言えよう。

M8-3　耶穌隨舒手撫之曰吾允爾得淨也立刻厥癩病痊淨焉
M8-7　耶穌曰吾便往療之
M17-17　耶穌答曰噫無信戾輩乎吾將偕爾幾何吾將認爾幾何乎帶他到我也
M20-4　謂伊等曰爾亦進葡萄園吾將給爾所為該當的伊等即往去
M27-63　爺我們憶彼誘惑者生時有云三日後吾將復活

形修（属格）での用例は以下の通りである。

M5-11　人若譭爾捕害爾又及爾妄稱各樣之惡為吾名爾則福矣
M6-12　赦吾負債如吾赦負債吾等者也
M8-17　致驗以賽亞預知所言云其自帶去吾等之患並負吾各疾矣
M11-30　蓋吾軛易也吾負輕也
M12-48　惟其答彼告之者曰孰為吾母孰為吾弟兄
M12-49　其即舒手向厥門徒曰視吾母吾弟兄
M12-50　蓋凡成吾父在天者之旨其即為吾弟兄吾姊妹吾母者也
M15-13　惟其答曰各樹非吾天上父所種者必被拔起
M21-13　謂伊等曰經錄云吾堂將稱祈禱之堂惟爾變之為賊穴也
M21-37　惟末後其差厥子到伊等云伊等必敬吾子也
M22-25　卻吾間有七個兄弟其之第一既娶妻而死惟無子而遺厥寡與兄弟
M23-30　而云我們若在於吾祖之日則無致同行殺預知之輩也
M24-48　惟若彼惡僕將心內云吾主誤其來時
M26-26　伊等食間耶穌取餅祝之擘之而授門徒云取食此乃吾身也
M26-28　此乃吾血即新約之血流為多人致得罪之赦也

目的格での用例は無い。“吾”と“我”が併用されている19例については，例外が2つあるものの，太田1964の「（A）主語には「吾」，賓語には「我」を用いる。（B）主語には「我」，形修には「吾」。」という法則にほぼ合致することが認められる。

（A）について　2例

M11-28　凡汝勞苦者重負者皆來我而吾將賜爾得安

M13-35　致預所語得驗云吾將啟口以比方我語及自地之基所守隱之情也

（B）について　15例

M10-33　惟凡在人之前弗認我者則我在吾父于天者之前亦弗認之

M11-10　蓋此即他及之有錄云夫我遣吾使爾面前以備爾道矣

M11-29　取吾軛而學我蓋我為謙者遜者爾則得心安也

M18-20　蓋無論何處有兩三位于吾名而會我即在伊之中

M24-5　蓋多將來以吾名曰我乃基利士督而惑多人也

例外は，いずれも形修が1例，“我”が目的格のもの1例である。『聖経』「マタイによる福音書」では一人称は以上の2つに集約されており，その他，“余”や“予”などの用例は無い。

6. 1. 2. 4　後続の中国語訳聖書

(1) モリソン改訳

「マタイによる福音書」第10章までの範囲を調べたところ，“我”は49例で主格，形修（属格），目的格それぞれに用いられている。“吾”は44例で，主格と形修（属格）の用例である。この他，“余”が4例ある。“吾”と“我”が同一，隣接の1文にあるものは6例あるが，いずれも太田1964の法則に合致する。

M3-14　惟約翰阻之，曰，吾須求洗於爾爾乃倒來求我乎。
M7-22　當是之日，多人將稱我云，吾主，吾主。
M8-21　另有門生謂之曰，吾主容我先去葬父。
M9-28　…曰，吾主，我信。
M10-32　但凡世人之前認我，即天父之前，吾亦認之。
M10-33　但凡世人之前不認我，即天父之前，吾亦不認之也。

(2) ブリッジマン・カルバートソン訳（BC 訳）

「マタイによる福音書」第10章までの範囲を調査したところ，“余” 1例の例外を除いて，一人称は全て“我”であり，複数語尾の付いたものは“我儕”に限られる。もはや文言の使い分けの法則云々に拘らず，すっきりと同一の人称代名詞を使うスタイルに集約されたことが窺える。

6. 1. 2. 5　西洋人による文法書の見解

初めて聖書全文の中国語訳が行われたのと同時代，19世紀における西洋人による中国語文法書の代表的なものには次のものがある。これらの文法書も，中国語の人称代名詞について詳しく解説している。

1814　Joshua Marshmann, *Elements of Chinese language*『中國言法』
1815　Robert Morrison, *Grammar of the Chinese Language*『通用漢言之法』
1822　Abel Remusat, *Elemens de la Grammaire Chinoise*『漢文啓蒙』
1842　Philo-Sinensis (Gützlaff), *Notices on Chinese Grammar*
1857　Joseph Edkins, *Mandarin Dialect, A Grammar of the Chinese Colloquial Language*
1863　James Summers, *A Hand Book of the Chinese Language*
1864　W.Lobscheid, *Grammar of the Chinese Language*
1880　J.S.Mcilvaine, *Grammatical Studies in the Colloquial Language of*

Northern China

1883　Georg von der Gabelentz, *Chinesischen Grammatik*

以下，それぞれの文法書が一人称代名詞についてどのように解説しているのか，その内容をまとめてみた。なお，二人称，三人称が併せて解説されているものについては，そのまま引用した。

（1）Remusat（1822）（文言）

最も一般的な3つの一人称代名詞は“我，吾，予”であり，このうち1番目の“我”だけが現在まで使われている。

皇帝は自分専用の代名詞“朕”を持ち，それは皇帝だけが自分自身を指す（*me, us, etc.*）ために使用できる。

一人称の代名詞を避けるために，“寡人，臣，愚”などを使用することがある。

人称代名詞が，複数を示すマークを加えることは非常に少ないことである。しかしながら，“等，屬，儕”の語の1つを代名詞に加えている間は，実名詞のようにそれを形成することができる。

（2）Gützlaff（1842）

1）名詞の複数型を形成するのと同じ不変化詞が，代名詞の語形変化に使用される。すなわち，“等，輩，們，曹，儕”で，1つ目，3つ目が最も頻繁に使用され，“我等，你們”のようになる。

2）一人称は，“我，吾，余，予，俺，咱”で，“阿儂”と“甫”は地方の方言で，口頭語で使用される。

（3）Edkins（1857）

一人称に使われる単語は，“我，咱，喒（山東では tsan，北京では tsa），俺（山東で使用される）”である。複数形は“們”を加えることによって形成される。

北京では，単数の意味の場合でも，“我們，你們，他們”を使用するのが一般的である。

（4）Summers（1863）

官話（マンダリン）で一般的に使用される人称代名詞は以下の通りであり，上段が単数，下段が複数の用例である。

“ngo or wo 我 *I*，ni 你 *you*，t'a 他 *he*”

“ngo-man,ni-man,t'a-man 們 *we,you or ye,they*”

方言ではこれらの音節は変化したり，他の語彙にとって代わられる。

数多くの漢字が代名詞として，書面のなかで使用されているが，それらは口頭語のなかではめったに見られない。

一人称の“*I*”には，“吾，余，予”

二人称の“*you*”には，“汝，爾，若，而，乃”

三人称の“*he*”には，“其，厥”

複数型は“tang 等，ch'ai 儕，ts'au 曹”で形成される。

（5）Lobscheid（1864）

1）“朕”“予”は“*royal We, Ourselves*”の意味で皇帝だけに使用される。1人称単数は“我，吾，余，予，俺，甫，偺”で表され，前3者が書面語，口頭語で主に使用される。

2）一人称“*I*”の代用

臣，老夫，本部堂，本關部，本府，本縣，本丞，治下，外商，愚弟，學生，門生，晩生，後生。後5者は主に親族，文筆業のひとに使用される。

賤妾，婢妾，犯人，奴才，罪人，蟻，小兒，不肖，小女，小道，貧道，小尼，貧尼，僕，奴，婢

（6）Mcilvaine（1880）

西洋の文法で知られるさまざまな種類の代名詞は，関係詞，相関語の

例外があるが，相当語句が中国語にある。

人称代名詞　官話で通用している語句は，3つの単数の人称に用いる“我，你，他”である。3番目の人“他”の性格が，英語に於けるそれより明確なために，往々にして，中性語“*it*”に相当する語句の不足を感じる。“他”は非常に広い範囲に使用できるが，対象に性格を与えることによって，下品なことばになる傾向がある。幸い，中国語の語法（イディオム）はしばしば対象（*subject, object*）を省略するので，これによって，中性語としての“他”を避けることができる。

指示詞，名詞の反復，或いは極端なケースでは，文理の所有格“其”や目的格“之”もまた，この些細な違いをカバーする。文理に於いては，“他”は形容詞的に“*other*”を意味する。名詞の存在と不在は往々にして代名詞を形容詞から区別する。例えば，2人のひとが話している場合に，“他”が2つの連続する節でくり返されたら，それぞれに“*the one and the other*”を示す。例えば，“他們兩口子，他好喝酒，他好吃烟 *that couple – one drinks, the other smokes.*”は，相関的な代名詞の不足を埋め合わせる1つの方法である。

（7）Gabelentz（1881）

Gabelentz の *Chinesische Gramatik*,1881 は，411頁から414頁にかけて人称代名詞に関する記述があり，周法高1959が一人称に関る部分を以下のように引用している。[12)]

> “我”（“ich, wir”）特別用，但不專用作：
> （a）領格，和
> （b）主語，當一個副詞或助動詞跟在後面時。
> “予”用於諸格，好像是比“我”和“吾”謙遜些。
> “余”比“予”較少見，應該與“予”同義。

6.1.3　二人称

6.1.3.1　"爾""汝""你"について

『馬氏文通』は，「二人称は，"爾"と"汝"の2つがいずれの格にも用いられる。"若"は主格，目的格の2つに用いられる。修飾格はただヒトにだけ用いられ，モノには用いられない。"而"は主格が通常で，修飾格はただヒトにだけ用いられ，目的格は稀にしか用いられない。」と述べている。また，周法高1959では，次のように述べられている。

> "汝"在上文討論代詞的位時，我們看出：在金文，書（商周書），詩經，論語，弓，左傳諸書裡，"汝"（"女"）絕少用於領位。（p.87）
>
> "爾"在詩書及列國文獻中常見，金文中出現較晚。見於列國時代的金文。"爾"和"汝"的不同，是：(1)"爾"常用於領位，而"汝"則否。(2)"爾"用於主位賓位時，表複數的機遇率比"汝"為大（並不是說"爾"不用於單數）（註1參胡適之先生爾汝篇。）在此點上與"我"的情形有點相似。（p.89）

王力（『王力文集』1988）は『礼記・檀弓』の例により，「"汝"と"爾"の厳格な区別はあったが，それは歴史的な発展によるものではなく，人為的なものである」[13]と述べている。二人称の代名詞には，"汝"は主格と賓格，"爾"は領格に，と言うように役割によって，人為的に区別する使い方があったようである。

6.1.3.2　『聖経直解』と『四史攸編』の二人称代名詞

『聖経直解』では，"爾"は301例，"汝"は82例である。複数語尾が付くものは，"爾"については，"爾輩"30例，"爾等"11例，"爾曹"6例"爾眾"1例であり，"汝"については，"汝輩"6例，"汝等"4例，"汝曹"2例である。

『四史攸編』の「マタイによる福音書」にあたる部分のみを抽出してみると，“爾”226 例，“汝”82 例，“你”1 例である。複数語尾の付いたものでは，“爾”については，“爾等”61 例，“爾輩”50 例，“爾眾”1 例，“汝”については，“汝等”39 例，“汝輩”9 例，“汝曹”8 例，“汝眾”1 例である。

6. 1. 3. 3 『神天聖書』の二人称代名詞

モリソンは，*A Grammer of the Chinese Languag*,1815 の中で，中国語の人称代名詞（口語…筆者注）について「二人称は“你”thou or thee」であると述べる。さらに書面語については，「二人称単数は“爾，汝”」であると述べているが，二人称代名詞の用法について，これ以上の具体的な言及はない。複数語尾については，先に触れたように，「漢字“等，輩，儕，偶，曹”などが複数形に用いられる。」と指摘している。

『神天聖書』の「マタイによる福音書」で使用されている二人称の代名詞は，“爾”と“汝”に限られる。“爾”の用例については，624 例で，このうち文末の用例が 7 例ある。“爾”に複数語尾が付いたものでは，“爾等”の 45 例で，その他に複数語尾の付く“爾＋～”の用例は無い。[14)]

M4-7　耶穌又謂之曰錄云爾不可試主爾神也
M5-11　人將謗爾捕害爾又及爾妄稱各樣之惡為我名爾則福矣
M5-43　爾聞得昔有云爾可愛爾鄰並恨爾仇也
M10-17　但慎人類蓋伊將解爾至議會及鞭爾於公所
M18-15　又爾昆或得罪爾爾去同他獨在訴厥過他若聽爾爾則獲爾昆也

“汝”の用例については，44 例で，文末での用例は無い。[15)]

M3-14　惟若翰推辭曰是我需受汝施洗而汝來我乎

M6-3　惟汝賙濟時勿使左手知右手所作
M11-17　云我們吹蕭而汝不跳戲我們唱悲曲而汝不哀泣
M11-26　然也父乎因為汝之主意焉
M25-38　我們何時見汝遠人而寓汝或裸而衣汝也

複数語尾が付いたものは，“汝等”の2例，“汝眾”の1例がある。「マタイによる福音書」での“汝等”の用例は次の通りである。

M26-55　我日同爾坐教訓於堂而汝等不致捉我
M28-14　若總督聞此我們則勸他而保汝等

また，“你，你們”は「ヤコブの手紙」，「ペトロの手紙一」の2書に用例があるのみで，「マタイによる福音書」以下の4福音書では使われていない。二人称の使用の趨勢について，文法書では具体的に言及されていないが，『神天聖書』では，“汝”が若干数あるものの，基本的には“爾”に集約されている，前述の『西遊地球聞見略傳』では，紀行文で一人称“某”の語りの形式であるため，会話部分が少なく，二人称が5例（“汝”1例，“你”4例）しか無い。5例はいずれも，西洋人から“塵遊居士”への発言である。

M9a-4　譬如汝要對火焦肉一塊
M9a-4　你想以肉轉運對火之前
M25a-6　伊對云你不要以來到之路回國
M25b-1　你寧可猶往向西，不復回頭，待到本家
M25b-3　你的意如何

6. 1. 3. 4　『聖経』の二人称代名詞

二人称代名詞は“爾”が640例で，文末では10例である。また，複数語尾が付いたものは32例である。一方で，“汝”はわずかに16例し

か無く，文末の用例も無い。『聖経』は，二人称を“爾”に統一して使用していると言える。マーシュマンはその文法書『中国言法』の代名詞の二人称の項で次のように述べている。

> The characters which are used to denote thou, the Second personal pronoun, are also various. The most common are these three 爾 irr, 汝 yu, and 你 nee. Among these,
> （また，二人称代名詞 thou を指示するのに使用される文字も様々である。最も一般的であるのは，爾 irr と，汝 yu と，你 nee の 3 者である。）

さらに，同書の各文字の解説では，“爾”を第 1 に挙げて，次のように述べている。

> The character most generally used, both in their standard and other writings, to express the second personal pronoun, is 爾 irr.
> （二人称代名詞を表すために，中国語の標準的な書面語やその他の書面語で最も一般に使用される文字は，爾 irr である）

ちなみに，『聖経』での“汝”の用例の内訳は，主格 9，領格 3，介詞のあと 1，賓格 2，同格 1 である。また，“你”については，同書“你”の解説に次のようにある。

> The character 你 nee, is more commonly used in familiar conversation to denote the second personal pronoun, than any of those already mentioned. It is not found, however, in their standard works, nor is it often used in respectable epistolary correspondence.
> （漢字“你”は，身近な会話では，二人称代名詞を指示するために，既に言及した他の漢字よりも一般的に使用される。しかしながら，それは中国語の標準的な文学作品で見あたらないし，品格のある書簡体の通信でしばし

ば使用されるものではない。）

以上のような理由から，『聖経』では“你”が完全に排除されているようで，用例が見られない。この他，二人称では，“汝”に複数語尾が付いたものは，わずかに5例（“汝曹”2例，“汝等”3例）しか無い。

6. 1. 3. 5　後継の中国語訳聖書

（1）モリソン改訳

モリソン改訳では，「マタイによる福音書」に範囲を限って調べたところ，二人称については全て“爾”に統一されている。『神天聖書』で“汝”が使われていた44個所は，二人称代名詞そのものが省略された表現になっているものが22例，“爾”に置き換えられているものが22例である。

（2）BC訳

BC訳でも同じく，「マタイによる福音書」を調べた範囲では，二人称は全て“爾”に統一されている。ちなみに『聖経』が複数語尾を付けている5例のうち4例は“爾”に改められ，1例は削除されている。

6. 1. 3. 6　文法書などの見解

さきに**6.1.2**の一人称で紹介したように，19世紀の西洋人による文法書には人称代名詞に関する記述がある。二人称に関する文法書の見解を要約したものは，以下の通りである。

（1）Remusat（1822）（文言）

二人称の代名詞では，“爾”が古来最も一般的であり，丁寧である。このほか，“汝，女”は発音の類似から“如，若”に置き換えられることもある。

(2) Gützlaff (1842)

二人称の代名詞は，“汝，爾”と，口語での“你”である。発音が類似していることから，“女”は時折，“汝”として使用され，“伲”は“你”として使用される。古代の書物では，時折“乃，若，如”が二人称代名詞として使用されている。例えば，“乃父乃祖”“度乃心”である。

(3) Lobscheid (1864)

“爾，你，汝”と，完全に廃れた“女，乃，若，如”はいずれもthou,youを表す。例外としての“你”を除いて，これらの代名詞は一般的な口頭語ではほとんど使用されない。そして，数多くの慣例的なタームがこれらに代用される。もっとも一般的なものは次の通りである。
尊駕，先生，相公，大人，駕上，弟兄，亞哥，亞姐，老大人，老大夫，老先生，老太太，老師，神父

文人階級，政府の役所に勤める地位の高い紳士は“老爺”と呼ばれる。
師爺，太爺，太老爺，大人，千歳爺，萬歳爺，聖主，陛下，光範，台範，兄顔，台顔，儀顔，老台臺

(4) Gabelentz (1881)

Gabelentz の *Chinesische Gramatik*,1881 は，411 頁から 414 頁にかけて人称代名詞に関する記述があり，周法高 1959 が二人称に関る部分を以下のように引用している。[16)]

> 在此處所屬之詞：“汝”，“女”，又少見的“如”和“若”常用於主格和賓格，“爾”有時作“而”，和前古典期的“乃”常用於領格。

6.1.4　三人称

6.1.4.1　三人称について

三人称に関して，『馬氏文通』は「“之”が単独で用いられるのは，目的格が多い。“其”は名を指し，2つの用法がある。1つは主格に置かれ，もう1つは名を附して修飾格に置かれる。」と述べている。[17] また，周法高 1959 は次のように記述している。

①中國上古語中，第三身代詞遠不如第一，二身代詞的發達。通常“厥”和“其”用於領位，“其”字又用於主位，只限於在附屬子句中。“之”字只用於賓位。三者又都可用作指示詞（“厥”和“其”表遠指，“之”表近指）。“彼”字本是遠指代詞。（p.113）

②“厥”，金文和書經中常見。詩經國風無“厥”，只是於雅，頌。在較為“其”字所代替。和“其”一樣，“厥”通常用於領位，也有指示的用法。（p.128）

③“其”可以代人，物或事，通常用於領位，也可以在附屬子句中作主語，和“之”的用法互相補足，用作賓語的情形很少。有時用作遠指代詞，和“之”字用作近指詞相當。實際上這些用法都是由表領屬的用法引申出來的。（p.131）

④“伊”在詩經中除用作助詞外，可用作近指代詞（據鄭玄説）。在六朝時，用作第三身代詞。（例）我入當泊安石渚下耳，不敢復近思曠傍，伊便能捉杖打人不易。（世説中之上方正）（p.143）

⑤第三身代詞“渠”見於南北朝時，但尚少見。

（註2）到了唐代，“渠”便很流行了。例如：

昔日負於我，今笑我無錢，渠笑我在後，我笑渠在前。（唐寒山詩）（p.145）

⑥我們常用的第三身代詞“他”，在上古是不用作第三身代詞的。南北朝隋唐以後，此種用法便很常見了。（p.146）

6. 1. 4. 2　『聖経直解』と『四史攸編』の三人称代名詞

『聖経直解』には，“伊”が 21 例あり，このうち文末は 1 例である。この文末の 1 例以外はいずれも主格と形修（属格）での用例である。複数語尾の付いた“伊等”は 4 例である。

9-10-2（J6-56）領予體飲予血伊懐予予懐伊

“渠”の用例も比較的多く，14 例ある。“渠”の三人称としての用例は，古漢語から見られる。王力『漢語史稿』にあるように，六朝，渠唐代には非常に重要だったが，宋代になると“他”に替わられ，稀にしか用いられなくなっている。『聖経直解』が，文言を踏襲したと言うより，広東語の三人称“渠”(Summers1863）を用いたと考えるのが自然であろう。

10-1-16（M1-16）是生若瑟瑪利亞淨配瑪利亞生耶穌渠以基利斯督為號
11-3-1（M4-18）維時耶穌遊加理肋亞海濱視西滿伯鐸羅及諳德肋昆仲二人渠時張罟蓋以漁為業
14-1-1（M6-16）維時耶穌語門徒曰汝齋時勿師偽人渠齋而悳容弗豫色以顯厥齋予語汝已受厥報
7-7-1（M7-15）維時耶穌謂門徒曰戒之偽冒先知者人渠外披負羊皮內備狼心

“他”の用例はいずれも「ほかの，べつの，他人」の意味である。

『四史攸編』についても，「マタイによる福音書」に該当する部分について調べたところ，“伊”が 7 例あり，いずれも主格と形修（属格）の用例である。

4-2-4（M3-7）　伊見法吏叟與撒肚叟多來領其洗向之曰蝮蛇之種誰示汝等逃避來怒汝

9-2-16（M6-16）　汝輩齋時毋若詐偽者為宦憂伊黄瘦其臉希圖其齋顯于人我確語爾輩伊已受其報也

13-4-5（M8-27）　乃眾人奇異曰此為誰風與海亦順伊命

この他，“伊眾”が1例で，“渠”は2例である。また，“他”の用例はいずれも「ほかの，べつの，もう一方の，他人」の意味である。

9-2-29（M6-29）　余確語爾撒洛蒙其榮光之衣弗及伊眾之一

1-4-2（M1-19）　渠夫若瑟既為義且弗欲狀之憶暗遺之

10-5-6（M8-15）　撫厥手瘧疾即退之渠即起奉事伊等

6. 1. 4. 3　『神天聖書』の三人称代名詞

三人称では，主格と形修（属格）では“其”，目的格では“之”が多数を占めている。Morrison1815では，三人称について，「(三人称の) *he, she, it, they* は往々にして“他”だけではなく，“伊” *he, she, it, they, his*, “彼” *he, she, it, they, his, these, those*, “其”(同上) で表される。漢字“之”もよく *him, them* として使用される。」と述べている。『神天聖書』4福音書の中で“其”と“之”以外では，“伊”とその複数の用例数は以下の通りである。

	4福音書	マタイ	マルコ	ルカ	ヨハネ
伊	316	32	23	206	55
うち文末	0	0	0	0	0
伊等	993	339	323	106	225
伊眾	5	0	1	2	2

同じく，他”とその複数の用例数は以下の通りである。

	4福音書	マタイ	マルコ	ルカ	ヨハネ
他	118	33	28	2	55
うち文末	8	3	2	0	3
他們	3	0	3	0	0
「ほか」の意	30	10	3	7	10

(1) “伊”と“伊等”

“伊”の用例は全て主格と属格のいずれかで，単数にも複数にも用いられている。以下は「マタイによる福音書」の全32例である。なお，各用例末尾の（　）内は代名詞が指すものである。

M5-4　憂悶者福矣蓋伊必將受慰也（前出“憂悶者”：悲しむ人々）

M5-6　伊等餓也渴也欲得義為福矣蓋伊必將得飽也
（前出“伊等”：義に飢え渇く人々）

M5-7　慈憐者福矣蓋伊必將受慈憐也
（前出“慈憐者”：憐れみ深い人々）

M5-8　心淨者福矣蓋伊必將見神也
（前出“心淨者”：心の清い人々）

M5-9　使平和者福矣蓋伊必將稱為神之子輩也
（前出“使平和者”：平和を実現する人々）

M6-1　爾慎勿行濟在人之前欲得伊看見不然爾則無得爾父在天之何報也　（前出“人”）

M6-2　故爾賙濟時勿吹號筒面前如偽善者在公所並市街致伊得人之榮我確語汝知伊等業已受伊之賞矣
（いずれも前出“偽善者”：偽善者たち）

M6-5　又爾祈禱時勿似偽善者蓋伊等歡喜在公所並市街之隅而祈禱致得人視伊等我確語汝知伊等已受伊之賞也
（前出“偽善者”：偽善者）

M6-16　再者爾守齋時勿為憂容似偽善輩蓋伊等改面貌致現與人以守齋我確語爾知伊等已受伊之賞也

（前出“偽善者”：偽善者）

M6-26　視天空之鳥伊不播種並不收獲不放于倉惟爾天上之父養伊等爾豈非貴於伊等　（前出“天空之鳥”：空の鳥）

M8-34　故全城出來迎耶穌而見之即求之出伊境界

（前出“全城”：町中の者）

M10-17　但慎人類蓋伊將解爾至議會及鞭爾於公所

（前出“人類”：人々）

M11-1　且耶穌既命厥十二門徒畢即從彼去以教訓而示戒於伊各邑　（前出“十二門徒”：十二人の弟子）

M11-16　但我以何可比此世代也為似小兒輩坐街市向伊伴呼

（前出“小兒輩”：子供たち）

M12-25　耶穌知伊心念謂伊等曰各國分亂必致敗又各邑各家分亂不能立起常存　（ファリサイ派の人々）

M13-15　蓋此民之心朦也伊等之耳聾也又伊之目自閉恐以目看見以耳聽見以心明白而得悔罪致我愈伊等

（前出“此民”：この民）

M13-39　敵播伊者乃魔鬼也穫時乃世之末刈者乃神使輩

（前節の“毒麥”：毒麦）

M14-5　且其欲使之受死惟懼眾蓋伊算其為先知也

（前出“眾”：人々）

M16-12　時伊等覺其令伊並非戒餅之酵乃呿唎哂與嚉吐哂之教也　（前出“伊等”：弟子たち）

M18-20　蓋不拘何處有兩三位于我名而會我即在伊之中

（前出“兩三位”：二人または三人）

M19-5　又曰因此人該離父母而依厥妻致伊兩個為一肉也

（前出“人”：人）

M19-13　時有帶之嬰孩致其按手伊上而祈禱惟門徒禁伊等

（前出“嬰孩”：子供たち）

M19-15　且其按手伊上而往去　（前節までの“嬰孩”：子供たち）

M20-25　惟耶穌喚伊等就之曰爾知以各國之君使主伊等又大者使權伊上　（前節のほかの十人）

M22-8　時其謂厥僕曰婚已便惟伊被請弗堪
（“伊被請”：招いておいた人々）

M22-19　給我看進貢之錢故伊取與之一塊呧嗱唎吲
（前述の弟子たち）

M22-28　故此於復活時婦將為其七個弟兄中何一之妻蓋伊皆娶之　（前述の 7 人）

M24-19　於當日禍哉及伊懷孕給哺者也
（“伊懷孕給哺者”：身重の女と乳飲み子を持つ女）

M25-5　新郎等待時伊皆目倦致睡　（前述の娘 10 人）

M25-10　伊等去買時新郎來而伊便者進于婚而閉門
（“伊便者”：用意のできている五人）

M27-48　即時有伊中之一跑去取一塊士本至滿之以醋縛之于葦而與之飲葦　（前述の人）

香坂 1983 の“伊”の項によれば，以下の 2 例はいずれも公文に用いられている例で，「このころすでに特殊」とあり，一般的に使われるものではなかったようである。

具控伊徒尼僧心遠，被地棍權勿申奸拐霸卓在家一案。『儒林外史』
因伊貧苦，自願退婚，尤二姐之母願給賈珍弟為妾。『紅樓夢』

次に“伊等”の用例を見てみよう。

M2-4　共既集諸祭者首與民之書士輩會問伊等及彌賽亞該在

何處而生

M2-12　且夢中伊等得神示不可回希羅得故伊等往別路回本地

M3-7　惟見多呿唎哂與嗍吐哂輩來受他施洗他即謂伊等曰蛇之類乎…

M4-6　…蓋錄云其必令厥神使顧爾伊等將以手扶爾恐汝以脚逢石也

M4-21　…兩個弟兄洗比氏之子者米士同厥昆若翰在船偕父洗比氏整厥網而即喚伊等

上から例の順にそれぞれ「民の祭司長と学者」(2-4),「博士」(2-12),「パリサイ人とサドカイ人」(3-7), 4「御使いたち」(4-6),「ヤコブとヨハネ」(4-21) を指している。“伊等”は, 吏文では極めて多く使用されており, 台湾中央研究院データベースに多くの用例が見られる。

《內閣漢文題本專題檔案：刑科婚姻類》
照例詳記檔案如既赦之人再干法紀朕必將伊等加倍治罪。
賀長齡《皇朝經世文編》/ 卷二十三　吏政九守令下 / 敬陳治化漳泉風俗疏　汪志伊
伊等面從心違。
同：卷二十七　戶政二理財下 / 辦理耗羨疏　孫嘉淦
想伊等草茅新進。伊等服官有年。
同：卷二十九　戶政四賦役一 / 請稽保甲以便徵輸疏　徐鼎
伊等既操其權。遂致從中舞弊。
同：卷二十九　戶政四賦役一 / 請填蠲抵由單疏　姚文然
收完在前。奉蠲在後。則以本年應蠲伊等錢糧。
抵伊等次年應納正賦。名曰流抵。
同：卷三十一　戶政六賦役三 / 臺灣田糧利弊疏　尹泰
伊等力不能支。勢必各回原籍。
同：卷三十四　戶政九屯墾 / 請廣開墾疏　楊應琚

伊等無所畏難。自必踴躍趨事。竭力開墾矣。

同：卷三十五 戶政十八旗生計／漢軍生計疏 孫嘉淦

至漢軍則與滿洲不同。伊等原係漢人。

同：卷四十一 戶政十六荒政一／輯流移 楊景仁

伊等仍輕去其鄉而不顧。

同：卷九十二 刑政三律例下／私鑄案犯分別定擬奏 秦蕙田

但將伊等照常監禁。

饒玉成《皇朝經世文續編》／卷五十一戶政二十六榷酤／關稅說姚興

伊等作弊。官不能知。

伊等亦不親歷其事。使差役查看。

差役作弊。伊等又不能知。

いずれの用例も所有格を表す“的”を伴わないが，これは中国語訳聖書での用例にもあてはまる。“伊”“伊等”は白話作品では用例が無い。いずれも文言にも用例はあるが，ここでは紹介しない。“伊”“伊等”について，Gützlaff 1842 は，「聖書の翻訳で用いられているのは適当ではない」と判断している。

(2) “他”

三人称を表す“他”は 32 例ある。「ほか」の意味では，“他人”が 4 例，“他岸”が 2 例，“他邊”が 2 例，“他國”“他手”“他”が各 1 例である。

M1-20 …大五得之子若色弗勿懼娶馬利亞爾妻蓋他所受孕乃由聖神風也 （マリヤ）

M3-6 又謝認自己之罪受他施洗于若耳但河也 （ヨハネ）

M3-7 惟見多呿唎哂與嗍吐哂輩來受他施洗他即謂伊等曰 （ヨハネ）

M5-40 又有何人告厥欲得爾衣憑他亦得裀也 （前出の者）

M5-41　又有何人逼勒爾同行一里路即同他行兩里路也　（前出の者）

M8-7　耶穌謂之曰我則去醫他　（前節のしもべ）

M9-24　其謂伊等曰退也女並非死乃眠也故伊等戲笑他（イエス）

M10-28　又勿怕伊等殺身而無能殺靈者寧怕他能使連身靈沉淪於地獄者也　（“能使～”以下で修飾されている）

M12-46　其語民之間卻厥母厥弟兄們在外欲與他講　（イエス）

M14-4　蓋若翰語他云爾娶他不合法也　（ヘロデ，ヘロデヤ）

M17-17　時耶穌答曰噫無信戾輩乎我將偕爾幾久我將忍爾幾久乎帶他至我也　（その子）

M18-15　又爾昆或得罪爾爾去同他獨在訴厥過他若聽爾爾則獲爾昆也　（兄弟）

M18-16　惟他若弗聽爾則同帶一兩位致以兩三之証各言得確實也　（兄弟）

M18-17　惟若他不肯聽伊等則以之達會者若是他猶不肯聽會者爾則看之為如異人如徵餉者也　（兄弟）

M25-29　蓋與彼有者還給他致得盛也但其未有者將取去其所有也　（前出の者）

M26-10　耶穌知之謂伊等曰爾因何勞其婦他替我行善功　（前出の者）

M26-15　向伊等曰爾給我何也而我付他與爾等故伊等相約給他三十塊銀　（イエス）

M26-47　語未畢卻如大士十二位之一而同他大眾帶刀棍等物從祭者首並民之老輩來　（ユダ）

M26-48　且付之者給伊等號曰我所將親嘴即是他爾等捉之　（イエス）

M26-49　且其即到耶穌曰主也請安而親嘴他　（イエス）

M26-50　耶穌謂他曰友爾因何而來也時伊等上來下手捉耶穌　（ユダ）

M27-32　伊等出來時遇賽利尼之人名西們則必要他抬其十字架
（シモン）
M27-42　他救別人卻不得自救若他為以色耳以勒之王則可從十字架下來而我則信　（イエス）
M27-43　他信神以有救之今神若理之則可救之蓋其曰我乃神之子也　（イエス）
M27-49　其餘曰任他給我看或以來者來救之否也　（イエス）
M28-14　若總督聞此我們則勸他而保汝等　（総督）

文末の目的格での用例は“他”のみで，“伊”の用例は無い。

M8-7　耶穌謂之曰我則去醫他　（前述の百人隊長のしもべ）
M9-24　其謂伊等曰退也女並非死乃眠也故伊等戲笑他
（イエス）
M26-49　且其即到耶穌曰主也請安而親嘴他　（イエス）
Ma14-51　有或年輕者以麻布圍裸身而隨之但兵丁要捉他
（前述のある青年）
Ma15-32　由其彌賽亞以色耳以勒之王自下十字架來致我可見而信也又同被釘十字架者罵他　（イエス）
J9-23　故厥父母曰他有年紀問他　（生れながらの盲人）
J9-37　耶穌謂之曰爾不止曾見他乃現與汝語者就是他
（人の子＝イエス）
J11-36　如大輩曰視其如何愛他　（ラザロ）

(3)　“渠”

『神天聖書』には用例が無い。

(4)　“厥”の用例は以下の通りである。

M1-25　惟弗識之待其生出來厥初生之子而名之耶穌矣
M9-1　且其上船過海而至厥本邑
M14-3　蓋希羅得曾捉若翰縛之而使之入監因厥弟兄腓利百妻希羅太亞
M17-2　又在伊等之面前其被變過致厥面光如日並厥衣白如光也
M22-24　曰師也摩西曰人若無子而死厥昆應娶厥寡婦而起種為厥昆也
M25-14　蓋人之子似人想遊及遠地與厥僕而交之以厥物
M26-67　時伊等唾口水厥面上有的打厥首有的用手打厥臉
M28-13　爾將言云夜間我們睡時厥門徒來偷之去也

(5)　“他們”

「マルコによる福音書」に3例,「コリントの信徒への手紙一」に1例,「ペトロの手紙一」に3例,「ペトロの手紙二」に3例の計10例である。

Ma4-2　其以比喻教他們多情由而訓間謂伊等曰　(前述の群衆)
Ma 11-6　故伊等依耶穌令而答則放他們去　(弟子たち)
Ma 14-7　蓋貧者常偕爾等而可隨意的時替他們做好事但爾不常有我偕在也　(貧しい人たち)

『西遊地球聞見略傳』で,三人称代名詞の用例は以下の通りである。三人称は全31例で,文末で目的語に用いられているのは,“他”の1例のみである。なお,各用例末尾の（　）内は代名詞が指すものであるが,日本語訳は付けずに原文に依った。

“他”2例

3b-2　現在本處人不敬他　(佛氏)
17b-5　我說若他真守禮拜日敬神,習善,方是有用處

（友羅巴列國）

"他們" 1 例

17b-4　就為他們的禮拜七日節令　（友羅巴列國）

"伊" 21 例

6a-3　又照伊所言，欲尤曉開闢天地主宰之大作用　（友羅巴士子）

6b-5　伊云凡有者必從個使其有者而得成　（友羅巴列國之論）

8a-1　至個人字，伊所云彷彿華言一般　（友羅巴士子）

8b-4　伊有一句說及形天之天　（友羅巴士子）

8b-5　伊道云，不是天上日月星旋繞　（友羅巴士子）

9b-4　又云伊斷不信星煞之吉凶　（友羅巴士子）

10a-2　伊云吉凶生死皆出天老爺之主意　（友羅巴士子）

10b-4　伊當地形為平如鼓之面　（古時人）

14b-3　且照伊所云，我中華連口外各部，有二十千萬人　（友羅巴士子）

16a-3　惟伊之一個時辰不過係我們漢人的時辰之一半　（友羅巴列國）

16a-5　又伊分月不是依太陰而分之　（友羅巴列國）

17a-1　伊之正月有時在我漢人十一月尾　（友羅巴列國）

17a-2　伊亦以新年元旦為耍日也　（友羅巴列國）

18a-3　伊說皆當平一等　（友羅巴列國）

20a-4　又伊投名帖拜客時，未有寫上恭賀之詞　（西邊）

21b-1　伊住的多係高樓，或有三四五層　（西邊　或　宮室）

24a-4　伊所信之經，係天老爺於上古啟示古聖人之言　（友羅巴）

25a-1　反照伊經所云，拜菩薩與各神像，係大獲罪於天　（友羅巴）

25a-6　伊對云你不要以來到之路回國　（各儒友知）

“伊等”7例

9a-3　伊等微笑應答云　（友羅巴士子）
9b-1　此伊等即轉言，題他事而講　（友羅巴士子）
16a-4　且伊等分從子時，周到子時為二十四個時辰　（友羅巴列國）
17a-4　伊等每七日為節令　（友羅巴列國）
20a-3　伊等朋友往來，或謁大人皆無送禮之規　（西邊）
21a-3　伊等先食後飲酒　（西邊）
26a-6　故世俗呼該人稱伊等為震懼輩　（該人＝原住在非拉大非亞有一門人）

6.1.4.4 『聖経』の三人称代名詞

(1)“其”と“之”

最も多用されているのは主格，領格を表す“其”の368例と，目的格を表す“之”である。“之”で文末に用いられているのは73例で，このうち，指示詞の“之”は22例で，目的格の三人称は51例である。

M1-19　且厥夫若色弗因是義人不欲揚其事於眾乃想私休之
M4-20　伊等即棄網而從之
M8-1　耶穌下山時大眾隨之
M8-23　其既上船厥徒隨之
M26-49　且其即到耶穌曰主也請安及親嘴之
M27-55　而遙望見有多婦人從加利利隨耶穌服事之

(2)“他”

“他”は“其他，別的”を表すものを除いて，三人称を表すものは12例と少なく，単数に限らず複数を表すものもある。文末に用いられる例は無い。また，複数“他們”の用例も無い。

M5-40　若有何人告爾欲得爾衣由他亦得裳也
M5-41　又有何人強逼爾同行一里路即同他行兩里
M11-10　蓋此即他及之有錄云夫我遣吾使爾面前以備爾道矣
M11-11　我確告爾知以凡受生由女者向無起大於若翰付蘸者也惟天國中之至小者大於他也
M14-4　蓋若翰謂之曰爾娶他不合例也
M17-17　耶穌答曰噫無信戾輩乎吾將偕爾幾何吾將認爾幾何乎帶他到我也
M26-10　耶穌知之謂伊等曰何爾勞其婦他替我行善功
M26-15　爾給我何也而我付其與爾伊等相約給他三十塊銀
M26-47　尚言間卻如大士十二位之一而同他大眾帶刀棍等物從祭者首並民之老輩來
M26-48　且付之者給伊等號曰我將親嘴者即是他也爾等捉之
M27-49　其餘曰憑他給我看或以來者來救之否也
M28-14　若總督聞此我們則勸他而保汝等

(3)“伊”と“伊等”

“伊”は38例（領格（連体修飾）としての用例が数例）で，所有格を表す“的”を伴う例が『聖経』の中では見られない。“伊等”は281例で，同じく，所有格を表す“的”を伴った用例は無い。

(4)“渠”

“渠”については用例が無い。

(5)“厥”

“厥”は全て修飾格での用例で，191例である。このうち173例は使用されている箇所が『神天聖書』と一致している。

M1-25　但弗識之待其生出厥初生之子而名之耶穌矣

M9-1　耶穌上船過海而到厥本邑
M14-3　蓋希羅得已捉若翰縛之而置于獄為厥弟兄腓利百妻希羅太亞
M14-16　耶穌乃謂厥徒曰伊等不須散爾們給之以食
M17-2　又在伊等面前其被變過致面光如日並厥衣白如光矣
M22-24　曰師摩西云人若無子而死厥兄弟宜娶厥遺妻而起種與厥兄弟也
M25-14　蓋天之國似人想遊遠地喚厥僕而交之以厥物
M26-67　時伊等唾涎厥面有打厥首的有用手打厥臉的
M28-13　爾將言云夜間我們睡時厥門徒來偷之去也

6. 1. 4. 5　後継の中国語訳聖書

(1) モリソン改訳

「マタイによる福音書」第10章までの範囲では，ほとんどが主格，領格を表す“其”と，目的格を表す“之”である。この他，“彼”4例，“他”1例がある。

(2) BC訳

モリソン改訳と同じく，「マタイによる福音書」第10章までの範囲では，ほとんどが主格，領格を表す“其”と，目的格を表す“之”である。この他，“彼”が数例ある。

6. 1. 4. 6　文法書などの見解

19世紀の西洋人による文法書の，三人称についての見解は，それぞれ以下のようにまとめることができる。

(1) Remusat (1822)（文言）

三人称の代名詞は“其，伊，厥”で表される。“厥”は『書経』では，しばしば“其”の同義で使用されている。“其，厥”の2つと他の幾つかの三人称は，所有格や指示形容詞のように使用される。名詞で説明されるセンテンスのトピックのあとに“其”を置くのはエレガントで，文章は品格がある。三人称の代名詞が他動詞の目的語になる場合は，モノもヒトも必ず“之”で表現される。

（2）Gützlaff（1842）

1）三人称として，文学作品（書面語）の中で最も一般的な語は，“其，其人”である。全てのケースで使用され，he，she，it，they，them，his，her，its，theirs の意味である。不変化詞を加えることなしに，複数の意味を示唆する。例文：“其所為”“為其所惑”“其言”“其中”。口頭語では，“他”が使用される。複数形は“們”を加えることによって形成される。“彼”はより文語的で，“其”のように使用されるが，頻繁には使用されない。

2）“伊”は今も昔も見られる。そして“等”を加えることによって“伊等”のように複数形になる。この単語は法律の文（吏文）や布告（勅令）に頻繁に見られるが，それ以外のところでは見られない。我々の聖書の翻訳でコンスタントに使用されているが，これは不適当なことである。“乃”は古代の書物に見られ，“乃聚麾下文武”の例がある。また，三人称代名詞に使用される方言の単語 2 つがある。すなわち“渠，渠儂”である。

（3）Edkins（1857）

三人称の古代の書面語は“伊，其”で，南東の方言に多く使われる。広東では“渠”が使用される。より口語的な官話方言では，“其”が一般的であり，例えば，“有其生必有其死”“凡其所有”“恐其不能”などである。

（4）Lobscheid（1864）

三人称を表すのに一般的に使用される単語は，“其，他，伊，渠，佢，之”である。例えば，“其說，其中，為其所造”などである。“伊，伊等”は口頭語や高尚な文学では滅多に使われず，法律の文章（吏文）や布告（勅例）により頻繁に見られる。

（5）Gabelentz（1881）

Gabelentz の *Chinesische Gramatik*,1881 は，411 頁から 414 頁にかけて人称代名詞に関する記述があり，周法高 1959 が三人称に関る部分を以下のように引用している。[18)]

> 無論何時，代詞“之”用於賓格，而“其”，前古典期的“厥”用於領格。

6. 1. 5　小結

以上，本節で考察してきたことをまとめると，初期中国語訳聖書の人称代名詞の用法について，以下のように幾つかの特徴を指摘することができる。

1）一人称については，文言の用法での規範をほぼ踏襲して，“我”と“吾”の使い分けがみとめられ，聖書の翻訳者たちが文言を正確に把握していたであろうことが窺える。そして，この特徴は，とりわけ『神天聖書』で顕著である。

2）二人称は，時代を追うごとに，徐々に“爾”“汝”の 2 つに集約されていくことが認められる。

3）三人称は，基本的には主格，修飾格では“其”，目的格，とくに文末では“之”を使うのが大勢で，文言で最も多く使われるパターンが主流であるが，吏文で多用される“伊，伊等”も使われている。なお，“伊”は後ろに“的”をとらないし，文末にも使われない。そしてモリソンの『神天聖書』の用例には，使う対象の性格に特徴が見られる。

第2節　連詞と介詞について

初期の中国語訳聖書では，介詞と連詞の使い方にも，段階を追って変化があった。本節では，初期中国語聖書における「共同」を表す介詞，名詞・動詞を連結する連詞の用例について考察したい。

6.2.1　介詞　共同を表すもの

共同を表す介詞について，『聖経直解』から『聖経』までの4福音書全文（および相当部分）での用例数は以下の通りである。下表からも分かるように，共同を表す介詞については，『聖経直解』から『聖経』までいずれの聖書でも，白話要素の強い“和，跟，合”は1例も使用されておらず，“同”と“與”が使用されている。

	和	跟	合	同	與
聖経直解	0	0	0	8	8
四史攸編	0	0	0	11	37
神天聖書	0	0	0	72	42
聖経	0	0	0	46	36

6.2.1.1　『聖経直解』

（1）“同”の用例は以下の通りである。

2-2-10-L2-51　時同伊下返納匝肋德而屬下之維玆眾辭母畜廼心

2-4-11-M8-11　並語爾自東自西有多人來同亞巴浪義撒雅各宴於天堂

5-2-1-M26-30　耶穌同厥門徒出往責多亂溪後

5-2-40-J18-15　伯鐸羅及他徒遠跡隨耶穌掌教者熟識是徒因同耶

　　　　　　　　　穌得進在掌教之墀
6-3-8-L24-44　饑分與謂予同汝居時已云毎瑟及先知聖人指予所記必當一一悉符

（2）“與”の用例は以下の通りである。

5-2-54-M26-64　耶穌謂之曰爾言是我又與爾說異日爾目將見人子坐天主右乘雲降來
6-3-1-L24-36　維時耶穌焂現立徒中語曰予平安居與爾偕焉
6-7-2-J16-17　徒中或互謂曰師與我等說未時弗得見予未時復德見予因將詣予父
6-15-3-M28-20　教守諸端若予命于爾予恆居與爾偕至今世沒
9-1-3-L1-28　神入室朝曰亞物滿被額辣濟亞者主與爾偕焉女中爾為讚美

6. 2. 1. 2　『四史攸編』

『四史攸編』の本文を4福音書それぞれの該当部分別に見てみる。共同を表す介詞の用例数は以下に通りである。

	和	跟	合	同	與
全文	0	0	0	11	37
マタイ	0	0	0	2	11
マルコ	0	0	0	3	2
ルカ	0	0	0	3	5
ヨハネ	0	0	0	3	19

（1）“同”の用例は以下の通りである。

12-6-M20-20　比時責伯陡子之母同二子進拜崇求恩
17-3-M8-11　且語爾自東自西將來必多同阿巴郎依撒雅各席于天國

26-4-Ma14-42　汝起同我往將付我者已近矣
27-13-L23-40　他賊責之曰爾同之受是刑猶不畏神
27-19-J19-32　卒因先斷折第一及第二同耶穌被釘者之脛

(2) "與" の用例は以下の通りである。

7-2-M9-10　會耶穌席于厥室稅吏及罪人多來與耶穌及厥徒同席
8-4-M12-46　其講未已厥母與弟兄立于外欲與之言
14-1-J4-26　耶穌語之曰就是我與爾言者也
14-1-J4-27　厥徒方到而奇伊與婦言然無與之曰何問何言之
28-9-L24-32　互謂曰其在路與我等談解經時吾心莫不燃耶

6. 2. 1. 3 『神天聖書』と『聖経』

『神天聖書』

	和	跟	合	同	與
4福音書	0	0	0	72	42
マタイ	0	0	0	20	9
マルコ	0	0	0	17	7
ルカ	0	0	0	23	15
ヨハネ	0	0	0	12	11

『聖経』

	和	跟	合	同	與
4福音書	0	0	0	46	36
マタイ	0	0	0	13	14
マルコ	0	0	0	15	6
ルカ	0	0	0	11	9
ヨハネ	0	0	0	7	7

『神天聖書』では，“跟”は，「ヨハネによる福音書」に1例のみ名詞「かかと」の意味の用例がある。“合”は全て動詞の用法である。また，『聖経』では「ルカによる福音書」に“跟”が1例だけあるが，これは動詞「つく，従う」の意味である。また，“合”は全て動詞としての用法である。

L23-55　自加利利隨耶穌來之歸亦跟若色弗看墓及如何置其身

(1)“同”の用例は以下の通りである。なお，用例はいずれも『神天聖書』と『聖経』の同一の章節のものを併せて挙げておく。介詞の“同”だけでなく，全体として翻訳された中国語がほぼ同じであることが分かる。また，以下の用例について原典（英語）の該当部分を挙げておく。[19)]

M5-28

【神】惟我語爾知凡視看婦致懷邪慾向之則在心已同之行姦

【聖】惟我語爾知凡視婦人致懷邪慾向之則在心已同之行姦

But I say to you that everyone who looks at a woman with lust has already committed adultery *with* her in his heart.

M25-19

【神】後好久該僕之主回來而同伊等算帳

【聖】後許久該僕之主回來而同伊等算帳

After a long time the master of those slaves came and settled accounts *with* them.

Ma1-29

【神】伊等出公所時即同者米士及若翰進西們與安得路之房屋

【聖】伊等既出公所即同者米士及若翰進西們與安得路之家

As soon as they left the synagogue, they entered the house of Simon and Andrew, *with* James and John.

L23-43

【神】耶穌謂之曰今日爾將同我在巴拉氏士

【聖】耶穌謂之曰我確告汝今日汝將同我在巴拉氏士

He replied, "Truly tell you, today you will be *with* me in Paradise."

J3-22

【神】斯情後耶穌同厥門徒來如氐亞方且偕伊等在彼施洗

【聖】斯情後耶穌同厥門徒來如氐亞方而偕伊等在彼施蘸

After this Jesus and his disciples went into the Judean countryside, and he spent some time there *with* them and baptized.

さらに，上記の用例は上から順に，モリソン改訳では，"行姦""與僕對數""帶～同進""爾必偕我在天樂園矣""帶～來"となり，BC訳では"已與之淫矣""與之計會""偕雅各與約翰進""爾必偕我在樂園矣""與門徒至"に改められている。

章節・書	四史攸編	神天聖書	聖経	モリソン改訳	BC訳
M5-28	姦之	同之行姦	同之行姦	行姦	已與之淫
M25-19	——	同伊等算帳	同伊等算帳	與僕對數	與之計會
Ma1-29	——	同～及～進	同～及～進	帶～同進	偕雅各與約翰進
L23-43	同我必在樂域	同我在巴拉氏士	同我在巴拉氏士	爾必偕我在天樂園	爾必偕我在樂園
J3-22	與厥徒來	同厥門徒來	同厥門徒來	帶～來	與門徒至

(2)"與"の用例は以下の通りである。なお，用例はいずれも『神天聖書』と『聖経』の同一の章節のものを併せて挙げておく。介詞の"與"だけでなく，全体としてほぼ文面が同じであることが分かる。また，以下の用例について原典（英語）の該当部分を挙げておく。

M9-10

【神】遇耶穌在家席時有多徵餉者並得罪神輩來偕之與厥門徒同席

【聖】曾耶穌在家席時有多徵餉者並得罪神者來偕之與厥門徒同席

And as he sat at dinner in the house, many tax collectors and sinners came and were sitting *with* him and his disciples.

Ma9-14

【神】其既就厥門徒見大衆圍伊等而書士輩與伊等辯論

【聖】其既就厥門徒見大衆圍伊等而書士輩與伊等辯論

When they came to the disciples, they saw a great crowd around them, and some scribes arguing *with* them.

L9-30

【神】夫有二人與彼講乃是摩西及以來者

【聖】卻有兩人與他講乃是摩西及以來者

Suddenly they saw two men, Moses and Elijah, talking to him.

L21-29

【神】耶穌又講比喻與伊等曰看無花菓樹與各樹

【聖】耶穌又設比方與伊等曰觀彼無花菓樹與各樹

Then he told them a parable: " Look at the fig tree and all the trees."

J4-27

【神】厥徒方到而奇因其與婦相言惟無人曰爾何求也或爾為何與他講也

【聖】語間厥徒至而奇其與婦相講惟無人曰爾何求也或爾因何與他講也

Just then his disciples came. They were astonished that he was speaking *with* a woman, but no one said, " What do you want? " or, " Why are you speaking *with* her? "

さらに，上記の用例は，モリソン改訳，BC 訳では次表のように改められている。

章節-書	四史攸編	神天聖書	聖経	モリソン改訳	BC訳
M9-10	與耶穌及厥徒同席	偕之與厥門徒同席	偕之與厥門徒同席	同耶穌及門人同席	偕耶穌及其門徒席坐
Ma9-14	——	書士輩與伊等辯論	書士輩與伊等辯論	書士輩辯論	士子與之辯論
L9-30	——	二人與彼講	兩人與彼講	有二人與耶穌談論	有二人與之言
L21-29	曰	耶穌又講比喻與伊等曰	耶穌又設比方與伊等曰	耶穌又言此喻曰	耶穌遂設譬謂之曰
J4-27	伊與婦言 … 何言之	其與婦相言 … 為何與他講	其與婦相講 … 因何與他講	耶穌與婦談論… 因何與婦言	耶穌與婦言… 爾胡為與婦言

6. 2. 2　連詞　　名詞，動詞を連結するもの

名詞，動詞を連結する連詞について，『聖経直解』から『聖経』までの 4 福音書全文（および相当部分）での用例数は以下の通りである。

	同	與	及	和	合	連
聖経直解	0	0	46	0	0	0
四史攸編	0	80	73	0	0	2
神天聖書	29	170	218	0	0	13
聖経	20	195	201	0	0	15

『聖経直解』では，名詞，動詞（句）を連結する連詞は“及”のみである。『四史攸編』では，加えて“與”が使われるようになり，用例数はほぼ半々である。『神天聖書』，『聖経』ではさらに“同”も使われるようになるが，“及”と“與”に比べて用例が少ない。同じく“連”も使われるが用例は少ない。いずれも“和”と“合”は使われない。

6. 2. 2. 1 『聖経直解』

連詞としての“及”の用例は以下の通りである。

4-4-11-J6-11　耶穌將餅及魚祝謝天主後隨眾欲分散
5-2-43-M26-59　撒責者首及會集者眾皆推究希獲妄證陷以死刑
6-1-1-Ma16-1　維時瑪利亞瑪達肋納及瑪利亞雅各伯及撒落默市香料欲往抹傳耶穌
6-15-2-M28-19　汝輩往誨萬民付聖水因父及子及聖神之名者
10-1-2-M1-2　亞巴郎生依撒是生雅各是生如達及其昆仲

このように，用例は全て“及”である。“同”と“與”は動詞の他は介詞の用例しか無く，『聖経直解』では，介詞には“同”と“與”，連詞には“及”という使い分けがされていたと言える。なお，“和”が使われるのは“向～求和”“和睦者”のみで，“合”は動詞の用例のみである。また，“連”の用例は“晝夜連四旬”“喊聲連天”である。

6. 2. 2. 2 『四史攸編』

	同	與	及	和	合	連
全文	0	80	73	0	0	2
マタイ	0	40	23	0	0	0
マルコ	0	1	5	0	0	1
ルカ	0	20	19	0	0	1
ヨハネ	0	19	26	0	0	0

(1) “及”の用例は以下の通りである。

7-2-M9-11　法吏叟輩視謂厥徒曰汝師何與稅吏及罪人同席
18-1-M23-2　書士及法吏叟既坐于每瑟座上

26-14-Ma14-55	鐸德諸宗及餘集者求証以陷死耶穌而弗得
15-4-L15-2	法吏叟及書士輩讒曰其納罪人交飲食
21-3-J11-5	耶穌乃愛瑪爾大及厥妹瑪利亞及辣匝落

(2)“與”の用例は以下の通りである。

3-3-M2-14	若瑟即夜起攜嬰與厥母遁往厄日多
28-1-M27-62	是日鐸德諸宗與法吏叟輩齊進于比辣多曰
27-5-L23-13	比辣多乃召鐸德諸宗與老長及民
27-13-L23-41	我與爾所受之刑以素行該受其乃無惡行
14-1-J4-36	穫刈者受報而積實于常生且種者與刈者皆同樂矣

さきの『聖経直解』では，連詞は“及”のみであったが，『四史攸編』では，これに“與”が加わり，用例数は各々73例と80例で，ほぼ同じ頻度で使われており，使い分けも見られない。

(3)“連”の用例は以下の通りである。

22-14-Ma12-33	且愛之以全心以全明以全魂以全力連愛徧人如己大過于諸燔犧及餘祭也
28-3-L24-1	撒罷一日絕早伊等帶所備之香液詣墓路加二十三連二十四章

1例目は2つの動詞“愛”を連結するものであり，2例目は本文中の用例ではないが，名詞を連結するものである。

6.2.2.3 『神天聖書』と『聖経』

『神天聖書』

	同	與	及	和	合	連
4福音書	29	170	218	0	0	13
マタイ	14	61	40	0	0	8
マルコ	10	39	39	0	0	3
ルカ	1	52	117	0	0	2
ヨハネ	4	18	22	0	0	0

『聖経』

	同	與	及	和	合	連
4福音書	20	195	201	0	0	15
マタイ	6	67	42	0	0	10
マルコ	10	40	33	0	0	2
ルカ	1	67	104	0	0	1
ヨハネ	3	21	22	0	0	2

(1)『神天聖書』と『聖経』の同一の章節における“同”の用例は以下の通りである。また，以下の用例について原典（英語）の該当部分を挙げておく。

M10-15

【神】我確語爾知比該邑於審判之日所多馬同我摩拉之情形更可堪也

【聖】我確言爾知於審判之日所羅馬同我摩拉之情形比該邑者更可堪也

Truly I tell you, it will be more tolerable for the land of Sodom *and* Gomorrah on the day of judgment than for that town.

Ma1-16

【神】 夫走加利利海邊時見西們同安得路厥弟兄投網進海蓋伊等為打魚者

【聖】 夫走加利利海邊時見西們同安得路厥弟兄抛網入海蓋伊等為捕魚者

As Jesus passed along the Sea of Galilee, he saw Simon *and* his brother Andrew casting a net into the sea – for they were fishermen.

Ma3-32

【神】 故眾圍坐語之曰卻爾母同爾弟兄們在外尋爾

【聖】 時眾圍之坐告之曰夫爾母同爾弟兄們在外尋爾

A crowd was sitting around him; and they said to him, " Your mother *and* your brothers and sisters are outside, asking for you."

Ma12-13

【神】 又伊等遣或呿唎哂輩同希羅氐亞輩就之欲獲其言錯

【聖】 又伊等遣或呿唎哂輩同希羅氐亞輩就之欲得其講差

Then they sent to him some Pharisees *and* some Herodians to trap him in what he said.

J11-5

【神】 夫耶穌愛馬耳大同厥妹及拉撒路

【聖】 夫耶穌愛馬耳大同厥妹及拉撒路

Accordingly, through Jesus loved Martha *and* her sister and Lazarus,

さらに，上記の用例は，モリソン改訳，BC 訳では次のように改められている。

章節-書	モリソン改訳	BC訳
M10-15	瑣頓及坷摩拉二邑比該邑之情形將尤寬貸也	所多馬與峨摩拉之刑較斯邑猶堪忍焉
Ma1-16	西門偕其兄安得烈兩人為漁	西門與其兄弟安得烈施罟於海
Ma3-32	慈母與兄弟在外尋爾也	爾母及爾兄弟在外尋爾耶
Ma12-13	後差離俗人同希羅得黨要以言網耶穌	後遣法利賽人與希律黨數人就之欲即其言以罟之
J11-5	耶穌愛馬大與其妹併拉撒路	耶穌愛馬大及其姊妹與拉撒路

(2)『神天聖書』と『聖経』の同一の章節における“與”の用例は以下の通りである。また，以下の用例について原典（英語）の該当部分を挙げておく。

M2-4

【神】其既集諸祭者首與民之書士輩會問伊等及彌賽亞該在何處而生

【聖】其既集諸祭者首與民之書士輩會詢及伊等以基利士督應生於何處

and calling together all the chief priests *and* scribes of the people, he inquired of them where the Messiah was to be born.

M27-41

【神】祭者首輩與書士及老輩者亦然曰

【聖】祭者首輩與書士輩及老輩者亦然戲笑之曰

In the same way the chief priests also, along with the scribes *and* elders, were mocking him, saying,

Ma13-3

【神】又其對堂坐阿利瓦山時彼多羅與者米士及若翰與安得路私問之曰

【聖】又其對堂坐阿利瓦山時彼多羅與者米士及若翰與安得路私問之曰

When he was sitting on the Mount of Olives opposite the temple, *Peter, James, John, and Andrew* asked him privately.

L13-28

【神】爾將見亞百拉罕與以撒革與牙可百及諸先知者在神之國…

【聖】爾將見亞百拉罕與以撒革與牙可百及諸預知者在神之國…

There will be weeping and gnashing of teeth when you see *Abraham and Isaac and Jacob and all the prophets* in the Kingdom of God, and you yourselves thrown out.

J12-22

【神】腓利百來告訴安得路又安得路與腓利百報耶穌

【聖】腓利百來告訴安得路安得路與腓利百報耶穌

Philip went and told Andrew; then Andrew *and* Philip went and told Jesus.

さらに，上記の用例は，モリソン改訳，BC 訳では次のように改められている。

章節-書	モリソン改訳	BC訳
M2-4	故召祭司首人與民中書士等會議	乃集祭司諸長與民間士子
M27-41	祭主書士長老等譏笑亦然	祭司諸長與士子及長老亦如是戲之曰
Ma13-3	卻有彼得羅耶哥伯約翰安得烈等私問之曰	彼得雅各約翰安得烈竊問之曰
L13-28	當時將見亞伯拉罕以撒耶哥伯等偕諸聖賢在於神國	時爾見亞伯拉罕以撒雅各及諸預言者在神之國
J12-22	又安得烈同非立報耶穌矣	安得烈與非力轉告耶穌

(3)『神天聖書』と『聖経』の同一の章節における“及”の用例は以下

の通りである。また，以下の用例について原典（英語）の該当部分を挙げておく。

M3-5

【神】時耶路撒冷與通如氐亞及若耳但之四方出就之

【聖】時耶路撒冷與通如氐亞及若耳但之四方出就之

Then the people of Jerusalem and all Judea were going out to him, *and* all the region along the Jordan,

Ma5-37

【神】且除彼多羅及者米士及者米士之弟兄若翰外其不許何人隨之

【聖】且除彼多羅與者米士及者米士之弟兄若翰外其弗許何人隨之

He allowed no one to follow him except Peter, James, *and* John, the brother of James.

L8-20

【神】且或報之曰爾母及兄弟在外欲見爾

【聖】或報之曰爾母及兄弟立外欲見爾

And he was told, "Your mother *and* your brothers are standing outside, wanting to see you."

L23-13

【神】彼拉多既聚祭者首輩與列憲及民

【聖】彼拉多既集祭者首輩與列憲及民

Pilate then called together the chief priests, the leaders, *and* the people,

J1-44

【神】夫腓利百乃為畢篩大安得路及彼多羅同邑之人

【聖】夫腓利百乃為畢篩大安得路及彼多羅同邑之人

Now Philip was from Bethsaida, the city of Andrew *and* Peter.

さらに，上記の用例は，モリソン改訳，BC訳では次のように改められている。

章節-書	モリソン改訳	BC訳
M3-5	時由耶路撒冷及猶太全地並邊約耳但河諸方	斯時耶路撒冷舉猶太及約但四方
Ma5-37	且耶穌帶彼得羅及耶哥伯同弟約翰惟不准他人隨從也	乃於彼得雅各及雅各之兄弟約翰而外不許他人從之
L8-20	尊母兄弟外立欲見師矣	爾母及兄弟立於外欲見爾耶
L23-13	彼拉多召祭主民長等會	彼拉多既會祭司諸長有司與民
J1-44*	非立本邑在佰賽大即與安得烈彼得羅二人同邑也	腓力伯賽大人也與安得烈彼得同邑

＊モリソン改訳及びBC訳原書は「45節」（J1-45）と表記しているが，本表では原典に従った。

(4)『神天聖書』と『聖経』の同一の章節における“連”の用例は以下の通りである。また，以下の用例について原典（英語）の同一小節の“連”に該当する部分を挙げておく。

M5-45

【神】…蓋其使太陽起向惡連善又使雨下與義連不義者之上也

【聖】…蓋其使太陽起向惡連善者又降雨與義連不義者之上也

…for he makes his sun rise on the evil *and* on the good, and sends rain on the righteous *and* on the unrighteous.

M6-24

【神】無人能服事兩主蓋其或愛一恨一或重一輕一爾不能服事神連財帛也

【聖】無人能事二主蓋其或愛一惡一或重一輕一爾不服事神及財帛也

…You cannot serve God *and* wealth.

M24-20

【神】惟爾祈禱求致逃於冬天連不於嘰哂日

【聖】惟爾祈禱不致逃於冬天並非於嘰哂日

…Pray that your flight may not be in winter *or* on a sabbath.

Ma6-38

【神】其謂伊等曰爾有多少個餅去看伊等既得知曰五個連二尾魚

【聖】其謂伊等曰爾有幾多個餅去看伊等既得知曰五個並兩尾魚

…they said, "Five *and* two fish."

J15-24

【神】…伊等則無罪但今伊等見而恨連我連我父者也

【聖】…伊等則無罪惟今伊睹而恨連我連我父者也

…But now they have seen and hated both me *and* my father.

さらに，上記の用例は，モリソン改訳，BC訳では次のように改められている。

章節-書	四史攸編	神天聖書	聖経	モリソン改訳	BC訳
M5-45	日出于善惡之上…降雨于義不義之上	太陽起向惡連善…雨下與義連不義者之上	太陽起向惡連善者…降雨與義連不義者之上	太陽照善惡者…降雨滋潤義不義之人	升其日於善者不善者之上…降雨於義者不義者之上
M6-24	事神共事財	服事神連財帛	服事神及財帛	服事上帝兼圖財帛	事神而兼事財貨
M24-20	——	冬天連不於嘰哂日	冬天並非於嘰哂日	冬天之時安息之日	冬時及安息日
Ma6-38	——	五個連二尾魚	五個並兩尾魚	餅五個魚兩尾	五餅二魚
J15-24	恨余並恨余父	恨連我連我父者	恨連我連我父者	且惡連我與父矣	今其於我及我父

6. 2. 3　小結

まず，介詞については，『聖経直解』『四史攸編』『神天聖書』『聖経』の 4 書では一貫して，“同”と“與”のみが使われており，その他“和”をはじめとする白話的な語彙は使われておらず，文言としての傾向が強いと言える。

次に，連詞も加えて見てみると，最初に，『聖経直解』では，用例が“及”に限られていることから，基本的に介詞には“同”と“與”，連詞には“及”と言うふうな使い分けがあったと考えられる。

そして，『四史攸編』になると，“與”に連詞としての用法が加わり，“及”と同じ頻度で併用されるようになり，“與”と“及”の両者による使い分けが無く，同じように使われている。但し，“同”は依然として介詞としての用法しか持っていない。

最後に，『神天聖書』と『聖経』になると，“同”にも連詞としての用法が加わり，用例数では“與”と“及”の 10 分の 1 程度と少ないものの，“同”“與”“及”の 3 者は同じように連詞として用いられるようになる。また，連詞“連”が『神天聖書』と『聖経』で，各々13 例，15 例あった。とくに“連”を連用して「～も…も」の意を表すと言った，『紅樓夢』（第 93 回）の“包管明兒連車連東西一併送來。”のような，当時の白話作品にも見られる用法もある。しかし，より一般的な白話の連詞である“和”と“合”は，いずれの聖書でも見られない。連詞に関しても，初期の中国語訳聖書はやはり文言的な特徴をもっていたと言えるだろう。

第3節　数詞と量詞の表現について

本節では，初期中国語訳聖書における数詞と量詞の用法について，『神天聖書』での用例を中心に考察する。

6.3.1　数詞“兩”と“二”の使い分け

現代中国語では，とくに口語ではモノを数えるときには“兩”を使い，順序をいうときには“二”を使う，というように両者の使い分けがある。『聖経直解』『四史攸編』『神天聖書』『聖経』の4書でも“兩”と“二”が混在しているが，それぞれ用法において，使い分け，或は相違があるのかどうか，『聖経直解』から順に見ていきたい。

6.3.1.1　『聖経直解』

(1)“兩”は3例しか無く，名詞との間に量詞をとらない。なお，各用例の番号は順に，巻・経・文・翻訳された4福音書の名称と章・節を表す。

2-3-6-J2-6	依厥俗堂下設有石樽六以供盥樽各幾容三兩肩
7-4-7-L5-7	急呼比舟伴並力兩舟充物幾沉
8-2-1-M6-24	維時耶穌謂門徒曰一人弗克兼役兩主蓋必須惡一愛一就一離一爾等弗克事天主兼事瑪滿

(2)“二”は34例あり，とくに名詞との間に量詞をとらない。

4-4-9-J6-9	兹有小廝擕大麥餅五魚二此些微烏給此眾
5-2-168-J19-32	武卒折斷二賊脛
5-2-5-M26-34	耶穌謂之曰予真語爾今夜雞鳴二番前爾卻背予三番

1例目は名詞に数詞を後置するもので，量詞はもたない。“兩”が名詞に後置されるものも無い。また，3例目のような動量詞もある。

6. 3. 1. 2 『四史攸編』

（1）“兩”は5例しか無く，名詞との間に量詞をとらない。なお，各用例の番号は，章・節と4福音書で該当する部分の章・節を表す。

7-2-M9-17	又欲裝新酒者未有用舊皮袋不然袋破裂酒洩漏而無用然以新酒裝新皮袋而兩存矣
9-2-M6-24	無人克役兩主者蓋必惡一好一當一欺一爾等弗克事神共事財
5-3-L5-7	招在他舟之友皆來助之既來充物兩舟幾乎沉
16-2-L17-35	有兩婦在磨室一見取一見遺
5-6-J2-6	彼有六石缸以供如達人攸習之盥每缸容三兩桶

最後の用例は，『神天聖書』では，“且在彼有設六石缸照如大人盥之風俗每缸容水兩三桶（2-6）”となっている。

（2）“二”は60例あるが，量詞をともなう用例は無い。

10-4-M10-29	二麻雀豈非一分售乎且非爾父之命無一落地
12-6-M20-24	耳十者聽慍然怒二弟兄
27-13-L23-39	二賊同掛者之一懟之曰爾若基利斯督自救己並救我等
19-1-J6-9	此有一童有大麥餅五及二魚者然此為斯眾係何物乎
22-13-M22-26	第二第三至第七
27-19-J19-32	卒因先斷折第一及第二同耶穌被釘者之脛

用例は名詞の前につくものでは，上記の他，“二歲”“二瞎”“二弟兄”

“二徒”“二姐妹”“二衣”“二舟”“二人”“二主”“二昆仲”“二惡犯”“二妹”“二籃”などがある。“第二”は3例ある。

6. 3. 1. 3 『神天聖書』

(1)“兩”は95例あり，『四史攸編』から一気に用例数が増え，“二”との割合が逆転している。なお，各用例の番号は，4福音書の名称と章・節を表す。

M20-24　其十位聞此則滿恨兩弟兄們
L2-24　又以獻祭依主例所言一對班鳩並兩嫩鴿子
J8-17　又載爾律云以兩人之証為真

さらに，“兩”が量詞を伴うようになり，用例も多くなっている。

M25-17　又接收兩個吠啉吠者亦賺有兩個吠啉吠
Ma10-8　致伊兩個為一肉故伊等尚無兩個乃一肉也
L5-2　見兩隻船在湖旁惟其打魚輩上岸洗厥網

(2)“二”は“第二”の17例と単用されるもの3例を除くと25例となり，そのうち量詞をともなうものは3例，量詞を伴わず名詞の前につく用例が22例である。

まず，量詞を伴うものは以下の3例である。

Ma6-38　其謂伊等曰爾有多少個餅去看伊等既得知曰五個連二尾魚
L10-1　此後主亦另命七十位遣之每二位同去其面前以入其想往到之各邑處
J6-9　此有一童有大麥餅五個小魚二尾者然此分與斯眾係何物乎

量詞をもたず名詞に前置する用例は以下の通りである。

L7-19　隨若翰喚二門徒差伊去耶穌問之爾為彼來者我曹或必望第二耶
L17-35　將有二婦同磨麵一被搶一見留
J1-37　二徒聞言即隨耶穌

この他，名詞に前置する用例には，“二處”“二婦”“二子”“二人”“二門徒”“二債者”などがある。

6. 3. 1. 4　『聖経』

(1)“兩”は96例あり，『神天聖書』とほぼ同数で，『四史攸編』から一気に用例数が増えている。“二”との割合も，同じく逆転している。以下，『神天聖書』に用例がある章節と対照してみると，「ルカによる福音書」第2章第24節が“一對班鳩”と表現を揃えて量詞を伴っている他は，ほぼ同じ文となっている。

M20-24
【神】其十位聞此則滿恨兩弟兄們
【聖】其十位聞此即滿恨兩弟兄們
L2-24
【神】又以獻祭依主例所言一對班鳩並兩嫩鴿子
【聖】又獻祭物依主例所云一對班鳩及一對嫩鵓鴿
J8-17
【神】又載爾律云以兩人之証為真
【聖】又爾律載云以兩人之證為真

さらに，『神天聖書』では“兩”が量詞を伴うようになって，用例も多くなったが，『聖経』でも，同じような結果となっている。

M25-17

【神】又接收兩個吠咻吠者亦賺有兩個吠咻吠

【聖】又接收兩箇吠咻吠者亦賺得兩箇吠咻吠

Ma10-8

【神】致伊兩個為一肉故伊等尚無兩個乃一肉也

【聖】致伊兩個為一肉故伊等尚無兩個乃一肉也

L5-2

【神】見兩隻船在湖旁惟其打魚輩上岸洗厥網

【聖】睹兩隻船泊湖邊但其漁人上岸滸網

(2)“二”は“第二”の13例と単用されるもの7例を除くと17例となり，そのうち量詞を伴うものは3例である

まず，量詞を伴うものは以下の3例である。

Ma6-38

【神】其謂伊等曰爾有多少個餅去看伊等既得知曰五個連二尾魚

【聖】其謂伊等曰爾有幾多個餅去看伊等既得知曰五個並兩尾魚

L10-1

【神】此後主亦另命七十位遣之每二位同去其面前以入其想往到之各邑處

【聖】此事後主亦另派七十位遣之每二位同去在其面前以進其欲到之各邑處

J6-9

【神】此有一童有大麥餅五個小魚二尾者然此分與斯眾係何物乎

【聖】此有一童有薏苡餅五個小魚二尾然此分與斯眾是何物乎

量詞をもたず名詞に前置する用例は以下の通りである。

L7-19

【神】隨若翰喚二門徒差伊去耶穌問之爾為彼來者我曹或必望第二耶

【聖】若翰呼二門徒遣伊往問耶穌爾為彼來者抑吾儕望別者

L17-35

【神】將有二婦同磨麵一被搶一見留

【聖】將有兩婦同磨麵一被擄一見遺

J1-37

【神】二徒聞言即隨耶穌

【聖】二徒聞言即隨耶穌

6. 3. 1. 5　モリソン改訳と BC 訳

前項で対照した『神天聖書』『聖経』に“兩”“二”の用例がある章節について，同じ章節を比較すると以下のようになり，とくに L5-2 の用例のように，文言的な表現に改められているものが多い。なお，【四】は『四史攸編』，【改】はモリソン改訳，【BC】は BC 訳を表す。

L5-2

【四】其視二舟在于湖濱漁輩下洗網

【神】見兩隻船在湖旁惟其打魚輩上岸洗厥網

【聖】睹兩隻船泊湖邊但其漁人上岸澣網

【改】見湖邊二舟漁翁不在乃出洗網

【BC】見二舟在湖濱漁人離舟洗網

L17-35

【四】有兩婦在磨室一見取一見遺

【神】將有二婦同磨麵一被搶一見留

【聖】將有兩婦同磨麵一被擄一見遺

【改】有二婦磨粉一擄一放

【BC】二婦同磨一見執一見遺

6. 3. 2　量詞

名詞に数の表現が伴う場合，4福音書の全文を通して，基本的には数詞，名詞が直接つながっており，量詞が用いられている箇所は少ない。少ないながらも，使われている量詞にはどのようなものがあるか見ていきたい。

6. 3. 2. 1　『聖経直解』と『四史攸編』

まず，『聖経直解』には，“個”をはじめとして，いずれの量詞も用例が無い。次に，『四史攸編』では，ほとんど量詞は見られず，次の例のように数詞を直接に名詞に前置，後置するものが一般的である。

19-1-J6-9　此有一童有大麥餅五及二魚者然此為斯衆係何物乎

名詞に前置するものでは，僅かに以下の用例のように，度量衡を表すものだけが見られる。“斛”は旧時に，10斗枡を指した度量衡の単位である。原典（英語対訳）では各々“Centum cados olei（An hundred pipes of oil）”すなわち「油百cados（1cadoは37リットル）」，“Centum coros tritici（an hundred quarters of wheat）”すなわち「小麦百coros（1coroは370リットル）」となっている。[20] 原典では両者の量は10倍の差があるが，結果として同じ量しか表していない。

14-5-L16-6　曰百斛油曰授券疾坐書五十
14-5-L16-7　問次曰汝負若干曰百斛麥曰授券書八十

同節は『神天聖書』ではその点は改められて，次のように，いずれもギリシャ語原典の“βατους（baths）”すなわち「バトス（1バテは37リットル）」，“Κορους（cors）”すなわち「コロス（1コルは370リットル）」の音訳語表現になっており，欄外の注釈で“巴是升斗之名”“何馬是升斗之名”と説明が加えられているが，どの程度の量を指すのかは見えてこない。『聖経』でも同じく，“一百巴油”“一百何馬麥”となっている。

L16-6　曰一百巴油且謂之曰取爾單速坐寫五十
L16-7　方問別人曰爾欠若干曰一百何馬麥對曰取爾單寫八十

この他には，数詞，量詞が名詞に後置されるものが1例だけある。用例は以下の通りである。

28-13-L24-42　徒獻炮魚一分蜜窩一方

6. 3. 2. 2 『神天聖書』

以下，1813年版『新遺詔書』における量詞の用例を，幾つかの項目に分けて見ていきたい。

(1)　お金の単位

金銭については，中国語の元来の“銀子”，“銀”に言い換えたものの他，聖書原典の音訳語である“呔啉呔（タラントン）”“呧嗱唎以（デナリオン）”“唎吡呔（レプトン）”“呱呧𡃴（クァドランス）”などで表現されている。

まず，原典の金銭の額面の大小は以下の通りである。[21)]

2レプトン＝ 1クァドランス
128レプトン＝64クァドランス＝1デナリオン（ドラクマ）
4デナリオン＝ 1スタテル
100デナリオン＝ 1ムナ
6000デナリオン＝60ムナ
6000デナリオン＝ 1タラントン

『神天聖書』における金銭の表現には，多くの場合，量詞が伴っているが，量詞“錢”の場合を見てみると，全て「1デナリオン（a denarius)」を表す用例である。“呧嗱唎叺”は当時の1日分の労賃に相当する金額で，最も基本となる単位であることから，他とは表記が区別されたのかも知れない。

M20-2　其既同工人相約每日給銀一錢其差伊等如葡萄園
M20-13　其答伊等之一曰友我非使爾何不公爾豈非同我相約受一錢銀乎
M20-9　且伊等僱於十一時既來即一然收銀一錢
M20-10　惟第一輩既來伊等想必接尤多但伊等亦每人接銀一錢

「デナリオン」は音訳語もあり，“呧嗱唎叺”と表記され，量詞は「1デナリオン」にしか付かない。同じ「1デナリオン」を表すのに，以下のように「マタイによる福音書」では“塊”，「ルカによる福音書」では“文”が使われている。“文”は金銭に関しては，この用例しかなく，「ルカによる福音書」が全般的に語彙の傾向が他と異なることの一つの現れであると言える。

M22-19　給我看進貢之錢故伊取與之一塊呧嗱唎叺
L20-24　教我一文呧嗱唎叺看誰的象與字在上伊等答曰西撒耳的

2デナリオン以上になると量詞は使われない。

L10-35　於明日臨去時取出兩呧嗱唎叺付與店主謂之曰小心之除此銀爾更所有費…
M18-28　惟是僕出去而遇厥同僕欠之一百呧嗱唎叺…
L7-41　曰或債主有二債者一負欠五百呧嗱唎叺一負欠五十呧嗱唎叺
J12-5　此香油為何不賣去得價三百呧嗱唎叺而施與貧者

量詞は“塊”が使われる。なお,（　）内にはギリシャ語原典英語対訳の語彙と新共同訳を付した。

M17-27　…爾既開魚口則遇一塊銀子取而給之為我連爾之貢也（a stater 銀貨が一枚）

L19-20　第三來曰主夫爾塊銀在此我藏之汗巾內而守之（一ムナ）[22]

M27-6　且祭者首輩取此塊銀子曰不該當以之入庫因是血之價（silver coins 銀貨）

M27-5　且其以該數塊銀子擲下於堂中而往去自縊（silver coins 銀貨）

M27-9　…且伊等取三十塊銀其被值得之價以色耳以勒之子輩所值也（thirty pieces of silver 銀貨三十枚）

Ma14-5　蓋可賣之得三百塊銀之上而以之賙濟其貧窮故譏及婦人（three hundred denarii 三百デナリオン）

M26-15　向伊等曰爾給我何也而我付他與爾等故伊等相約給他三十塊銀（thirty pieces of silver 銀貨三十枚）

M27-3　時如大士賣付之者見耶穌擬死則自悔而取其三十塊銀帶回與祭者首並老輩（thirty pieces of silver 銀貨三十枚）

L15-8　又何婦有十塊銀子或失其一塊豈非點燈掃房勤尋致覓着乎（drachmas having ten ドラクマ銀貨を十枚／one drachma その一枚）

L19-13　且聚厥十僕而以十塊銀付之謂之曰用此待我回（ten minas 十ムナ）

L19-16　隨伊之第一來曰主爾之一塊銀已賺十塊（mina 一ムナ／ten minas 十ムナ）

L19-18　伊之第二來曰主爾之一塊銀已賺五塊（mina 一ムナ／five minas 五ムナ）

L19-24　隨吩咐立侍者曰拿去其之一塊銀付與其有十塊者

(mina 一ムナ／ten minas 十ムナ)

聖書の中の最高額の「タラントン」には量詞“個”が使われている。1タラントンは6000デナリオンで，1デナリオンは聖書が描いている当時の1日分の労賃に相当する。用例から見るに，「タラントン」は10枚までの小さい数字には量詞“個”を使い，大きい数字“一萬”になるとそのまま用いるようである。

M25-15　主交與一僕以五個吠咻吠與別個僕以兩個吠咻吠與別的僕以三個吠咻吠與每人依厥能幹而即游走也
M25-28　且取去其之一個吠咻吠而給之與他有十個吠咻吠
M18-24　其開算時有帶就之一個欠之一萬吠咻吠

ごく少額を表す単位では，「レプトン」は1デナリオンの128分の1に相当する最小単位の銅貨で，「クァドランス」は1デナリオンの64分の1で，2レプトンに相当する。

Ma12-42　且有或貧寡婦來而投兩唎吡吠為一呱哌囒入

(2)　さまざまな量詞

郭明昆1962が「華語の陪伴詞は，個物の形態的な特徴を形象化した表象である。(中略) すなはち，視覚的な映像の通りに形象化しようとするものである」と言うように，モノの形態を視覚的にとらえようとする心の動きが文字（或は音）に現れたものであり，中国語の口頭語においては重要な要素であるといえる。それを西洋人宣教師，とくにモリソンはどう捉えて，具体的にどう使用していたのか。モリソンの『神天聖書』における用例の幾つかについて見ていきたい。

1）“隻”は同じく郭1962によると，魚類を除く，禽獣走獣の有足類で，船舶を“隻”で表象する。『神天聖書』では「ひつじ，らくだ，船，すずめ」に使われる。

M12-11　其謂伊等曰爾等何人有一隻羊若於嘥咟日跌入坑不即捉而拔之出乎
Ma10-25　一隻駝入通針之眼比富人進神之國更容易
L5-2　見兩隻船在湖旁惟其打魚輩上岸洗厥網
L5-3　耶穌上船之一隻屬西們者即請之由岸離些其方坐而由船上教民
L12-6　五隻雀豈非為兩分而賣惟在神前伊之一非忘記矣

「ひつじ」を数えるときでも，1頭のときは量詞が付くが，99，100と数が大きくなると量詞が付かない。

M12-11　其謂伊等曰爾等何人有一隻羊若於撒百日跌入坑不即捉而拔之出乎
M18-12　…若一人有一百羊而其之一逃去其人豈非離其九十九羊而往於山尋所失者乎
L15-4　爾中何人既有一百羊或失其一豈非就離九十九在野而去尋所失之一待覓着之乎

2)“塊”は，断片的，破片的な，かたまった形状のものに対して広く用いられる。『神天聖書』では，お金以外では，まず以下のように「いしころ，海綿，布」に使われる。

Ma13-2　耶穌答謂之曰爾見此之大建屋也伊皆將盡毀倒致無一塊石留在他石上也[23)]
M27-48　即時有伊中之一跑去取一塊吐咊唖滿之以醋縛之于葦而與之飲

Ma2-21　無人縫一塊新織的布補舊衣恐一塊新布裂其舊衣致更為爛

これら以外に「焼き魚」も“塊”で表象される。

L24-42　伊等奉之一塊燒魚並蜜蜂窩

これは「焼き魚」になって既に「生きてはいない塊」の肉片になったことを表しているのかも知れない。生きた魚は以下の用例のように“尾”が使われる。

M14-17　伊等謂之曰我們在此止有五餅與兩尾魚
Ma8-7　伊等又有幾尾小魚且其祝謝而令亦設之眾前
J6-9　此有一童有大麥餅五個小魚二尾者然此分與斯眾係何物乎

3）“條”は細長いもの，「髪の毛，葦，ヒソプ（の枝）」に使われる。

M5-36　又爾不可以爾首而發誓蓋爾無能以一條髮變為或黑或白也
M11-7　伊等往後耶穌講及若翰語眾曰爾等出野見何也一條葦以風而被搖乎
J19-29　夫在彼有皿滿以醋故伊將個吐咊啌滿之以醋縛之在一條唏唽咘伸到厥口邊

4）建物に関係するものでは，“間”と“座”が使われている。

M10-12　爾既入一間屋即請安是家
L22-12　其人將指爾一間大上樓彼准備

M21-33　爾聞別的比喩有或家主種葡萄園四面插籬而其內掘一個酒醡建一座塔時租之與農夫後往遠地

5）“杯”が使われているのは“水”のみである。

M10-42　又凡將賜此小輩止以一杯冷水因其為我之門徒我確語爾知其必不失其之賞也
Ma9-41　蓋凡因我名而賜爾等以一杯水因汝屬基利士督我確語爾其不失厥賞矣

この他に量詞の用例としては「からし種，麦のつぶ」の粒状のものを数える“粒”，或は“顆”(「ルカによる福音書」の1例のみ)，「(対になった) 2羽の家鳩」の“對”，「いちじくの木」の“根”，物事を数える“件”，「天の軍勢」の“群”，「みずがめ」を数える“瓶”などがある。

6）最も多く使われている量詞は，“個”で，主に“吠咻吠，子，弟兄，偽証見，瞎子，時辰，酒醡，塔，神，餅”など，ヒトからモノまで幅広く使われている。「マタイによる福音書」に限っても，以下の用例のように表象する範囲は幅広い。

M12-45　且其去而同帶七個神比自己尤惡而入居彼…　（霊）
M22-28　故此於復活時婦將為其七個弟兄中何一之妻蓋伊皆娶之　（兄弟）
M8-28　…於厄耳厄西尼地有遇之兩個懷鬼風者大猛致無人敢經過　（悪霊につかれた人）
M9-27　耶穌從彼去時有兩個瞎人隨後呼曰爾大五得之子矜憐我等　（盲人）
M15-14　由伊等也伊等為瞎者引瞎者也且若瞎者引瞎者則兩個必跌落于溝也　（盲人）

M15-36　且其取七個餅同魚而既祝謝擘之交與門徒並門徒交與眾　（パン）

M21-28　…或人有兩個子其來到第一個向之曰子爾今日往我葡萄園裏行工　（子）

M25-1　時天之國可比十個貞女取燈出迎新郎　（娘）

M27-38　時有兩個賊同被釘十字架一於右手一於左手也　（強盗）

M26-40　且其就門徒遇伊等睡而語彼多羅曰何也爾不能同我醒守一個時辰乎　（時間）

M26-60　惟無遇何罪也雖偽証見多來尚未遇何罪也至終有兩個偽証見來曰　（偽証者）

M21-33　…種葡萄園四面插籬而其內掘一個酒醉建一座塔時租之與農夫…　（酒ぶね）

M25-2　其內五個為有智的五個為愚蠢的　（名詞を持たないもの）

7）現代語ではヒトを数えるときの丁寧表現となる“位”は，最後の1例をのぞいて，いずれも使徒の人数を数えるのに使われている。

M10-2　夫十二位使徒乃此第一西們名彼多羅者同安得路厥昆叉…

M26-47　語未畢卻如大士十二位之一而同他大眾帶刀棍等物從祭者首並民之老輩來

M18-16　惟他若弗聽爾則同帶一兩位致以兩三之証各言得確實也

M18-20　蓋不拘何處有兩三位于我名而會我即在伊之中

M20-24　其十位聞此則滿恨兩弟兄們

M23-15　…蓋爾周走海岸欲得一位門徒而既得之為之比自己更兩倍地獄之子也　（改宗者）

8）道のりは“里”で表される。

M5-41　又有何人逼勒爾同行一里路即同他行兩里路也

9）同じ句の中で量詞をくり返す。同一句の中で，量詞をくり返し用いるスタイルも見られるが，用例はすべて“個”である。量詞のくり返しによって，白話的な印象が強くなっている。

M21-35　惟農夫將厥數僕打一個殺一個以石撃一個
M22-5　但伊等輕忽而往去也一個去理耕田一個去理賣買
Ma10-37　伊等謂之曰賜我們坐一個在爾右一個在爾左于爾榮
Ma15-27　又同之伊等釘十字架兩個盜賊一個在右手一個在左手
J20-12　見兩個神使白衣坐一個在首一個在脚耶穌之尸所先放在處

6. 3. 2. 3　『聖経』

(1)“隻”は『神天聖書』では「ひつじ（一隻羊），らくだ（一隻駝），船（兩隻船），すずめ（五隻雀）」に使われているが，『聖経』ではこの4例に加えて，「手」にも使われている。

M12-10　卻見一人有一隻手衰了伊等問耶穌曰於嘫咟日醫人為合例與否

「ひつじ」を数えるときは，『神天聖書』と同じく，数が大きくなると量詞が付かない。

M18-12
【神】…若一人有一百羊而其之一逃去其人豈非離其九十九羊而往於山尋所失者乎

【聖】…如人有一百羊而其之一逃去其人豈不離其九十九羊而往於山尋所失者乎

⑵“塊”は，断片的，破片的な，かたまった形状のものに対して広く用いられる。『神天聖書』では，お金以外については，以下のように「いしころ，海綿，布」に使われている。『聖経』でも1つ目の用例のように，量詞が無いものは例外で，2つ目以下の用例のように，『神天聖書』と同じく，「いしころ，海綿，布」に対して，量詞“塊”が使われている。

Ma13-2

【神】…爾見此之大建屋也伊皆將盡毀倒致無一塊石留在他石上也

【聖】…爾見此之大建造也此將全被毀倒致無留一石在別石上也

Ma2-21

【神】無人縫一塊新織的布補舊衣恐一塊新布裂其舊衣致更為爛

【聖】無人縫一塊新織的布補舊衣恐一塊新布裂其舊衣致更為爛

（以下の3例はいずれも『聖経』の用例のみ）

M27-48　即時有伊中之一跑去取一塊吐味啞滿之以醋縛之于葦而與之飲

M27-60　而置之于其新墳鑿于石內者又滾一塊巨石到墓門而離去

Ma15-46　…包之麻布內放之在鑿于大石內之墓而滾一塊石于墓門之前

また，『神天聖書』にある「焼き魚」に対する“塊”が『聖経』でも使われているということは，マーシュマンも，既に「生きてはいない塊」の肉片になったものに対しては，“尾”ではなく，「かたまり」を表す

“塊”が妥当であると考えたのかも知れない。

L24-42

【神】伊等奉之一塊燒魚並蜜蜂窩

【聖】伊等奉之一塊燒魚並蜜蜂窩

生きた魚については，『聖経』でも以下の用例のように“尾”によって表される。

M14-17

【神】伊等謂之曰我們在此止有五餅與兩尾魚

【聖】徒曰我們止有五箇餅與兩尾魚在此

J6-9

【神】此有一童有大麥餅五個小魚二尾者然此分與斯眾係何物乎

【聖】此有一童有薏苡餅五個小魚二尾然此分與斯眾是何物乎

(3)“條”は『神天聖書』では，細長いもの，「髪の毛，葦，ヒソプ（の枝)」に使われているが，『聖経』の M5-36 の用例では，“根”が用いられていて，M11-7 では量詞が無い。『聖経』では，J19-29 以下のように，“條”は「ヒソプ（の枝)」と，“小魚”“律”に使われている。

M5-36

【神】又爾不可以爾首而發誓蓋爾無能以一條髮變為或黑或白也

【聖】又爾勿誓以己首蓋爾莫能使一根髮變為黑或白也

M11-7

【神】伊等往後耶穌講及若翰語眾曰爾等出野見何也一條葦以風而被搖乎

【聖】伊等去後耶穌向眾講及若翰曰爾們出野見何也一葦被搖以風乎

（以下の3例はいずれも『聖経』の用例のみ）

J19-29　…故伊將個吐哹啌滿之以醋縛之在一條唏唽吶伸到厥口邊

M15-34　耶穌問伊等曰爾有多少餅伊等曰七箇並幾條小魚

J19-7　如大輩答之曰我們有一條律且依是律其該死因自稱為神之子

(4) 建物に関係するものでは，『神天聖書』と同様に，「部屋」と「二階の大広間」に“間”，「やぐら」に“座”が使われている。

M10-12

【神】爾既入一間屋即請安是家

【聖】爾既進一間屋即問安其家

L22-12

【神】其人將指爾一間大上樓彼准備

【聖】其將指汝一間大樓彼准備

M21-33

【神】…有或家主種葡萄園四面插籬而其內掘一個酒醡建一座塔時租之與農夫…

【聖】…有或家主種葡萄園週圍插籬其內掘一個酒醡建一座塔而租之與農夫…

(5)“杯”は『神天聖書』では“一杯冷水（M10-42）”“一杯水（Ma9-41）”の用例があるが，『聖経』では各々“盃”の字体が使われている。

Ma9-41

【神】蓋凡因我名而賜爾等以一杯水因汝屬基利士督我確語爾其不失厥賞矣

【聖】蓋凡因我名而賜爾曹以一盃水飲因爾屬基利士督我確語爾其弗失厥賞矣

この他にも，量詞は各々，多くの名詞につくが，いずれも一つ一つの用例は少ないので，とくに用例は挙げない。

(6) 量詞“個”は，『聖経』でも主に“吠咻吠，子，弟兄，偽証見，瞎子，時辰，酒醡，塔，神，餅”など，ヒトからモノまで幅広く使われている。以下，『神天聖書』の「マタイによる福音書」から用例として挙げた章節が『聖経』ではどうなっているのか見てみると，「盲人」と「パン」については量詞が使われていないが，3 例目（M12-45）以下のものについては，『神天聖書』と同様の用例である。

M9-27（盲人）

【神】耶穌從彼去時有兩個瞎人隨後呼曰爾大五得之子矜憐我等

【聖】耶穌離彼時有兩瞎人隨後呼曰爾大五得之子矜憐我們

M15-36（パン）

【神】且其取七個餅同魚而既祝謝擘之交與門徒並門徒交與衆

【聖】方取那七餅與魚祝謝畢擘之而授厥徒厥徒隨給與衆

M12-45（霊）

【神】且其去而同帶七個神比自己尤惡而入居彼…

【聖】且其去而帶七個神比己更惡者同入住彼…

M22-28（兄弟）

【神】故此於復活時婦將為其七個弟兄中何一之妻蓋伊皆娶之

【聖】故將來復活之時其婦為七個中何一之妻蓋伊皆娶之

M8-28（悪霊につかれた人）

【神】…於厄耳厄西尼地有遇之兩個懷鬼風者大猛致無人敢經過

【聖】…于厄耳厄西尼地遇之兩個懷鬼風者自墓出來極猛致無人敢經其路

M21-28（子）

【神】…或人有兩個子其來到第一個向之曰子爾今日往我葡萄園裏行工

【聖】…或人有兩個子其來到第一個謂之曰子爾今日去我葡萄園內行工

M25-1（娘）

【神】時天之國可比十個貞女取燈出迎新郎

【聖】時天之國可比十個貞女取燈出迎新郎

M27-38（強盗）

【神】時有兩個賊同被釘十字架一於右手一於左手也

【聖】時有兩個賊同被釘十字架一於右手一於左手

M26-40（時間）

【神】且其就門徒遇伊等睡而語彼多羅曰何也爾不能同我醒守一個時辰乎

【聖】且其就門徒見伊等睡而語彼多羅曰何也爾不能同我醒守一個時辰乎

M26-60（偽証者）

【神】惟無遇何罪也雖偽証見多來尚未遇何罪也至終有兩個偽証見來曰

【聖】惟無遇何罪雖多偽證見來無遇何罪至終有兩個偽證見來曰

M21-33（酒ぶね）

【神】…種葡萄園四面插籬而其內掘一個酒醡建一座塔時租之與農夫後往遠地

【聖】…種葡萄園週圍插籬其內掘一個酒醡建一座塔而租之與農夫後往遠地

M25-2（名詞を持たないもの）

【神】其內五個為有智的五個為愚蠢的

【聖】其內五個為有智的五個為愚的

(7) 現代語ではヒトを数えるときの丁寧表現となる“位”は，『神天聖書』と同じく，ほぼ全ての用例が「使徒」を指している。

M10-2

【神】夫十二位使徒乃此第一西們名彼多羅者同安得路厥昆…

【聖】夫十二位使徒之名乃此第一西們名彼多羅者同安得路厥昆…

M26-47

【神】語未畢卻如大士十二位之一而同他大眾帶刀棍等物從祭者首並民之老輩來

【聖】尚言間卻如大士十二位之一而同他大眾帶刀棍等物從祭者首並民之老輩來

(8) 道のりは“里”で表される。

M5-41　又有何人逼勒爾同行一里路即同他行兩里路也

(9) 同一句の中で量詞をくり返すものは，『聖経』では，M21-35のように，『神天聖書』と同様に“個”を繰り返すものが殆どであるが，M22-5のような表現が用いられているものもある。

M21-35

【神】惟農夫將厥數僕打一個殺一個以石擊一個

【聖】惟農夫將厥數僕打一個殺一個與石擊一個

M22-5

【神】但伊等輕忽而往去也一個去理耕田一個去理賣買

【神】惟伊等輕忽而往去也一者去理農務一者去貿易

6. 3. 2. 4　モリソン改訳と BC 訳における量詞の扱い

(1) モリソン改訳の場合

以下,『神天聖書』で量詞の用例がある章節での表現が, モリソン改訳ではどのようになっているのか見ていきたい。

1) “隻” は『神天聖書』での用例のうち, モリソン改訳でも同じように使われているのは,「すずめ」に対してだけである。モリソン改訳では,「すずめ」だけに量詞が残り “五隻雀” から “五隻雀鳥” (L12-6) となっている。その他の用例は, “有一隻羊” から “有羊” (M12-11), “一隻駝” から “駱駝” (Ma10-25), “兩隻船” から “二舟” (L5-2), “船之一隻” から “其一舟” (L5-3) と言うふうに改められている。また,「ひつじ」を数えるとき, 99, 100 など大きい数がでる文脈では,『神天聖書』とは逆に量詞が使われている。

M18-12

【神】…若一人有一百羊而其之一逃去其人豈非離其九十九羊而往於山尋所失者乎

【改】倘人有羊百隻不見一隻爾等意想如何豈非以九十九隻遺於山野自往尋悠亡者乎

2) “塊” は,『神天聖書』でのお金以外の用例は, 各々 “無一塊石留在他石上也” から “不遺石疊石” (Ma13-2), “一塊吐味啞” から “一塊海綿” (M27-48), “一塊新織的布” から “新布” (Ma2-21) となり, 量詞が付くのは「海綿」だけになっている。「焼き魚」の “塊” は “炙魚一尾” となり, 生死の区別なく「さかな」に量詞が付く場合は全て “尾” で表象されている。

3) 細長いものを表す “條” は,『神天聖書』からモリソン改訳へ,「髪の毛」が“一條髮”から“髮一毫”(M5-36),「葦」が“一條葦”から“葦”(M11-7),「ヒソプ(の枝)」が“一條唏唽咘”から“牛膝草”(J19-29)となっている。

4) 建物に関係するものでは,各々“入一間屋”から“入家”(M10-12),“建一間大上樓”から“一層大樓”(L22-12),“建一座塔”から“建樓”(M21-33)となっている。

5) その他,“杯”は“水”に対して使われ,『神天聖書』での用例と同じく“一杯冷水”(M10-42),“一杯水”(Ma9-41)である。この他の量詞の用例としては,「麦のつぶ(J12-24)」,「からし種(J13-19)」に“粒”が使われている。物事を数える“件”は,『神天聖書』の9例のうち「問を発する」もの3例については,“問〜一句”となっている。

また,『神天聖書』の「ルカによる福音書」で「(対になった)2羽の家鳩」を表象する“對”の用例は,改訳で“雙”に改められている。

L2-24(原典)*a pair of turtledoves* or two young pigeons.

【神】又以獻祭依主例所言一對班鳩並兩嫩鴿子

【改】又循上主之例奉祭即一雙班鳩或兩鴿子矣

二物の結合形態を表すことばについて,郭明昆1962は,“雙”は同質の二物の平等的な聯立,本然的な並立であるのに対して,“對”は,異質の二物の対等的な対立ないし同質の二物の対等的な人為的配合である,と説明する。そして,例えば夫婦は,異質対等の二物であるから,“一對夫婦”である,と言う。上記の用例は,原典の下線部“a pair of turtledoves”は「山ばと1つがい」で「雌雄一対」であるから,どちらかと言うとモリソンの『神天聖書』での用例のほうが理屈に適っていたと言える。

6）『神天聖書』の量詞で用例が最も多く，ヒトからモノまで幅広く使われた“個”（但し，最後のM25-2の用例は名詞を持たないもの）は，モリソン改訳では，“餅五個魚兩尾（Ma6-38）”など若干の例外があるものの，ほとんどの場合，「マタイによる福音書」の以下の用例のように，量詞を省いた文言的な文体に改められている。

M9-27（盲人）
【神】有兩個瞎人隨後
【改】二瞽隨之
M15-36（パン）
【神】取七個餅同魚
【改】取七餅兼魚
M12-45（霊）
【神】而同帶七個神比自己尤惡
【改】另招七鬼比己越惡者
M22-28（兄弟）
【神】婦將為其七個弟兄中何一之妻
【改】七人之中誰得此妻
M8-28（悪霊につかれた人）
【神】有遇之兩個懷鬼風者
【改】正遇二人犯邪鬼
M21-28（子）
【神】有兩個子／第一個向之曰
【改】有二子／其長曰
M25-1（娘）
【神】時天之國可比十個貞女
【改】天國可比童女十人

M27-38（強盜）
【神】時有兩個賊
【改】夫有二賊
M26-40（時間）
【神】同我醒守一個時辰
【改】偕我儆寤只一時辰
M26-60（偽証者）
【神】至終有兩個偽証見來
【改】畢竟二妄證者來
M21-33（酒ぶね）
【神】其內掘一個酒醡
【改】中間掘酒醡
M25-2
【神】五個為有智的／五個為愚蠢的
【改】智者五人／愚者五人

7）“位”についても，さきの“個”と同じく，全て削除されて，文言的な表現に改められている。

M10-2
【神】十二位使徒
【改】十二門生
M26-47
【神】十二位之一
【改】十二門生之一人
M18-16
【神】帶一兩位
【改】帶一二人

M18-20

【神】有兩三位

【改】有二三人

M20-24

【神】其十位

【改】其十門人

M23-15

【神】欲得一位門徒而既得之

【改】招一門徒既得之

8）同じ句の中で量詞をくり返す表現についても，『神天聖書』では見られたいずれの用例も，以下のように量詞“個”が削られ，文言的な表現に改められている。

M21-35

【神】打一個殺一個以石擊一個

【改】撻一殺一以石擊一

M22-5

【神】一個去理耕田一個去理賣買

【改】一理耕田一理買賣

Ma10-37

【神】坐一個在爾右一個在爾左

【改】坐主左右

Ma15-27

【神】兩個盜賊一個在右手一個在左手

【改】有二賊一左一右

J20-12

【神】坐一個在首一個在脚

【改】一坐其頭一坐其脚

(2) ブリッジマン・カルバートソン訳（BC訳）の場合

さらに，BC訳へと継承されていく過程で，量詞がどのように扱われていくのか，『神天聖書』，モリソン改訳と比較対照しつつ見ていきたい。

1）“隻”はモリソン改訳では，「すずめ」に対してだけ用いるようになっている。『神天聖書』からモリソン改訳を経たBC訳の用例は，“有一隻羊”から“有羊”を経て“有一羊”(M12-11)，“一隻駝”から“駱駝”を経て“駝”(Ma10-25)，“兩隻船”から“二舟”になってそのまま“二舟”(L5-2)，“船之一隻”から“其一舟”を経て“一舟”(L5-3）となり，「すずめ」も“五隻雀”から“五隻雀鳥”を経て“五雀”(L12-6）となっている。また，「ひつじ」を数えるときの99，100など大きい数でも再び量詞が無くなっている。

M18-12

【神】　…若一人有一百羊而其之一逃去其人豈非離其九十九羊而往於山尋所失者乎

【改】　倘人有羊百隻不見一隻爾等意想如何豈非以九十九隻遺於山野自往尋慾亡者乎

【BC】　或一人有百羊而其一迷夫其人豈不遺九十九於山而往尋所迷失者乎

2）“塊”のお金以外の用例は，『神天聖書』からモリソン改訳を経てBC訳まで各々，“無一塊石留在他石上也”から“不遺石疊石”を経て“將無一石遺於石上（Ma13-2），“一塊士本至”から“一塊海綿”を経て“海絨”（M27-48），“一塊新織的布”から“新布”になってそのまま“新布”（Ma2-21）となり，いずれの用例からも量詞が無くなっている。「焼き魚」の量詞は“一塊燒魚”から“炙魚一尾”を経て“炙魚一片”（L24-42）となるが，その他，生きている「さかな」一般は全て“尾”で表象されている。

3）“條”は『神天聖書』で細長いものを表象したが，モリソン改訳を経て，BC訳では，「髪の毛」が“一條髮”から“髮一毫”を経て“一髮”(M5-36)，「葦」が“一條葦”から“葦”になってそのまま“葦”(M11-7)，「ヒソプ（の枝）」が“一條唏嘶唏”から“牛膝草”を経て“牛膝幹”(J19-29）となり，量詞は無くなっている。

4）建物に関係するものは，“入一間屋”から“入家”を経て“入人之家”(M10-12)，“一間大上樓”から“一層大樓”を経て“大樓”(L22-12)，“建一座塔”から“建樓”を経て“建塔”(M21-33）となり，量詞は無くなっている。

5）その他，“杯”は，『神天聖書』からモリソン改訳，BC訳まで一貫して，“一杯冷水”“一杯冷水”“一杯水”(M10-42)，“一杯水”“一杯水”“一杯水”(Ma9-41）のように使われている。この他に量詞の用例としては，「麦のつぶ」には“粒”(J12-24)，「からし種」には“顆”(J12-24）が使われている。物事を数える“件”は，『神天聖書』の9例のうち「問を発する」もの3例については，“問～一句”となっている。

また，“對”の用例は，改訳で“雙”にかわり，BC訳でもそのまま受け継がれている。

L2-24

【神】又以獻祭依主例所言一對班鳩並兩嫩鴿子

【改】又循上主之例奉祭即一雙班鳩或兩鴿子矣

【BC】又獻祭循主例所言以雙鳩或二雛鴿

6）『神天聖書』の量詞で用例が最も多く，ヒトからモノまで幅広く使われている“個”(但し，最後のM25-2の用例は名詞を持たない）は，モリソン改訳を経たBC訳でも，「マタイによる福音書」の以下の用例のように，全て量詞を省いた文言的な文体に改められている。

章節-書	日本語の意味	神天聖書	モリソン改訳	BC訳
M9-27	盲人	兩個瞎人	二瞽	二瞽者
M15-36	パン	七個餅	七餅	七餅
M12-45	霊	七個神	七鬼	七鬼
M22-28	兄弟	其七個弟兄中	七人之中	七人中
M8-28	悪霊につかれた人	兩個懷鬼風者	二人犯邪鬼	患鬼之二人
M21-28	子	兩個子／第一個	二子／其長	二子／其長
M25-1	娘	十個貞女	童女十人	童女十人
M27-38	強盗	兩個賊	二賊	二盜
M26-40	時間 one hour	一個時辰	一時辰	片時
M26-60	偽証者	兩個偽証見	二妄證者	二妄證者
M21-33	酒ぶね	一個酒醡	酒醡	酒醡
M25-2	——	五個為有智的 五個為愚蠢的	智者五人 愚者五人	愚五智五

7) “位”についてもさきの“個”と同じく，全て削除されて，文言的な表現に改められている。

章節-書	神天聖書	モリソン改訳	BC訳
M10-2	十二位使徒	十二門生	十二使徒
M26-47	十二位之一	十二門生之一人	十二門徒之一
M18-16	帶一兩位	帶一二人	一二人
M18-20	有兩三位	有二三人	二三人
M20-24	其十位	其十門人	十徒
M23-15	一位門徒	一門徒	一人

8）同じ句の中で量詞をくり返す表現も『神天聖書』では見られたが，いずれの用例も以下のように，量詞“個”が削られ，文言的な表現に改められている。

章節-書	神天聖書	モリソン改訳	BC訳
M21-35	打一個殺一個以石撃一個	撻一殺一以石撃一	扑一殺一以石撃一
M22-5	一個去理耕田一個去理賣買	一理耕田一理買賣	一往於田一往於市
Ma10-37	坐一個在爾右一個在爾左	坐主左右	一坐爾右一坐爾左
Ma15-27	兩個盜賊一個在右手一個在左手	有二賊一左一右	二盜…一在其左一在其右
J20-12	坐一個在首一個在脚	一坐其頭一坐其脚	一在首一在足

6.3.3　小結

数詞に関して言えば，『聖経直解』でも，太田 1958 に言う“兩”の古典語としての用法があった訳ではないが，『聖経直解』と『四史攸編』は，用例数に限って言えば，“兩”は僅かで，“二”の用例数が多く，全体として，文言的であったと言える。しかし，『神天聖書』になると，“兩”の用例数が一気に増えて，“二”と使用頻度が逆転し，さらに“兩”は量詞を伴うものが多くなっている。数字の使用に関しては白話の要素が高くなったと言える。

量詞について言えば，『聖経直解』には用例は 1 例もなく，『四史攸編』でも，度量衡の単位 1 例を除いて用例は見られない。『神天聖書』は全体からみると，文言的な虚字，句末助詞の用例の多さから，その文体については文言的と判断せざるを得ないところがあるが，本節で見たように，この量詞の多さが白話的な印象を強めていると言える。『神天聖書』

後の，モリソン改訳や BC 訳になると，全体的に文言回帰の要素が強く，とくに量詞の用例がほぼ消えて無くなっている点が，割合に目立った特徴であると言えるかも知れない。

第4節　白話の語彙，吏文の語彙，異文化の翻訳その他 ―『神天聖書』の場合―

本節では，『神天聖書』の4福音書の白話の虚詞で多く用いられた“個／箇”“的”“了”の用例，その他の白話語彙，吏文の語彙，異文化の翻訳その他について見ていきたい。

6.4.1　白話語彙をつかった表現

17世紀後半にヴァロが『官話文典』の中で中国語には高雅なスタイル，中間的なスタイル，粗野なスタイルの3つのモードがあり，それぞれ相応しい場面に応じて使い分けられることを指摘しているが，モリソンも中国語の書面語は3つに分類される，と考えた。[24)]

モリソンは，文体の1つは文言，もう1つは白話（口語体），そして両者の中間的存在の文言と白話の混淆体があり，これは『三国演義』に代表されるような文体である，と考えた。そして，この『三国演義』のような文体が聖書の翻訳に相応しい，とも考えた。この文体は文言がもつ“雅”と白話がもつ“達”を兼ね備えており，一方で聖書に必要な品格を保ちつつ，一方で聖書原典を中国の幅広い層の大衆が理解できる文章に翻訳できると考えたのである。そもそも，『三国演義』はその序文によれば，読者の対象を一般庶民から士君子までに想定しており，自ずとその文体は両者に受け入れられるものであったと言える。全体的には文言の特徴である“雅”を保ちつつ，場面によっては白話の要素を活用してストーリーを活き活きと描いている。その文体は，会話では武将の台詞は文言で，庶民や庶民出身のものは口語調であり，区別が相当にはっきりしているようである。[25)]

では，モリソンによって翻訳された聖書本文に，モリソンが理想を実践した形跡が見られるかというと，結論から言えば，それは無かったと言える。『神天聖書』4 福音書はヤホントフの鑑定語では 348 語の白話語彙を使用しているが，用例の大部分は “個／箇”，“的”，“了” であり，上述のようなモリソンの理想とした用法からは遠く，会話の場面で何らかの効果を狙って意図的に白話の語彙が使用されることは無かったと言える。

6. 4. 2　白話の虚詞の用例数

まず，『神天聖書』に先行する翻訳である『聖経直解』，『四史攸編』における白話語彙の用例数については以下の通りである。

『聖経直解』では，白話の語彙は，偶然に紛れ込んだと言ってしまって良いくらい少なく，全体を通して文言の文体である。

	便	得	個/箇	了	裏/裡	這	底/的	着	只	皃	子	合計
全文	4	0	0/0	1	0/0	0	0/1	0	0	0	0	6

『四史攸編』も，『聖経直解』と同じく，白話語彙は偶然に紛れ込んだと言えるくらい少なく，意図的な白話語彙の使用は無いと言える。

	便	得	個/箇	了	裏/裡	這	底/的	着	只	皃	子	合計
全文	2	0	0/0	2	3	0	0/1	1	0	0	0	9

『神天聖書』は第 3 章で見てきたように，4 福音書が全体的に文言を土台にしているということは明らかである。一方で白話の虚詞の用例数についても，次表の通り，『四史攸編』に比べてかなり増加していることが分かる。[26]

	使	得	個/箇	了	裏/裡	這	底/的	着	只	兒	子	合計
マタイ	0	6	57/0	10	3	0	48	0	0	0	8	132
マルコ	0	10	31/0	8	5	0	22	3	0	0	6	85
ルカ	15	3	1/11	8	2	0	15	2	2	0	9	68
ヨハネ	1	7	10/0	10	5	(1)	25	3	0	0	2	63
全文	16	26	99/11	36	15	(1)	110	8	2	0	25	348

また，以下のように「使徒言行録（使徒行傳）」は用例数が極めて少ない。

	使	得	個/箇	了	裏/裡	這	底/的	着	只	兒	子	合計
使徒	1	3	0	0	2	1	3	3	0	0	4	17

「ルカによる福音書」は“使”が15例あり，量詞には“箇”が使われ，4福音書中で文字数が最多であるにも拘らず白話語彙がかなり少ないところが他の3書と著しく異なる。また，「使徒言行録」は底本『四史攸編』の全訳をほぼ踏襲し，『神天聖書』の翻訳の段階で白話語彙が混入する可能性が極めて低かったことが，上表の用例数の少なさに現れている。

上表の結果から，『神天聖書』4福音書では，“個／箇”“的”“了”が多用されていることが分かる。以下，この3語の用例の特徴について順に見て行くことにする。

6. 4. 3　白話の虚詞の用例

6. 4. 3. 1　“個 / 箇”

“個”は『神天聖書』に用例のある量詞のなかで最も多く110例あり，どんな場面で何に対して使っているのかを調べてみると，ヒトからモノまで幅広く使われているが，次表に挙げた例をはじめとして，ヒトを数える際に使われたものが61例で最多である。

書章-節	日本語の意味	神天聖書	モリソン改訳	BC訳
M9-27	盲人	兩個瞎人	二瞽	二瞽者
M22-28	兄弟	其七個弟兄中	七人之中	七人中
M8-28	悪霊につかれた人	兩個懷鬼風者	二人犯邪鬼	患鬼之二人
M21-28	子	兩個子／第一個	二子／其長	二子／其長
M25-1	娘	十個貞女	童女十人	童女十人
M27-38	強盗	兩個賊	二賊	二盜
M26-60	偽証者	兩個偽証見	二妄證者	二妄證者

つづいて，お金を数えるのが19例，パンを数えるのが16例で，上位3語で合計96例を占める。

書章-節	日本語の意味	神天聖書	モリソン改訳	BC訳
M15-36	パン	七個餅	七餅	七餅

この他少数の例では時間や日数，霊などを数えるものが若干あるが，『神天聖書』では，主にヒト，お金（通貨タラントンに対して），パンを数えるのに量詞を積極的に用いていることが分かる。上表のようにモリソン改訳，BC訳では，全て量詞を省いた文言的な文体に改められている。

ヒトは“個”で数えられているが，“使徒”に対しては“十二位使徒（M10-2）”“十二位之一（M26-47）“一位門徒（M23-15）”のように敬意が含まれる“位”が用いられている。“位”の意味するところを把握して，一般のヒトと区別して“使徒”だけは一段高い扱いをしていることが分かる。しかしモリソン改訳，BC訳では“位”も“個”とともに全て削除されて，量詞のない文言的な表現に改められている。

また，『神天聖書』では複数の人物が1つの章節の文中に並列されて登場する場合があるが，このような場面では，まず次の例のように量詞を使わないで表現するタイプがある。

M24-41　兩婦同在磨米一被捉一脫逃也
L17-35　將有二婦同磨麵一被搶一見留

さらに以下の用例のように，量詞“個”が同一の文の中でくり返し用いられるタイプも見られる。前者ととくに場面の目立った使い分けは見られないが，口語的な印象が強くなっている。なお，くり返される量詞の用例は全て“個”の用例である。

M21-35　惟農夫將厥數僕打一個殺一個以石擊一個
M22-5　但伊等輕忽而往去也一個去理耕田一個去理賣買
Ma10-37　伊等謂之曰賜我們坐一個在爾右一個在爾左于爾榮
Ma15-27　又同之伊等釘十字架兩個盜賊一個在右手一個在左手
J20-12　見兩個神使白衣坐一個在首一個在脚耶穌之尸所先放在處

後継の中国語訳聖書では，上記の用例のうち，例えばM21-35については，モリソン改訳では“撻一殺一以石擊一”，BC訳では“扑一殺一以石擊一”と言うように，全ての用例で量詞“個”が削られ，量詞をもたない文言的な表現に改められている。中国語への翻訳に際して量詞を使用するという点に関して言えば，定着しなかったと言える。

6. 4. 3. 2　“的”

“的”の用例，110例のうち，“別的”が27例で最も多い。“有的”(19例)，“各樣的”(5例) と合わせて51例を占める。

M8-21　其別的門徒謂之曰主許我先去葬父
M25-11　後其別的貞女來呼云主主開與我

この２つの用例の原典英語は次の通りで“Another of”，“the other”の意味が訳されていることが分かる。

M8-21　*Another of* his disciples said to him, “Lord, first let me go and bury my father.”
M25-11　Later *the other* bridesmaids came also, saying, ‘Lord, lord, open to us.’

とくに“有的”は１つの章節の文の中で並列して用いられるものが多い。

M13-8　惟有些落于好地而生菓有的一百倍有的六十倍有的三十倍
M16-14　伊等曰有的云汝為若翰付洗者有的云以來者有的云耶利米亞或先知之一

この２つの用例の原典英語は次の通りで“some”，“others”の意味が訳されていることが分かる。

M13-8　Other seeds fell on good soil and brought forth grain, *some* a hundredfold, *some* sixty, *some* thirty.
M16-14　And they said, “*Some* say John the Baptist, but *others* Elijah, and still *others* Jeremiah or one of the prophets.”

また，１章節で４つの“的”を使う次の用例は，モリソン改訳，BC訳では次のように改められている。

J5-3

【神】彼有放在大眾害病的瞎的跛的衰的竢候有水之動

In these lay many invalids – blind, lame, and paralyzed.

【改】廊中偃臥大眾病人等即瞽者跛者衰者待水之動也

【BC】其中臥病者瞽者跛者衰者甚眾待水動也

6. 4. 3. 3　“了”

助詞の“了”の用例の36例のうち，多数の26例は以下の用例のようにマイナスイメージの場合に使われている。その内訳は，“死了”が10例で，“壞了”“廢了”“犯了”が各2例，その他はいずれも1例ずつである。用例は以下の通りで，“死了”は全10例，それ以外は1例ずつ挙げておく。

M2-15	又居彼待希羅得死了之時致驗主以先知所言云出以至百多我喚我子矣
M2-19	且希羅得死了後主之神使夢中現與若色弗曰
M28-4	因怕之看守者惶而似死了
Ma12-20	夫有七個兄弟第一個娶妻而無子死了
Ma12-22	其第七個皆娶之而無遺子也後婦亦死了
Ma15-44	故彼拉多奇其如是早死而喚百夫長者問之耶穌死了幾久否
J6-58	斯乃從天下來之餅非如爾祖吃嗎嗱而已死了食此餅者則永生矣
J8-53	爾大於吾祖亞百拉罕已死者乎先知亦死了爾想自為誰
J11-14	時耶穌明語伊等曰拉撒路死了
J19-33	到耶穌之時見其業已死了且不打折厥小腿
L5-37	又無人裝新酒在舊皮罐恐新酒裂罐即酒漏而罐壞了
L6-8	惟耶穌識伊念對人有廢了的手曰起身而立于中其即

	起立
J5-18	…如大輩更尋殺之因其不止犯了嚒哂日乃亦言以神為厥父致以自己與神平一等
J18-30	伊等答謂之曰他若非犯了罪則不解到汝
J19-30	耶穌接醋後曰已畢了即俯首而給靈魂去也
J4-46	…耶穌再來加利利之加拿前變水為酒之所彼有或王爺厥子在加百耳拿翁害了病
J5-5	彼有或人已害病了三十有八年
M12-10	而卻遇一人有厥手衰了故伊等欲告耶穌問之曰是否為合法於嚒哂日而醫人也
M21-19	…向之曰從此以來爾永不致結菓故無花菓樹就槁了
M22-29	耶穌答謂伊等曰爾錯了不知經書與神之能
M25-8	且愚蠢者向有智者云以爾之油給我們蓋我燈滅了
Ma5-26	又因醫生已受多苦並已費了本業惟不見愈乃病更深
Ma7-8	蓋爾等棄了神之誡而守人之遺傳如洗杯盅之類而如是之多情
MaL4-35	耶穌責之曰止言而由彼出來鬼倒了其人會中即出未曾害之

ちなみにモリソンの華英字典 *A Dictionary of the Chinese Language*（『五車韻府』）では，1865年版の“了”についての解説で以下のように，口頭語には頻出すると述べているが，『神天聖書』はやはり書面語の要素が多い翻訳文であり，「頻出」と言うほどの用例数は無い。

> Intelligent; knowing; fixed; determind; finished; Leaou, is a very frequent particle in the spoken language, serving to round the period, and form the perfect tense.

ちなみに，*A Dictionary of the Chinese Language* は，1822年版，1865

年版ともに，見出しの用例は，“我見了”“他來了”“知道了”“罷了”“一語未了”で，マイナスイメージの語の用例は1つも見られない。

4福音書のその他の用例には“完了”(Ma14-41)，“投了”(Ma12-43)，“買了”(L14-18, L14-19)，“娶了”(L14-20)，“開了”(M2-11)，“來了”(J11-28)，“明白了”(Ma8-25)，“做了”(MaL5-6)，“紅了”(M16-2)”がある。

6. 4. 4　白話と吏文の語彙，その他

6. 4. 4. 1　人称代名詞“你們”など

『三国演義』では，とくに台詞の部分で，人称代名詞を巧みに使い分けて登場人物の性格などを表現しており，モリソンもそのような文体を目標にしたとされるが，『神天聖書』の人称代名詞を見る限りでは，特にそのような狙いが実現されているようには見えない。人称代名詞で口語的な複数語尾“們”をもつ“我們”“你們”“他們”のうち，一人称の“我們”，三人称の“他們”は，文言的なものとの間でとくに使い分けは見られない。また，二人称では，“你們”は『四史攸編』全編では全く使われていなかったが，『神天聖書』で初めて中国語に訳出された「ヤコブの手紙」(3例)，「ペトロの手紙一」(22例)，「ペトロの手紙二」(17例）の3書のみに用例が偏っており，文言的なものとの使い分けも無い。これは，場面のモードによって人称代名詞を使い分けると言うよりも，各書の翻訳を担当した人物の語感の違いが現れたものではないかと思われる。

6. 4. 4. 2　“目”と“眼”

基本的には以下の用例のように同じように用いられている。

M26-43　且其來而遇伊等再睡因伊之目倦也
Ma14-40　其既回來再遇伊等睡蓋眼倦矣又伊等不知何可答

目の個数を表す「片目，両目」の表現には“眼”しか用いておらず，目玉そのものを表すのには“眼”を用いていることが分かる。

M18-9　若爾眼誘惑爾即拔出擲去之寧可有單眼而入常生不致有兩眼投入永火矣

Ma9-47　又若爾眼誘惑爾拔之出爾寧可單眼而進神之國不敢有兩眼而被投入地獄之火也

6. 4. 4. 3　「主人」を表す“東家”

4福音書全体では1つ目の例のようにふつう“家主”が使われるが，白話作品で「主人」を言う“東家”が1例だけ見られる。

Ma13-35　故爾醒守蓋不知家主幾時回來或晚上或半夜或鷄鳴時或等早晨

L12-39　爾自知若東家知何時賊到其就醒守不許打進其屋

6. 4. 4. 4　吏文の“業已”

副詞「すでに，もう」の意味では，殆どの用例が“已”であるが，公文書に広く用いられた“業已”も3例見られる。人称代名詞の“伊”“伊等”と同じく，吏文から参照されたものと思われる。なお，“已經”の用例は無い。

M6-2　…我確語汝知伊等業已受伊之賞矣

J17-25　義父者乎世業已不識爾但余識爾又此些知爾乃遣我

J19-33　到耶穌之時見其業已死了且不打折厥小腿

吏文（賀長齡《皇朝經世文編》）には次のような“業已”の用例が多数ある。

得聞喪日期業已過三月五月　/巻63禮政十喪禮下/招魂葬服説許三禮
勢必清查歸併民糧業已詳之本府軍廳　/巻31戶政六賦役三/屯糧序盧傳
三年期限業已過半　/巻27戶政二理財下/與馬虞樽少司空書彭維新
其陝甘兩省業已派滿漢兵一萬五千餘名　/巻26戶政一理財上/論增兵籌餉疏阿桂
孔門弟子業已富者自富貧者自貧　/巻11治體五治法上/書王荊公文集後 袁枚

6.4.4.5　異文化の翻訳「パン」

“麵”の用例は「ルカによる福音書」の第22章と第24章に各々2例ずつあり，第21章以前で“麵頭”と“麵”が使われている。他の3書での用例は全て“餅”であり，そもそも小麦を表す“麵”の字が見られない「ルカによる福音書」における用例の特異さが際立っていると言える。

L9-13　謂之曰爾自付伊等以食曰吾止有五箇麵頭兩尾魚不然必去買糧為此眾民
L11-5　耶穌又謂伊等曰爾中之一或有朋友而於夜中往到之曰友借我麵頭三箇
L22-1　夫無酵麵包之禮宴名曰巴所瓦將近
L22-19　其隨取麵包又感謝而擘之給與伊等曰此乃我為爾給之身行此以記憶
L24-30　會在席時其取麵包言之福擘之而分與伊等
L24-35　伊等亦報在路遇何事並擘麵包時如何認之

なお，**6.4.4**については，小さい事柄を集めたに過ぎず，上記の5つの特徴を挙げるにとどめておく。

6.4.5　小結

『聖経直解』，『四史攸編』は文言のスタイルで，地の文，白の文ともに基本的に白話の語彙は使われていないが，『神天聖書』では，全体的には文言ではありながら，数百の白話の要素が混じるようになった。但し，白話語彙の用例をみても，『三国演義』のように，話者の特徴付け，会話のモードの区別のために活用されている訳ではない。そして，用例の大半は“的”“個”“了”の3語で占められたが，“的”は専らヒトとお金とパンを数えるのに用いられ，“的”は“別的”や“有的”となって原典英語の“*another*”“*some*”“*the other*”“*others*”の意味を表し，“了”はマイナスイメージの語の完了を表すために使われている。しかし，後続のモリソン改訳，さらにその後続のBC訳では，その白話的な成分は悉く抹消されて，より文言的な表現に改められ，『神天聖書』では少ないながらも存在した「雅俗共賞」を目指した語彙的特徴は姿を消すこととなる。

第5節　聖書の中国語訳で時間に関する表現と異文化翻訳

中国では，唐代の景教以来，明代のカトリック，とくにイエズス会が活躍した時代，そして清末のプロテスタントの時代を経て，現在に至るまで，各時代，様々な宗派の西洋人宣教師によって聖書の中国語訳が試みられてきた。近代のプロテスタント宣教師は，とくに，英華・華英字書の編纂，中国語文法書の出版，聖書の中国語訳という，3つの面で中国語研究に活躍した。そして，モリソン，マーシュマンらの中国語訳聖書が，聖書全訳の嚆矢として，いずれも後継の中国語訳に大きな影響を与えた。プロテスタントの初期中国語訳聖書と，その源流となるカトリックの聖書抄訳の主要なものとして次のものが挙げられる。[27)]

『聖経直解』1636年
『四史攸編』18世紀初頭
『神天聖書』新約1814年，全書1823年
『聖経』新約1816年，全書1822年
『救世主耶穌新遺詔書』（モリソン改訳）1835～1837年
『新約全書』（ブリッジマン・カルバートソン訳，BC訳）1864年

聖書の中国語訳では，初期のものから，その文体や語彙などの翻訳上の特徴が，後の聖書に，そのまた後の改訳へと継承を繰り返し，後継聖書へと少なからぬ影響を与えた。また，中国語訳聖書には，意識的，無意識的に拘わらず，西洋人キリスト教宣教師たちによる，各々の時点，地点（方言）での中国語研究の成果が反映されていると言える。しかし，当の宣教師自身による翻訳についての議論も，従来の中国語訳聖書に関する研究も，「神」や「洗礼」と言った宗教用語に関するものに限られているため，中国語の文法や語彙，異文化の翻訳に関して，これまで具体的な姿は見えてこなかった。初期中国語訳聖書が翻訳された時期と言

うのは，中国において西洋文化との接触がいよいよ本格的に始まった時期である。「時間」概念についても，中国の伝統的な時間表現に加えて，ちょうど西洋式の時間表現が受け入れられつつあり，両者が混在していた時期でもある。そのような時代に，宣教師は西欧語と中国語の異なる概念をどのように理解し，そして，初期中国語訳聖書においてどのように時点と時量（時間の長さ）を表現したのであろうか。本節では，異文化の翻訳という視点から，カトリック時代の『聖経直解』『四史攸編』から，プロテスタントの中国語訳聖書まで，とくに『神天聖書』を中心に，聖書における時間表現を通して聖書の中国語訳の特徴の一端を見ていきたい。以下，本文中の用例でとくにことわりの無いものは全てモリソン訳『神天聖書』のもので，聖書と称するのは4福音書を指すものとする。[28)]

6. 5. 1　時点の表現

清代の中国における時刻の表現は，夜には夜の時間の表現形式があって，日没から夜明けまでの夜の時間を5分割して2時間ごとに区切って“初更”から“五更”と呼んでいた。また，尾崎實1980によると，一昼夜を96刻に等分して，さらに12辰刻分ずつに等分して，12辰刻間（120分）を“時辰”で表した。“～点鐘”という調和のとれた1形式2事柄の表現形式が新しく誕生するまで，60分間を表す表現形式は無かった。19世紀末から20世紀初頭にかけて，60分だけを表す新しい“時段”の表現形式が，南方の沿岸都市で使用され始めた。[29)]このように，時点にかかわる表現が変化しつつあった時代にあって，初期中国語訳聖書は，時点をどのように表現しようとしたのであろうか。

時間・時刻を尋ねる表現について見てみると，『神天聖書』の訳者モリソンは，英華字典 *A Dictionary of the Chinese Language*,1822で，時点を尋ねる英語の疑問副詞“*when*”を，関係副詞の表現と並べて，次のように説明している。

WHEN, what time? 幾時 ke she? 甚麼時候 shin mo she how?
When he came in. 他進來時 ta tsin lae she.
（中略）
When it occurs that a paper is to be translated, 遇翻書之時 yu fan shoo che she.

辞書では，このように文言的な“幾時”と，口語的な“甚麼時候”を並記している。聖書の時点を尋ねる場面では，原典の“*when*”に対して，以下の用例をはじめとして，“幾時”5例と“何時”11例，“何時辰”1例が使われている。[30)]

Ma13-33 爾自慎醒守而祈禱蓋爾不知當時何時辰到也[31)]
Beware, keep alert; for you do not know when the time will come.

また，聖書では異なる福音書で同じ場面を描写している章節があるが，そんな場合でも“幾時”と“何時”を，とくに使い分けたりはしていない。

Ma13-4　告我們知是情幾時將得成又是情得驗時將有何號也
“Tell us, when will this be,…”
L21-7　伊等問之曰師何時將有是情而彼將到成之時有何祥
They asked him,“Teacher, when will this be,…”

具体的な時刻を聞く場合も，“幾時”が使われる。「ヨハネによる福音書」第4章第52節（J4-52）の次のやりとりがそうである。

且其問伊等幾時始好
So he asked them the hour when he began to recover,
答曰昨日七時瘧退

and they said to him, "Yesterday at one in the afternoon the fever left him."

『四史攸編』『神天聖書』『聖経』は，以下のようにほぼ同様の表現となっている。なお，本節で複数の聖書本文の用例を並記するとき，ある聖書で翻訳された語彙が別の聖書では欠けている場合，該当する部分を"□"で表記している。

【四】□其問伊等以幾時始□好　　□曰昨日七時瘧退
【神】且其問伊等□幾時始□好　　答曰昨日七時瘧退
【聖】且其問伊等□何時起首好　　答曰昨日七時瘧退

同じ場面の表現は，『聖経直解』では，「問」に"何時"を，「答」には中国の伝統的な十二支による表現を使っている。モリソン改訳，BC訳も同様で，いずれも全体的に文言的な表現になっている。

【直】詢疾始退何時　　□曰昨日未初瘧全退
【改】問□何時始愈　　□曰昨日未時瘧痊矣
【BC】問其何時始愈　　答曰疇昔未時熱離之

聖書の中で夜を描いた場面は，『神天聖書』では，「夜中」を"半夜"で，「夜」を"夜間"で，「夜通し」を"全夜"で表している。

M25-6　且半夜又聲起云卻是新郎來爾出迎之也
But at midnight there was a shout,
Ma13-35　故爾醒守蓋不知家主幾時回來或晚上或半夜或鷄鳴時或早晨
in the evening, or at midnight, or at cockcrow, or at dawn.
M2-14　其則起身取嬰兒而夜間往向以至百多

Then Joseph got up, took the child and his mather by night,and went to Egypt.

L5-5　西們答曰師吾等已全夜辛苦打魚而無所拿着惟因爾所言我即下網

Simon answered, “Master,we have worked all night long but have caught nothing.”

モリソン改訳では，“by night”を“星夜”，“all night”を“終夜”とも言い，BC 訳では“midnight”を“中夜”，“by night”，“all night”を“終夜”とも言う。また，聖書には夜の時刻を具体的に表した場面もある。清代当時の中国では，旧来からの伝統で，日没から夜明けまでの時間は，これを5分割し2時間ごとに区切って“初更（午後7時頃から9時頃まで）”から“五更（午前3時頃から5時頃まで）”と呼んだ。『神天聖書』では，夜中の場面の時刻（時間帯）には，中国の伝統的な時間の表現“更”が使われている。

L12-38　其或回於二三更遇情如是彼役有福矣

これが，モリソン改訳では，“二三更時分”となり，BC 訳では“或二更至或三更至”となる。この章節に該当する原典英語は“If he comes during the middle of the night, or near dawn, and finds them so, blessed are those slaves.”であるが，さらにギリシャ語原典対訳を見てみると，“And if in the second and if in the third watch”であり，原典では「第2の夜回り」すなわち「午後9時から夜中の12時まで」の時間帯と，「第3の夜回り」すなわち「夜中の12時から午前3時（明け方）まで」の時間帯を指している。『神天聖書』では，原典の「第2の夜回り」と「第3の夜回り」に夜の時刻表現“更”を加えて“二三更”としたと思われる。しかし，中国語の“二三更”が表すのは「午後9時から午前1時」くらいであるから，ずれを承知の上で翻訳したのか否かは分からないが，中国の“更”が表す時間帯に正確に合致していない。さらに，次の例のように，同じ時刻を異なる2つの表現で表しているものもある。

Ma6-48　…且約夜之四更其走海面就伊等而似欲過走
he came towards them early in the morning, walking on the sea.
M14-25　於夜四時耶穌走于海之面至伊等
And early in the morning he came walking toward them on the sea,

上記の用例は，モリソン改訳では“四更”“四更時”，BC訳では“四更”“四更時”となり，いずれも“更”で表されている。これらの場面は，イエスが夜中（明け方）に湖の上を歩いて弟子たちのところへ行く同一の場面を描写したものである。原典対訳の英語では前者が“About the forth watch of the night”，後者が“in the forth watch of the night”でいずれも「第4の夜回り」すなわち「午前3時から6時」の明け方近くの時間帯を指している。前者の“四更”は中国語では「午前1時から3時」を指すから，文字通りに解すると時間帯が1つ前にずれてしまうことになる。後者は，“watch”を“時”として，“in the forth watch of the night”を逐語訳したものであると思われるが，これで読者が具体的な時間帯を理解できたのかどうかは心もとない。

以上，夜の時間帯について見て来たが，ここからは，昼間もふくめて，その他の時刻，時間帯がどのように表現されているのかを見ていきたい。『神天聖書』と同時代，1816年出版の英中対訳問答集には，広東を舞台にした会話で次のようなやりとりがある。[32)]

長班又問往那裡去了
管家或說今早四鼓時便進朝裡去（at the fourth beat of the drum）

旧時の時間区分“更”の時刻を知らせるための太鼓を“鼓”と言い，

この“四鼓”は四番太鼓つまり「夜明け前の四更を知らせる太鼓」である。この問答集にはもう1例，時刻を表現した場面があり，“明早五鼓”で「明朝の五番太鼓」の時刻を指している。

還要寫家書為便帶家書的人明早五鼓就要起身
（at the fifth beat of the drum）

“更”を用いてはいないものの，この2つの用例を通して，当時は口語でも旧時の伝統的な時間区分を用いていたことが分かる。聖書の中で，数字を使って時刻を表現している場面は15箇所あるが，いずれも“時”“時分”“第～時”の3つが使われている。“時”が使われている10例は，数の若い順に以下の通りである。また，以下の用例について原典（英語）の該当部分を挙げておく。なお，（　）内はギリシャ語原典対訳の英語である。

M20-3　又約三時其出外見別的人無事站於市街
When he went out about *nine o'clock,* (The third hour)

J4-6　且在彼有牙可百之泉耶穌因以路見倦坐着于泉上時約六時
It was about ***noon***. (Hour it was about [the] sixth.)

M20-5　又約六時其出又與九時而亦行如是
When he went out again about noon and about three o'clock, ([The] sixth and [the] ninth hour)

L23-44　自約六時到九時有黒在全地
It was now about noon, and darkness came over the whole land until three in the afternoon. (about [the] sixth hour and darkness was over [the] whole land until [the] ninth hour,)

J19-14　且當時為吧嘶呧禮之准備約六時其謂如大輩曰視爾王矣

and it was about noon. (Hour it was about [the] sixth.)

J4-52 且其問伊等幾時始好答曰昨日七時瘧退

"Yesterday at one in the afternoon the fever left him."

(Yesterday [at] [the] seventh hour)

M27-46 而約九時耶穌大聲呼曰哾唻哾唻啦嗎嘫哂嗶呋呢即是我神…

And about three o'clock Jesus cried with a loud voice, (And about [the] ninth hour)

J1-39 曰爾來且看伊遂來而看其居之所又彼日同居焉其時乃約十時也

It was about four o'clock in the afternoon. ([The] hour was about [the] tenth)

M20-6 約十一時其又出外而見別人閒站謂之曰爾等因何終日閒空站此乎

And about five o'clock he went out and found others standing around; (And around the eleventh [hour])

M20-9 且伊等僱於十一時既來即一然收銀一錢

When those hired about five o'clock came, (Around the eleventh hour)

同じく数字を使った時刻の表現でも，「マルコによる福音書」だけは，3 つの場面全てに"時分"が使われている。

Ma15-25 夫釘之十字架時乃三時分

It was nine o'clock in the morning when they crucified him. (Now it was [the] third hour)

さきの L23-44 と M27-46 の用例と同じ場面が「マルコによる福音書」でも描かれているが，いずれも"～時分"によって時刻が表現されている。

Ma15-33　夫從六時分至九時分黑暗滿地
When it was noon, darkness came to over the whole land until three in the afternoon. ([the] sixth hour, [the] ninth hour)

Ma15-34　到九時分耶穌大聲呼曰吲唻吲唻啦嗎嘣吧嗱呔呢…
At three o'clock Jesus cried out with a loud voice, "Eloi, Eloi, lema sabachthani ?" (the ninth hour)

「マタイによる福音書」では，さらに"第～時"も使われており，さきの L23-44 と同じ場面では以下のようになる。

M27-45　夫從第六時至第九時有黑暗滿全地
From noon on, darkness came over the whole land until three in the afternoon. ([the] sixth hour, [the] ninth hour)

原典英語と対訳をもとに，『聖経直解』『四史攸編』『神天聖書』『聖経』までの4聖書が，時点を表現しているところを，各々が指す時刻あるいは時間帯を数字の順に並べ直して，まとめてみると，次頁の表のようになる。表中の各聖書の名称は省略して**【直】四】【神】【聖】**と表記した。なお，概数を表す"about"は『聖経直解』『四史攸編』では"幾"，『神天聖書』と『聖経』では"約"で表されている。

昼間の時間帯は，原典では「午前6時」を起点にしている。そして，「午前6時」から1時間ずつに区切って，時点を表している。次頁の表にあるように，"The third hour (nine o'clock)"が"三時"，"the eleventh hour (five o'clock)"が"十一時"であることから，「午前6時」を起点として，「午前7時」の"一時"から順に表されていることが分かる。

『四史攸編』『神天聖書』『聖経』の時点の表現は，ギリシャ語原典での「第何番目の時間」という表現を直訳していることが分かる。なお，

章節-書	ギリシャ語原典（対訳英語）	英語	【直】	【四】	【神】	【聖】
M20-3	The third hour	nine o'clock	巳初	三時	三時	三時
Ma15-25	[the] third hour	nine o'clock	―	―	三時分	三時分
J4-6	Hour it was about [the] sixth	about noon	―	時幾六	六時	六時
M20-5	[The] sixth	noon	午正	六時	六時	六時
M27-45	[the] sixth hour	noon	正午	六時	第六時	第六時
Ma15-33	[the] sixth hour	noon	正午	―	六時分	六時分
L23-44	[the] sixth hour	noon	―	―	六時	第六時
J19-14	Hour it was about [the] sixth	noon	―	六時	六時	六時
J4-52	[the] seventh hour	one in the afternoon	未初	七時	七時	七時
M20-5	[the] ninth hour	three o'clock	申初	九時	九時	九時
M27-45	[the] ninth hour	three in the afternoon	申初	九時	第九時	第九時
Ma15-33	[the] sixth hour	three in the afternoon	申初	―	九時分	九時分
Ma15-34	the ninth hour	three o'clock	申初	―	九時分	九時分
L23-44	[the] ninth hour	three in the afternoon	―	―	九時	第九時
M27-46	[the] ninth hour	three o'clock	申初	九時	九時	九時
J1-39	[The] hour was about [the] tenth	four o'clock	―	十時	十時	十時
M20-6	the eleventh [hour]	five o'clock	酉初	十一時	十一時	十一時
M20-9	the eleventh hour	five o'clock	酉初	十一時	十一時	十一時

時刻・時点を表す単位には，“時”“時分”“第～時”が各々区別されずに同義で使われている。

　このうち『神天聖書』の時点にかかわる表現は次頁の表のようにまとめることができる。

時間帯	旧時の刻限		夜間	洋式時点	【神】	ギリシャ語対訳英語	英語
23時 ｜ 01時	子	初	三更	23時	夜二時	**the second watch**	the middle of the night,or near dawn
		正		00時	夜三時	**the third watch**	
01時 ｜ 03時	丑	初	四更	01時			
		正		02時			
03時 ｜ 05時	寅	初	五更	03時	夜四時	**the forth watch**	early in the morning
		正		04時			
05時 ｜ 07時	卯	初		05時			
		正		06時			
07時 ｜ 09時	辰	初		07時	一時	–	–
		正		08時	二時	–	–
09時 ｜ 11時	巳	初		09時	三時	The third hour	nine o’clock
		正		10時	四時	–	–
11時 ｜ 13時	午	初		11時	五時	–	–
		正		12時	六時	[the] sixth hour	noon
13時 ｜ 15時	未	初		13時	七時	[the] seventh hour	one in the afternoon
		正		14時	八時	–	–
15時 ｜ 17時	申	初		15時	九時	[the] ninth hour	three o’clock
		正		16時	十時	[the] tenth	four o’clock
17時 ｜ 19時	酉	初		17時	十一時	the eleventh hour	five o’clock
		正		18時	夜一時	(the first watch)	–
19時 ｜ 21時	戌	初	初更	19時			
		正		20時			
21時 ｜ 23時	亥	初	二更	21時	夜二時	the second watch	上段参照
		正		22時			

表注 1）表の太字は実際に聖書で使われている表現である。
表注 2）ギリシャ語対訳英語，英語については，聖書で実際に使われているものだけを記し，それ以外のところは空欄のままにしている。

夜の時間帯で，原典の“the forth watch”は「第４の夜回り」すなわち「午前3時から6時」の明け方近くの時間帯であり，“夜四時”で表されるる。夜の時間帯は，中国の5分割と，聖書原典の4分割とが異なるために，中国語の“更”で原典の表すところを示そうとすると，必然的に時間帯にずれが生じ，正確に表現することに無理が生じる。

では，モリソン改訳，BC訳でp.414の表の時間表現はどうなるか。

章節　書	ギリシャ語原典(対訳英語)	英語	【改】	【BC】
M20-3	The third hour	nine o'clock	上午	辰盡
Ma15-25	[the] third hour	nine o'clock	上午	辰盡
J4-6	Hour it was about [the] sixth	about noon	正午	日中
M20-5	[The] sixth	noon	正午	日中
M27-45	[the] sixth hour	noon	正午	午正
Ma15-33	[the] sixth hour	noon	正午	日中
L23-44	[the] sixth hour	noon	正午	午正
J19-14	Hour it was about [the] sixth	noon	上午	日中
J4-52	[the] seventh hour	one in the afternoon	未時	未時
M20-5	[the] ninth hour	three o'clock	下午	未終
M27-45	[the] ninth hour	three in the after-noon	未末	未終
Ma15-33	[the] sixth hour	three in the after-noon	未末	未終
Ma15-34	the ninth hour	three o'clock	未申相交	未終
L23-44	[the] ninth hour	three in the after-noon	未末	未終
M27-46	[the] ninth hour	three o'clock	未申相交	未終
J1-39	[The] hour was about [the] tenth	four o'clock	申時	申正
M20-6	the eleventh [hour]	five o'clock	酉時	申盡
M20-9	the eleventh hour	five o'clock	酉時	申盡

p.414 の表にまとめた時間表現は，モリソン改訳と BC 訳ではそれぞれ前頁の表のようになる。モリソン改訳では“上午”や“下午”，BC 訳では“日中”など，わりに幅広い時間を指す曖昧な表現も見られるが，基本的には十二支で刻限を表す中国の伝統的な表現に落ち着いていると言える。初期中国語訳聖書において，原典からの直訳として使われた“一時”から“十一時”の言い方は，依然として旧時の伝統的な時間表現によって廻っていた当時の中国では適当なものでは無かったらしく，モリソン改訳，BC 訳ではいずれも，最初期の『聖経直解』に近い，伝統的な時間表現に回帰することになる。

また，モリソン改訳，BC 訳が夜の時間帯を，依然として“更”で表現しているのも，他に適切な表現が無かったからかも知れない。

また，『神天聖書』で，「とき（そのもの）」或は「〜のとき」を表すのは，圧倒的多数が“（〜）時”と“（〜）之時”であるが，“hour”，“time”を表すものとして“時候”と“時辰”の用例も見られることを付け加えておく。また，以下の用例について原典（英語）の該当部分を挙げておく。なお，（　）内はギリシャ語原典対訳の英語である。

M14-15　已晩厥門徒就之曰此為野處而時候已過使衆散致伊等入村而自買糧食

When it was evening, the disciples came to him and said, “This is a deserted place, and *the hour* is now late;…”

Ma1-15　又曰時候已得満而神之王近到爾悔罪並信福音也

and saying, “*The time* is fulfilled, and the kingdom of God has come near, repent, and believe in the good news.”

L22-14　當時辰已到耶穌席同十二使徒

When *the hour* came, he took his place at the table, and the apostles with him.

J12-27　今我靈神不安我何可言歟父救我出斯時辰乎然我特為斯時辰而來

> Now my soul is troubled. And what should I say— 'Father, save me from this hour'? No, it is for this reason that I have come to this *hour*.

6. 5. 2　時間の長さの表現

中国では旧時，1日を12等分して2時間ずつに区切り，時間の単位を2時間ごとに“時辰”で表した。1日は“十二個時辰（24時間）”である。モリソンの英華字典 *A Dictionary of the Chinese Language*, 1865（『五車韻府』）の“時”の項，“刻”の項は，それぞれ次のように記述している。

> 一個時辰　one two-hour period.
> 一個時辰有八刻
> one she-shin (the space of two hours) contains eight kh'eh.

また，*A Dictionary of the Chinese Language*, 1822（英華字典）では，次のように記述されている。

> HOUR, the twenty fourth part of a natural day, 半個時辰 pwan ko she shin, 'half a she shin.' or 一點鐘 yih teen chung, 'one stroke of the clock.'
> The Chinese divide the twenty-four hours into twelve 時辰 she shin; hence the above expressions. The European-Chinese books call an hour a 小時辰 seaou she shin, ' little she shin.'

ここから，辞書の記述のレベルでは，“一個時辰”が120分間を指していたことが分かる。また，モリソンの『西游地球聞見略伝』には“惟伊之一個時辰不過係我們漢人的時辰之一半，且伊等分從子時，周到子時，為二十四個時辰（ヨーロッパの1時間は中国の1時間の半分に過ぎず，子の刻から子の刻までを，24時間とする）”と言う記述があり，中国と西洋の“時辰”が異なることが認識されていた。『神天聖書』でも，時間の長さは以下の用例のように，主に“時辰”で表されている。また，以下の用例について原典（英語）の該当部分を挙げておく。なお，（　）内はギリシャ語原典対訳の英語である。

M26-40　且其就門徒遇伊等睡而語彼多羅曰何也爾不能同我醒守一個時辰乎
… “So,could you not stay awake with me *one hour* ?” ([for] one hour)

Ma14-37　其回來遇伊等睡語彼多羅曰西們汝睡乎爾不醒守一個時辰乎
…Could you not keep awake one hour ? (one hour)

J11-9　耶穌答曰一日豈非十二個時辰人若白日走行則不致失脚因見世之光
Jesus answered, “Are there not *twelve hours* of daylight?” Those who walk during the day do not stumble, because the light is not in them.(twelve hours)

原典と照らし合わせると，前2者が“one hour” = “一個時辰”で，3つ目が“twelve hours” = “十二個時辰”となる。これらの例から判断すると，『神天聖書』では，“一個時辰”という表現は，60分間を表すことになるが，同時に次のような用例もあり，混乱が見られる。

L22-59　後約半箇時辰別人決稱曰此人實同他在蓋其為加利利之人

この用例は原典では“Then about *an hour* later still another kept insisting, (about one hour)”であり，“半箇時辰”も“an hour”つまり60分間を

指し，“一個時辰”が120分間を指すことになるのが分かる。尾崎1980によると，単に，“一個時辰”と言うだけでは，120分間か60分間かの区別が，明白でない場合が多いと言うことであるが，同一の聖書の本文中でさえ，統一が取れておらず，『神天聖書』翻訳者のモリソン自身にも“時辰”が表す時間の長さに揺れがあり，定まっていなかったことが見てとれる。

また，『神天聖書』では，“一時”も60分間を指す表現として使われている。[33)]

M20-12　此晩來者止作一時的工惟爾使伊等均與我們負日之重勞之熱者也

'These last worked only *one hour*,' (one hour)

この他，次の用例中の“一時分”は，ギリシャ語原典（英語対訳）では“a cubit（大人の肘から中指の先までの長さを単位とした古代の尺度）”を訳したものであるが，英語訳が“a single hour”であることから，それを“一時分”と逐語訳したのかも知れない。

L12-25　還爾中何可以罣念加長其命一時分（L12-25）

And can any of you by worrying add *a single hour* to your span of life. (To add a cubit)

「マタイによる福音書」第6章第27節が，同じ場面を描写しているが，こちらは原典に近く，長さの単位“一尺”で表現しており，『四史攸編』『聖経』も同様に“一尺”である。

M6-27　又誰可能以罣慮而加厥生命一尺乎

And can any of you by worrying add a single hour to your span of life.　（ギリシャ語原典対訳は，to add …　one cubit）

以上の『神天聖書』の用例と，原典（英語対訳），他の3聖書の同一の節での表現をまとめると下表のようになる。

章節-書	ギリシャ語原典対訳	英語訳	【直】	【四】	【神】	【聖】
M26-40	one hour	one hour	半晷	–	一個時辰	一個時辰
Ma14-37	one hour	one hour	–	一時	一個時辰	一個時長
J11-9	twelve hours	twelve hours	–	十二時	十二個時辰	十二個時辰
L22-59	one hour	an hour	–	–	半箇時辰	半個時辰
M20-12	one hour	one hour	半晷	一時	一時	一時
L12-25	a cubit	a single hour	–	–	一時分	一時分

『神天聖書』と『聖経』は，“one hour”つまり60分間を“一個時辰”（『四史攸編』は“時”）で表現し，1時間（60分間）を1単位とする西洋式の時間の感覚で翻訳している。中国式の2時間（120分）1単位に合致するのは“半箇時辰”1例のみである。モリソン自身が字典で，中国の時間表現を正しく捉えながら，聖書の翻訳では，それが反映されなかったことになる。なお，上表の時間の長さの表現は，モリソン改訳とBC訳ではそれぞれ下表のようになっている。

章節-書	ギリシャ語原典対訳	英語訳	【改】	【BC】
M26-40	one hour	one hour	一時辰	片時
Ma14-37	one hour	one hour	一時	片時
J11-9	twelve hours	twelve hours	十二時辰	十二時
L22-59	one hour	an hour	半時	片時
M20-12	one hour	one hour	一時	一時
L12-25	a cubit	a single hour	一尺	一刻

6.5.3　その他の時間「一週間」

英語で「一週間」を表す“*week*”については，*A Dictionary ot the*

Chinese Language, 1822 では以下のように説明されている。

> WEEK of seven days is called in Canton, 一個禮拜 yih ko le pae. It may be called 七日節 tseih jih tsee; a term of seven days.

モリソンは『神天聖書』では，以下の用例のように，「一週間」を“七日節（七節）”と表現し，字典で先に用例のある“禮拜”，或いは“星期”を使っていない。また，以下の用例について原典（英語）の該当部分を挙げておく。なお，（　）内はギリシャ語原典対訳の英語である。

Ma16-2　且於七日節之初日絕早約日出時伊等來到墓
And very early on the first day of *the week*,…(the first[day]of the week)

L24-1　且於七日節之第一日將發明時伊等同或別的帶所備之香料而往墓
But on the first day of *the week*,…(the first[day]of the week)

J20-1　於七日節之初日早辰尚黑時馬利亞馬厄大利尼到墳而見石已移離墳
Early on the first day of *the week*, …(the first[day]of the week)

M28-1　嗽咟日已過而七節之初日黎明時馬利亞馬厄大利尼與別的馬利亞來見墓
After the Sabbath, as the first day of *the week* was dawning,…([the]first of [the] week)

以上の『神天聖書』の用例と，原典（英語対訳），他の3聖書の同一の章節での表現をまとめると次表のようになる。なお，『神天聖書』と『聖経』の欄の用例は，原典の下線部に相当する部分のみを記している。

章節-書	ギリシャ語原典対訳	英語訳	【直】	【四】	【神】	【聖】
Ma16-2	the first[day]of the week	the first day of the week	瞻禮日間	—	七日節	七日節
Ma16-9	[the] first[day of the] week	the first day of the week	—	—	七日節	七日節
L24-1	the first[day]of the week	the first day of the week	—	撒罷（一日）	七日節	七日節
J20-1	the first[day]of the week	the first day of the week	—	—	七日節	七日箭
J20-19	the first of the week	the first day of the week	瞻禮日間	—	七日節	七日節
M28-1	[the]first of[the] week	the first day of the week	—	—	七節	七日節

「安息日」を表すヘブライ語“Sabbath”(英語も同じく“Sabbath”）は，カトリックの『聖経直解』では“瞻禮”となり，“week”(1週間）は“瞻禮日間”とされ，『四史攸編』では，“Sabbath”の音訳語で“撒罷”となっている。『神天聖書』では，字典の2番目に見出しのある“七日節”が使われ，『聖経』も全て同じく“七日節”が使われている。後続の聖書では，上表の用例については，モリソン改訳はいずれも“七日節”で，BC訳は「ヨハネによる福音書」の2例が“七日節”で，その他4例は“七日”である。

6.5.4　小結

本節では，異文化翻訳の1つとして，初期中国語訳聖書における時間に関わる表現を，聖書本文と字典類の解説，問答集などの用例とも比較しながら考察した。その結果，明らかになったのは以下のことがらである。

時点の表現に関しては，夜の時間帯の表現では，ギリシャ語原典（英語）での4分割の“watch”を，中国の伝統的な5分割の“更”に置き換えたために，結果として時間帯にずれが生じている。昼間の時間帯については，『聖経直解』では中国の伝統的な十二支による表現を使っていたのが，『四史攸編』『神天聖書』『聖経』の3書では，原典主義を採用し，“～ hour（o’clock）”を逐語訳して，当時の中国語としては一般的でない“～時”の表現を使ったが，後継の聖書では再び中国の伝統的な十二支による表現に回帰することとなった。

さらに，時間の長さを表す表現については，字典類，あるいは文法書，会話書の記述には西洋と中国の違いが正しく反映されていたが，初期中国語訳聖書に限って見れば，1時間＝60分と言う西洋の基準と，1時間＝120分と言う中国の基準が，統一されずに採用されており，時間の長さの概念については，当時まだ若干の混乱があったであろうことがうかがえる。「1週間」については，辞書での記述の“禮拜”，或いは“星期”ではなく，一貫して聖書独自の“七日節”が用いられている。このように，聖書における時間の表現ひとつを例にとって見ても，異文化接触の初期における文化の翻訳の困難さをうかがい知ることができるのである。

注

1）原文は次の通りである。
發語者，“吾”字。案古籍中用於主次偏次者其常。
“我”“予”兩字，凡次皆用焉。
“予”字用於主次與動字後賓次者居多。若偏次有間以“之”字者。
“朕”“台”兩字，亦發語者自稱也，書經用之。
代與語者，“爾”“汝”兩字，各次皆用。“若”字用於主賓兩次，偏次則惟用於稱呼之人，未有用於物者。“而”字用於主次者其常，偏次亦惟合於稱呼之人，賓次則罕用之。
“之”字單用，賓次者其常。
“其”字指名，有兩用焉：一為讀之起詞，而居主次；二以附名而居偏次。

2）(1)『聖経直解』(1636) は，ポルトガル人宣教師のディアスによる。ラテン語ブルガタ訳聖書の4福音書からの抄訳で，総節数の約4分の1 (26.5%) を訳出している。翻訳された中国語はほぼ完全な文言である。
(2)『四史攸編』(18世紀初) は，フランス人宣教師バセによる。ラテン語ブルガタ訳聖書からの抄訳で，聖書4福音書の総節数の60%を訳出している。また「使徒言行録」以下については，「ヘブライ人への手紙」の一部分までを全訳している。
(3)『神天聖書』(新約1813，全書1823) は，モリソンと協力者ミルンによる中国語への全訳である。
(4)『聖経』(新約1816，全書1822) は，マーシュマンと協力者ラサールによる中国語への全訳である。
(5)『救世主耶穌新遺詔書』(1835～1837) は，モリソン訳『神天聖書』の改訂版である。本文中では「モリソン改訳」とする。
(6)『新約全書』(1864) は，ブリッジマン，カルバートソンらがモリソン改訳をさらに原典に忠実なスタンスで改訳したものである。本文中では「BC訳」とする。

3）周法高1959『中国古代語法・称代編 (上・下)』(中華書局1990) p.72～73の原文は次の通りである。
在列國時代，“吾”和“我”都是狠常見的自稱代詞。“吾”字常用於主位和賓位，“我”字則用於賓位，“吾”和“我”用法的區別，在論語裡比較顯著；在他書中則“我”字用於主位者也不少；不過“我”字用作主語時，大體由於加重語氣（或指“我們這一方面”）的緣故。

4）太田辰夫1958『中国語歴史文法』第2部12．二人称代名詞の記述による。

5） 尾崎雄二郎 1980『中国語音韻史の研究』所収。

6） 太田辰夫 1964『古典中国語文法』。

7） 『神天聖書』の原文では「マタイによる福音書」は“聖馬竇傳福音書巻一”「マルコによる福音書」は“聖馬耳可傳福音書巻二”,「ルカによる福音書」は“聖路加傳福音書巻三”,「ヨハネによる福音書」は“聖若翰傳福音之書巻四”。『聖経』は各々“使徒馬竇傳福音書”,“馬耳可傳福音書”,“聖路加傳福音之書”,“若翰傳福音之書”。

8） 『神天聖書』4 福音書では,“我”の全用例は下表の通りである。

	4福音書	マタイ	マルコ	ルカ	ヨハネ
我	1686	399	184	364	739
うち文末	69	10	10	18	31
我們	89	50	34	0	5
我等	64	13	5	19	27
我輩	4	0	0	2	2
我衆	2	0	0	1	1
我曹	2	0	0	2	0
我儕	10	0	0	9	1

9） 『神天聖書』4 福音書では,“吾”の全用例は下表の通りである。

	4福音書	マタイ	マルコ	ルカ	ヨハネ
吾	53	3	0	35	15
うち文末	0	0	0	0	0
吾等	5	1	0	2	2
吾輩	8	0	0	4	4
吾曹	1	0	0	0	1
吾儕	16	0	1	4	11

10） 蘇精 2000,p.45 によると,モリソン著『西遊地球聞見略傳』は,大英図書館ならびにロンドン大学 SOAS に所蔵されている線装 1 冊本で,1819 年に木刻されたものである。第 1 葉表は 3 行で,中心に「西遊地球聞見略傳」と大字で書名があり,右行には「中外一家〇天無私心止分善悪而已」,左

行下端に「華英兼述」と記されている。序文末尾には「塵遊居士」の署名がある。

11） *Memorials of Protestant Missionaries to the Chinese*,1867p.5（Taipei 1967）の『西遊地球聞見略傳』の項を参照した。なお，同項の内容は『西遊地球聞見略傳』の序文をもとにしている。

12） 本節では，周法高 1959『中国古代語法・称代編（上・下）』（中華書局 1990）の中国語訳の以下の部分を引用した。

"我"（ich, wir）特別用，但不專用作：（a）領格，和（b）主語，當一個副詞或助動詞跟在後面時。"予"用於諸格，好像是比"我"和"吾"謙遜些。"余"比"予"較少見，應該與"予"同義。

13） 這裡"汝"字在主格和賓格，"爾"字在領格。這可能是書面語言人為的分別，不是從歷史上發展下來的。（p.343）

14） 『神天聖書』4福音書での用例は下表の通りである。

	4福音書	マタイ	マルコ	ルカ	ヨハネ
爾	1977	624	232	627	494
うち文末	60	7	8	29	16
爾等	123	45	25	7	46
爾們	1	0	1	0	0
爾眾	1	0	0	0	1

15） 4福音書での用例は下表の通りである。

	4福音書	マタイ	マルコ	ルカ	ヨハネ
汝	222	44	34	16	128
うち文末	7	0	2	0	5
汝等	8	2	0	2	4
汝曹	2	0	0	0	2
汝眾	2	1	1	0	0

16） 注12）に同じく，周法高 1959『中国古代語法・称代編（上・下）』（中華書局 1990）がGabelentzの原文を中国語に翻訳した以下の部分を引用した。

在此處所屬之詞："汝"，"女"，又少見的"如"和"若"常用於主格和賓格，"爾"有時作"而"，和前古典期的"乃"常用於領格。

17）『馬氏文通』の原文は以下の通りである。
“之”字單用，賓次者其常。“其”字指名，有兩用焉：一為讀之起詞，而居主次；二以附名而居偏次。

18）注 12），16）に同じく，周法高 1959 が Gabelentz の原文を中国語に翻訳した以下の部分を引用した。
無論何時，代詞“之”用於賓格，而“其”，前古典期的“厥”用於領格。

19）本節では英語訳文をギリシャ語原典との対訳である *THE INTERLINEAR NRSV-NIV PARALLEL NEW TESTAMENT IN GREEK AND ENGLISH*,1993 から引用した。英語訳の主なものとしては，この他に *The New Greek-English Interlinear New Testamant*, 1990 や *THE BIBLE AUTHORIZED KING JAMES VERSION WITH APOCRYPHA*, 1997 がある。また，ラテン語ブルガタ訳聖書 *The Vulgate New Testament, with the Douay Version of* 1582, 1872 の対訳英文も，聖書の中国語訳の系譜を見る際に，とくにに参考にすべきものとして挙げることができる。

20）ラテン語ブルガタ訳聖書原典 *The Vulgate New Testament, with the Douay Version of 1582* 及びその英語対訳を参照した。

21）日本語訳『聖書』（1977）の金銭に関わる部分の注釈に基づいて計算した。

22）1 ムナは約 100 日分の労賃相当額にあたる。

23）本文で挙げたものの他には以下の用例がある。
M24-2　耶穌謂伊等曰爾視彼諸物我確語爾知將來不留一塊石在別的塊石上乃皆必致毀倒也
Ma15-46　且其買細麻布取尸下包之麻布內放之在鑿于大石內之墓而滾一塊石墓門之前

24）古屋 1996, p.124-125 参照。

25）香坂 1983, p.392-397 参照。

26）“個”と“箇”については，枠内に数字が 2 つある場合は，左が“個”の，右が“箇”の用例数であり，1 つの場合は合計数である。“底”は用例が無く，全て“的”の用例数である。“兒”と“子”については接尾辞としての用例である。

27）各資料の訳者その他については以下の通りである。
(1)『聖経直解』は，1636 年，ポルトガル人宣教師のディアスによる。ラテン語ブルガタ訳聖書の 4 福音書からの抄訳で，ほぼ完全な文言で総節数の約 4 分の 1（26. 5%）を訳出している。
(2)『四史攸編』は，18 世紀初頭，フランス人宣教師バセによる。(1) と同じくラテン語ブルガタ訳聖書から，4福音書の総節数の60％を抄訳し，「使徒言行録」から「ヘブライ人への手紙」の一部分までを全訳している。

(3)『神天聖書』新約部分は1814年（或は1813年），旧約部分を合わせた全文は1823年に出版されている。1823年年版はモリソンと協力者ミルンによる中国語への全訳であり，(2) の稿本を参照しながら翻訳されている。

(4)『聖経』新約は1816年，全文は1822年，インドにてマーシュマンと協力者ラサールが中国語に全訳したものである。

(5)『救世主耶穌新遺詔書』（モリソン改訳）は1835年から1837年，モリソンの子息やメドハーストらによるモリソン訳『神天聖書』の改訂版である。

(6)『新約全書』（ブリッジマン・カルバートソン訳）は1864年，モリソン改訳をさらに原典に忠実なスタンスで改訳したものである。

28） 本節でも原典については，ギリシャ語原典（*The New Greek-English Interlinear New Testamant*,1990）の英語対訳を参照した。

29） 尾崎實 1980,p.8 参照。

30） ギリシャ語原典の英語対訳を参照した。

31） 各用例の冒頭の数字は，福音書とその章節を表すもので，“M” は「マタイによる福音書」，“Ma” は「マルコによる福音書」，“L” は「ルカによる福音書」，“J” は「ヨハネによる福音書」である。例えば，Ma13-33は「マルコによる福音書」第13章第33節のことである。

32） 本書の表題は，*Dialogues and detached sentences in the Chinese Language* で，モリソンが著わしたとされる。

33） この用例のあるM20-12は，『四史攸編』『聖経』でも同じく“一時”である。

第7章 プロテスタントによる中国語訳聖書のその後の系譜

第1節　後続中国語訳聖書について

中国語訳聖書の翻訳の歴史は，序章で述べた通りで，その最初期に，本書で考察したカトリックの『聖経直解』『四史攸編』，そしてプロテスタントによる『神天聖書』と『聖経』がある。『神天聖書』と『聖経』は2つの流れをなして，それぞれ後継の聖書に系統が受け継がれた。

先ず，モリソンの『神天聖書』は，その改訳である『救世主耶穌新（旧）遺詔書』（モリソン改訳）に受け継がれ，また，そこから2つの流れとなった。

一方は文言訳として，中国語の文体を重視するメドハースト，レッグらによる代表訳に継承され，さらに代表訳はその後のエドキンズらによる北京委員会訳の官話訳へと発展し，その系譜はその後も連綿と続き，それぞれの段階で，さらに中国語への研究が深まって，宣教師によって研究された最高レベルの中国語が聖書の本文として文章化されることとなった。

もう1つの流れは，中国語としての流暢さよりも原典の意味するところを重視したブリッジマン，カルバートソンらの『新（舊）約全書』（BC訳）という形として発展した。

次に，マーシュマンの『聖経』は，中国から遠く離れたインドにて翻訳されたという地理的な弱点があったために，中国語訳聖書の系譜という点で，『神天聖書』が本流として太い流れで受け継がれたのに対して，こちらは傍流として，主にバプテスト会系に重視されていくことになる。

本章では，初期中国語訳聖書の語彙や文体の特徴がどのような形で受け継がれたのか，或いは改められていったのかと言うことを，モリソンの『神天聖書』の直系であるモリソン改訳と，ブリッジマン・カルバートソン訳（BC 訳）から簡単に見ていきたい。

第2節　モリソン改訳と ブリッジマン・カルバートソン訳について

7.2.1　モリソン改訳『救世主耶穌新遺詔書』について

モリソンは1823年に『神天聖書』を翻訳出版してからも，その中国語には満足しておらず，早期の改訳を志したが，志半ばにして1834年この世を去った。生前モリソンがその任にあたらせようと目論んでいた息子のJ. R. モリソンは，政府の翻訳官となり聖書改訳だけに専従できなくなった。そこで，メドハースト，ギュツラフ，ブリッジマンとJ. R. モリソンは委員会を組織し，新約部分がメドハースト，旧約部分はギュツラフによって改訂されることとなった。新約聖書は1835年に訳了し，1837年に石印され，1840年に出版された。旧約聖書は1838年に出版された。

このモリソン改訳の文体は虚詞の用例からみてもほぼ文言の要素から成り立っており，その他の語彙もほぼ文言の特徴をもっていると言えそうである。モリソンは『三国演義』の文体，つまり文言をベースに，台詞や場面によって白話的な要素を自在に使う文体を目指していたのであるが，モリソン改訳はそういう理想の方向には近付かず，逆に文言に向かったのである。以下，「使徒言行録」における幾つかの章節を見てみよう。

(1) 例えば，第28章第16節では，ギリシャ語原典の英語対訳と『四史攸編』『神天聖書』は以下の通りである。ラテン語ブルガタ訳対訳については，4福音書しか手元にないので省略する。

…but Paul was suffered to dwell by himself with a soldier that kept him.

【四】…随保禄便住偕兵守之者

【神】…惟随保羅便住偕兵守之者

『神天聖書』は『四史攸編』に“惟”を加えただけで両者の翻訳は一致している。“was suffered to do”は単に“便”とされて，“dwell by himself”を“住”と訳して，“by himself”の意味は省略されている。そして“with”を“偕”として，“a soldier that kept him”は“兵守之者”と言うふうにほぼ直訳し，全体としてほぼ原典に近い語順になっているが，モリソン改訳はこれを次のようにしている。

【改】…惟准保羅同防兵私居也

まず，“was suffered to do”は「許す」という意味を“准”で表現している。後半部分も，“同～私居”のように，中国語として自然な表現に改められて，さらに文末には助詞“也”が加わっている。

(2) 次に，第 17 章第 32 節を見ると，ギリシャ語原典の英語対訳と『四史攸編』『神天聖書』は以下の通りである。

And when they heard of the resurrection of the dead,some mocked:and others said,We will hear thee again of this matter.
【四】伊等聞死者之復活有的笑有的曰我等再聽爾講
【神】伊等聞死者之復活有的笑有的曰我等再聽爾講

いずれも原典の“some ～ others …”を“有的～有的…”のように白話的な“的”を使って翻訳しているが，モリソン改訳では，以下のように“有人～有人…”に改められている。また，文末には助詞“也”が加わっている。

【改】衆聞復活之道有人戯笑但有人云吾欲再聽爾此論也

(3) さらに，第10章第30節では，ギリシャ語原典の英訳『四史攸編』『神天聖書』は以下の通りである。

…I was fasting until this hour;and at the ninth hour I prayed in my house,
【四】…至此時即九時我在屋裡祈禱…
【神】…至此時即九時我在屋裡祈禱…

第6章でも見たように，原典の“the ninth hour”は朝6時から始まる昼間の時間帯で9番目の時間，すなわち午後3時であるが，『四史攸編』『神天聖書』はともに原典を直訳して“九時”としている。

【改】…適此時吾方持齊正未申之際吾在家祈禱…

モリソン改訳では，中国の伝統的な十二支の時間表現に改められている。このように，時間の表現については，『四史攸編』『神天聖書』ともに原典主義の立場を採ったが，モリソン改訳は，中国の伝統的な時間表現に戻っている。

(4) また，第10章第10節の“he fell into a trance”などは，『四史攸編』では“心超出見異照”,『神天聖書』では“其心超出異照”であったが，モリソン改訳では4字で“心神感動”とし，中国語として纏りのある表現に改められている。

(5) 人称代名詞では，「マタイによる福音書」第10章までででは，一人称の“我”が主格，形修（属格），目的格それぞれに用いられ，“吾”は主格と形修（属格）に用いられている。そして，用例は若干の例外を除いてほぼこの2つに統一されている。隣接する1文での“吾”と“我”の使い分けも，太田1964の文言の法則に合致している。

二人称については全て“爾”に統一されている。三人称は，ほとんどが主格，領格を表す“其”と，目的格を表す“之”である。例外的に“彼”4例，“他”1例がある。

以上，幾つかの章節と，その翻訳における特徴を，先行の『四史攸編』，『神天聖書』と比較しながら見てきたが，モリソン改訳では，原典の意味するところを，さらに細かく拾い，中国語としてもより自然な表現を実現しつつあり，しかも虚詞の用例などからみても，先行の2聖書よりも，よほど文言の文体としての纏りを持つようになっている。

7. 2. 2　ブリッジマン・カルバートソン訳（BC訳）『新約全書』について

モリソン改訳を基礎にさらなる改訳を目指した「代表訳」委員会を脱退したメドハースト等と一線を画したブリッジマン，カルバートソン等によって，もう1つの聖書の改訂が進められ，新約聖書が1859年，旧約聖書が1862年にそれぞれ出版された。これがブリッジマン・カルバートソン訳（BC訳）と呼ばれる聖書である。メドハーストらの代表訳本は，中国語としての「文章の理論を重んじている」ことで“文理(Wenli-version)”と呼ばれる。一方で，BC訳は聖書原典に忠実であることを旨としたために，一般向けではないが，聖書研究にとっては非常に有用であった。この聖書はアメリカ人宣教師の伝道地区に広く普及した。また，聖書の日本語訳に際して参考にされるなど，後の時代まで一定の影響力を持っていたのもこのBC訳であった。以下，BC訳の翻訳の概略について，底本となったモリソン改訳（前項参照）と併せて見ていきたい。

(1) 例えば，第28章第16節では，ギリシャ語原典（英訳）の“…but Paul was suffered to dwell by himself with a soldier that kept him.”を，前項で見たように，『四史攸編』と『神天聖書』は，例えば“a soldier that

kept him”を“兵守之者”，という様にほぼ直訳し，文全体もほぼ原典に近い語順であった。それを，モリソン改訳は，「許す」を“准”とし，“with”以下も“同～私居”として，次のような表現に改めている。BC訳はさらに以下のように，「許す」を“得許”としている。“a soldier that kept him”の“a”を“一”，“that”以下を“守之之”と言うように，原典の意味するところを忠実に訳出している。

【改】…惟准保羅同防兵私居也
【B】…惟保羅得許偕一守之之卒自居

(2) 次に，第17章第32節のギリシャ語原典（英訳）は“And when they heard of the resurrection of the dead,some mocked:and others said,We will hear thee again of this matter.”で，『四史攸編』『神天聖書』はいずれも“伊等聞死者之復活有的笑有的曰我等再聽爾講”であり，“some ～ others …”を“有的～有的…”のように白話的な“的”を用いて翻訳している。モリソン改訳では，“有人～有人…”に改められ，BC訳では“有”だけになっている。また，“the resurrection of the dead”が“死者復生”となって「死」が訳出されている。

【改】眾聞復活之道有人戲笑但有人云吾欲再聽爾此論也
【B】眾聞死者復生之言有戲笑者有曰我其再聽爾言此

(3) さらに，第10章第30節では，ギリシャ語原典（英訳）の“…I was fasting until this hour; and at the ninth hour I prayed in my house,”が，『四史攸編』『神天聖書』はいずれも“…至此時即九時我在屋裡祈禱…”となり，原典の“the ninth hour”を9番目の時間という原典通りに直訳して“九時”としているが，モリソン改訳では“…適此時吾方持齊正未申之際吾在家祈禱…”と，十二支による伝統的な時間表現に改められている。意味するところは「ちょうど未の刻と申の刻との際」

で午後3時を指しているが，BC訳では“申初”つまり午後3時から4時までの時間を指している。

【B】…適至此時當申初在家祈禱…

その他，時間の長さを，モリソンは“一時辰”とし，モリソン改訳は“一時”“一時辰”を併用したが，BC訳では“一時”のみに統一されている。

(4) また，第10章第10節の“he fell into a trance”などは，『四史攸編』では“心超出見異照”，『神天聖書』では“其心超出異照”であったが，モリソン改訳では4字で“心神感動”となり，中国語として纏りのある表現に改められている。BC訳では“靈遊象外”となり，モリソン改訳同様に，4字で中国語として纏りのある表現になっている。

(5) 人称代名詞では，「マタイによる福音書」第10章までを見ると，“余”1例の例外を除いて，一人称はほぼ全て“我”であり，複数語尾の付いたものは“我儕”に限られて，文言の使い分けは無くなっている。また，二人称は全て“爾”になり，三人称も例外的に“彼”が数例あるものの，ほとんどが主格，領格を表す“其”と，目的格を表す“之”となり，すっきりと同一の人称代名詞を使うというスタイルに集約されていったことが窺える。

以上，幾つか見てきたことをまとめると，基本的にモリソン改訳と同じく，原典の意味するところを忠実に中国語に訳出しており，それがより詳細になっている感があるが，この点については，今後詳細に考察する必要がある。

第3節　さらにその後の官話訳まで

中国語による聖書翻訳で主流となった委員会系のその後について，そのあらましを見ると，まず，1843年の南京条約によって，宣教師による布教の地域が格段に広がった。中国各地での宣教活動が本格化したことにより，聖書そのものにも，時代に相応しい本格的な改訳の必要性がさかんに提起されるようになった。この間，ロンドン伝道会，アメリカ外国宣教会，アメリカバプテスト伝道会などの各団体が，香港に代表を結集して中国語訳聖書改訳の協議を行なった。そして，「聖書の中国語訳は，往時に出版されたもの（つまり『神天聖書』のこと）よりも，普遍的であることをこころがけなければならない」など10幾つの決議に基づいて委員会を組織した。しかし，訳語の問題などで，バプテスト伝道会の宣教師たちが委員会から脱退し，マーシュマン・ラサール訳（すなわち『聖経』）をもとにして独自に中国語訳聖書の翻訳を行うことになった。

上記の委員会はメドハーストを中心に，分担で翻訳にあたることになり，つとに有名な“神”と“上帝”の用語問題がひとまず棚上げされ，1847年の初回会合から5年経った1852年に新約聖書を出版した。続いて，1849年に会議を開催し，旧約聖書の改訳のための委員会を組織したが，これも意見の不一致からメドハースト，ミルンらが脱退し，レッグの協力を得ながら，独自に旧約聖書の改訳を開始した。そして，この聖書は1853年に完成し，翌1854年に出版された。メドハーストらによるこの旧約聖書と，さきの委員会が改訂にあたった新約聖書とが，あわせて代表訳本と名付けられた。なお，この代表訳本は中国語としての「文章の理論を重んじている」ことから「文理（Wenli-version）」と呼ばれる。

その後，文言による聖書ではなく，口語体による聖書の必要性が提起され，北京で口語訳聖書本訳の委員会が組織され，1866年に官話による『新約全書』が，1875年には『旧約全書』が刊行された。また，1857年には上海で，メドハーストによって『新約全書』が出版され，その後も上海と香港で版を重ねる。このメドハーストの聖書は，現在これを所蔵するケンブリッジ大学図書館の目録では1857年版こそ“Mandarin（Colloquial）”とのみ注記されているが，のちの1869年版以降は“Nanking form of（Southern）Mandarin” 或は“Nanking dialect / Southern Mandarin”と注記されており，中身が文字通りであるとすれば，南京官話を反映している可能性が高い。これとは別に，グリフィス・ジョン（Griffith John 楊格非 1831-1912）によって湖北等の官話に翻訳された可能性がある聖書の存在も指摘されている。これらの各官話によって翻訳された各聖書の本文の異同を考察することによって，当時の中国各地における官話の諸相を明らかにできるかも知れない，と言うことを指摘しておく。

なお，本書は初期中国語訳の4聖書を研究の主な対照としているため，モリソン改訳，BC訳を含め，その他の後続の各々の聖書における文体と語彙的特徴の詳細については今後の課題としたい。

結 び

本書は最初期の中国語訳聖書に数えられるものについて考察したものである。カトリックによる聖書抄訳の嚆矢である『聖経直解』は，4福音書抄訳部分の本文が，ラテン語ブルガタ訳聖書を底本に，「書面語の特徴となる語彙」でほぼ文言の文体に忠実に翻訳されていることが分かった。プロテスタントの聖書翻訳への橋渡しとなった『四史攸編』も4福音書抄訳部分の本文が，虚詞をはじめ，ほぼ全て文言的な語彙で占められ，場面の描写のために意図的に白話の語彙を用いたような形跡は見られなかった。但し，文章が所謂文言よりも平易な印象をもつ原因については引き続き調査することとしたい。

モリソンの『神天聖書』も基本的には文言の文体で，白話語彙の混淆する程度は低く，台詞部分での文体のモードの使い分けはまず見られなかった。また，福音書毎に虚詞の用例数が一様でなく，時間等の表現でも，語彙の使い方に異なる解釈があり，モリソンの中国語訳には，複数の助手の異なる語感が混在していることが反映されていることが分かった。

マーシュマンの『聖経』もほぼ文言で，白話の混淆度は低く，『神天聖書』との一致度が高い。同一の底本の翻訳が存在しないにも拘らず，両者の間には表現の一致する箇所が余りにも多い。このことからも，中国本土で翻訳に従事したモリソンからインドのマーシュマンに，底本の提供や具体的な援助が存在した可能性が指摘できるのではないか。

後継の聖書については，『神天聖書』の直系であるモリソン改訳とBC訳の概容を見てきたが，両者は基本的に文言であり，時刻の表現も中国の伝統的な十二支による表現に改められている。人称代名詞では格による使い分けが重視されなくなり，少数の語彙に統一・収斂され，よりシンプルな文体へと発展変化していることが見て取れた。その後の委員会訳，官話訳へと至る聖書の中国語訳の本流の系譜については，さらに引き続いて考察する必要がある。

先行研究では，文体については，「初期の翻訳イコール“深文理（文言)”」と定義され，初期中国語訳聖書は，“深文理”と見なされることが多い。また，本文中に若干の白話語彙も散見されることから文言白話混淆体とも見られてきた。本書では，初期中国語訳聖書が具体的にどのような語彙的，文体的特徴を有しているのかについて，主に4つの聖書の比較対照を通して考察したが，その文体と語彙的特徴は，「基本的に文言の規範に則って翻訳された中国語の文体に，偶然のものや場面や描写の必要性による若干の白話的語彙を含んでいる」と言うふうにまとめることができる。

本書では，語彙の使用の傾向など表面的なことがらに関しては，ある程度まで明らかにできたが，宣教師の翻訳思想という，翻訳においてより根幹をなす部分に関しては，今後の課題として残っている。例えば，「神」や「イエス」が一人称で登場するときに，人称代名詞に関しては，何をどう用いていたのか，その語彙の決定はどのような考え方，或いは過程を経たのか等々，明らかにしていかなければならない課題は多い。

同時に，本書で最も重要な研究対象と位置づけたモリソン訳に続く，モリソン改訳，ブリッジマン・カルバートソン訳の2つの聖書，さらに代表訳から官話訳聖書に至る中国語訳聖書翻訳の系譜についても，虚詞を中心として語彙的な面から継続して考察する必要がある。

本書は聖書に語学的な視点からアプローチし，先行研究などで言われる聖書間の継承関係，相互の参照関係について，その証左となりうる語彙と文体の特徴を明らかにし，語学的側面から再検討し証明しようとした。そのために，本書の考察にあたっては『四史攸編』『神天聖書』『聖経』の3聖書の本文対照表と語彙索引を作成した。そして，聖書本文の書・章・節ごとに，具体的な語彙の異同の比較対照を通して，文言や吏文，白話作品，華英字典，文法書など関連する諸資料での用法，解説等を参照しながら，初期中国語訳聖書の本文にみられる文言と白話の文体の特徴を調査した。今後はさらに語彙索引や聖書本文対照表を充実させ聖書全体を網羅できれば，最初期における中国語訳聖書の相互関係についての調査が容易になる。より詳細な考察によって，西洋人が学んだ中国語の成果としての聖書から，キリスト教に関する語彙，音訳語，西洋文化の受容による異文化の翻訳など，多くの問題を明らかにできるかも知れない。

主要参考文献・資料一覧

<参考文献一覧>出版年順

日本

1940　村岡典嗣「漢訳聖書源流考」『増訂日本思想史研究』岩波書店
1940　矢沢利彦『中国と西洋文化』中村書店
1942　玉井茂「聖書の漢訳」『支那叢報解説』15・177-179
1944　佐伯好郎『支那基督教の研究 3』春秋社松柏館
1958　太田辰夫『中国語歴史文法』江南書院
1962　郭明昆「華語における形態観念」『中国の家族制及び言語の研究』所収　早稲田大学出版部
1964　太田辰夫『古典中国語文法』大安
1967　矢沢利彦「最初の漢訳聖書について」『近代中国研究センター彙報』第 9 号 1-7　近代中国研究センター
1970　矢崎健一「中国語聖書翻訳小史」『聖書翻訳研究』1 号　日本聖書協会
1973　志賀正年『中文訳聖書（Bible）の基礎的研究』天理時報社
1974　都田恒太郎『ロバート・モリソンとその周辺—中国語聖書翻訳史—』教文館
1980　尾崎實「時点と時段—「～点鐘」の用法から—」『関西大学中国文学会紀要』第 8 号　関西大学中国文学会
1980　尾崎雄二郎『中国語音韻史の研究』創文社
1983　香坂順一『白話語彙の研究』光生館
1986　柳父章『ゴッドと上帝—歴史のなかの翻訳書—』筑摩書房
1989　海老澤有道『日本の聖書』講談社
1989　古屋昭弘「明代官話の一資料—リッチ・ルッジェーリの「賓主問答私擬」—」『東洋学報』第 70 巻　東洋文庫
1989　山崎直樹「『紅楼夢』の言語—社会言語学的考察—」『文学研究科紀要・文学芸術編』別冊 16　早稲田大学大学院
1990　竹中憲一「漢訳聖書『聖経直解』『四史攸編』について」『人文論集』29 号　早稲田大学法学会
1993　土岐健治「邦訳聖書の源流としての漢訳聖書」『しにか』1993.9 月号　大修館書店
1997　吉田寅『中国プロテスタント伝道史研究』汲古書院

1998　鈴木広光「翻訳書としてのキリシタン文献」『日本語学』1998.6 月号
大修館書店
1990　古屋昭弘「宣教師資料に見る明代の官話」『文学研究科紀要』35 輯
早稲田大学大学院
1996　古屋昭弘「17 世紀ドミニコ会士ヴァロと『官話文典』『中国文学研究』
早稲田大学中国文学会
1999　永井崇弘「近代西洋人と中国の言語の分類」『国語国文学』38 号
福井大学国語学会
2000　何群雄『中国文法学事始』三元社
2000　塩山正純「『古新聖経問答』の語彙から見た 19 世紀初頭の口語」
『文明 21』5 号　愛知大学国際コミュニケーション学会
2000　塩山正純「モリソン訳『神天聖書』について—その新約部分とくに「使徒行傳」のことばを中心に—」『或問』1 号　東西言語文化接触研究会
2001　川島第二郎・土岐健治「初期日本語訳聖書と中国語訳聖書」
『聖書の世界総解説』自由国民社
2001　内田慶市『近代における東西言語文化接触の研究』関西大学出版部
2001　加藤昌弘「中国語訳「和合本」新約聖書（1907）について—ギリシャ語底本の問題—」『法政大学教養部紀要』法政大学教養部
2002　塩山正純「R.　モリソン『神天聖書』欄外注について—その概要と索引—」
『文明 21』6 号　愛知大学国際コミュニケーション学会
2002　尾崎實「清代末期におけるパンの受容度」
『文化事象としての中国』関西大学文学部中国語中国文学科
2005　塩山正純「初期中国語聖書の系譜—初探・『四史攸編』とその語彙について—」『関西大学中国文学会紀要』26 号　関西大学中国文学会
2007　塩山正純「聖書の中国語訳—時間表現を通してみる異文化翻訳—」
『中国 21』第 28 号　愛知大学現代中国学会
2008　蔡錦圖「白日陞的中文聖經抄本—及其對早期新教中文譯經的影響—」
『華神期刊』創刊号　中華福音神學院
2008　塩山正純「カソリックによる聖書抄訳—ディアスの『聖経直解』—」
『文明 21』20 号　愛知大学国際コミュニケーション学会
2010　内田慶市「モリソンが元にした漢訳聖書—新しく発見されたジャン・バセ訳新約聖書稿本—」『アジア文化交流研究』第 5 号　関西大学アジア文化交流研究センター

中国

1932, 1934（フランス）費頼之『在華耶蘇会士列伝及書目』（上・下）
（Louis Pfister,1932,1934 Notices *Biographiques et Bibliographiques sur Les Jesuites de L'ancienne Mission de Chine1552-1773* 中華書局 1995 年版）

1949　徐宗澤『明清間耶蘇会士訳著提要』中華書局（1989 影印）

1959　周法高『中国古代語法・称代編（上・下）』中華書局（1990 版）

1969　雅洪托夫（ロシア：ヤホントフ）「七至十三世紀的漢語書面語和口語」『漢語史論集』（1986 版）北京大学出版社

1967-1973　方豪『中国天主教史人物傳』（中華書局 1988 版）

1973　（フランス）栄振華『在華耶蘇会士列伝及書目補編（上・下）』
（Joseph Dehergne, 1973 *Repertoire des Jesuites de Chine de 1552-1800* 中華書局 1995 年版）

1981　顧長声『伝教士与近代中国』上海人民出版社

1981　中国社会科学院近代史研究所翻訳室『近代来華外国人名辞典』中国社会科学出版社

1999　許鈞『中国翻訳史（上巻）』湖北教育出版社

2000　蘇精『馬禮遜與中文印刷出版』台湾学生書局

2000　譚樹林「『聖経』"二馬訳本"関係辨析」『世界宗教研究』2000 年第 1 期

2003　譚樹林「近代中文『聖経』翻訳史上的"二馬訳本"」『煙台師範学院学報（哲学社会科学版）』第 20 巻第 4 期

2004　毛発生「馬礼遜与『聖経』漢訳」『中国翻訳』第 25 巻第 4 期

2004　譚樹林『馬礼遜与中西文化交流』中国美術学院出版社

2005　蘇精『中國，開門！馬禮遜及相關人物研究』基督教中國文化研究社

2008　蔡錦圖「白日陞的中文聖經抄本—及其對早期新教中文譯經的影響—」『華神期刊』創刊号 50-77 中華福音神學院

欧文（文法書）

1814　Joshua Marshmann, 1814, *Elements of Chinese language*『中國言法』

1815　Robert Morrison, 1815, *Grammar of the Chinese Language*『通用漢言之法』

1822　Abel Remusat, 1822, *Elemens de la Grammaire Chinoise*『漢文啓蒙』

1842　Philo-Sinensis（Gützlaff）,1842, *Notices on Chinese Grammar*

1857　Joseph Edkins, 1857, *Mandarin Dialect, A Grammar of the Chinese Colloquial Language*

1863　James Summers, 1863, *A Hand Book of the Chinese Language*

1864　W.Lobscheid, 1864, *Grammar of the Chinese Language*

1880　J.S.Mcilvaine, 1880, *Grammatical Studies in the Colloquial Language of Northern China*

1883　Georg von der Gabelentz, 1883, *Chinesischen Grammatik*

欧文（その他）

1822　R.Morrison, *A Dictionary of the Chinese Language*,1822

1865　R.Morrison, *A Dictionary of the Chinese Language*,1865（『五車韻府』）（愛知大学豊橋図書館蔵）

1867　*MEMORIALS OF PROTESTANT MISSIONARIES TO THE CHINESE*,1867 上海

1839　Morrison, Eliza A. *Mrs. Robert, Memoirs of the life and Labours of Robert Morrison, Compiled by his Widow,vol. II*, Long II man, 1839,London

1933　A.J.Garnier, *Chinese Version of the Bible*（1934『漢文聖経訳本小史』）

1934　M.Broomhall, *The Bible in China*

＜聖書その他の資料一覧＞

中国語訳聖書ほか

1）『聖経直解』台湾学生書局 1972『天主教東傳文献』

2）『四史攸編』（大英図書館蔵）

3）『古新聖経問答』1862 天津社会科学院出版社 1992

4）『神天聖書』

（1）新訳『耶穌基利士督我主救者新遺詔書』ゆまに書房刊 1999「幕末邦訳聖書集成」

舊訳『神天聖書』ゆまに書房刊 1999「幕末邦訳聖書集成」

（2）新訳『救世我主耶穌新遺詔書』（大英図書館蔵）

舊訳『神天聖書載舊遺詔書兼新遺詔書』（大英図書館蔵）

（3）新訳『新遺詔書』（香港聖經公會 1997 影印本）

5）『聖経』（フランス国立図書館蔵）

6）モリソン改訳『救世主耶穌新遺詔書』（大英図書館蔵）

7）ブリッジマン・カルバートソン訳（BC 訳）

（1）『新訳全書』上海美華書局 1863 ゆまに書房 1999「幕末邦訳聖書集成」

『舊訳全書』上海美華書館 1864 ゆまに書房 1999「幕末邦訳聖書集成」

（2）『新訳全書』『舊訳全書』上海美華書館 1864（愛知大学豊橋図書館蔵）

8）『西遊地球聞見略傳』（1819 大英図書館蔵）

9)『三国志通俗演義史傳（上)』井上泰山編 1997 関西大学出版部

日本語訳聖書・辞書

1966 『羅和辞典』田中秀夫（1990 年 24 刷）

1977 『聖書』日本聖書刊行会

1987 『聖書　新共同訳』日本聖書協会

1991 『舊新約聖書・文語訳』日本聖書協会

欧文聖書

1872 *The Vulgate New Testament, with the Douay Version of 1582*, Samuel Bagster and Sons

The Interlinear NIV Hebrew-English old Testament, Zondervan Publishing House

1990 *The New Greek-English Interlinear New Testament*, Tyndate House Publishers, Inc.

1993 *THE INTERLINEAR NRSV-NIV PARALLEL NEW TESTAMENT IN GREEK AND ENGLISH,* Zondervan Publishing House, Alfred Marshall

1997 *THE BIBLE AUTHORIZED KING JAMES VERSION WITH APOCRYPHA*, Oxford university press, R. Carroll, S. Prickett

聖書名称対照表（新約）

	新共同訳	四史攸編
1	マタイによる福音書	馬竇
2	マルコによる福音書	馬耳谷
3	ルカによる福音書	路加
4	ヨハネによる福音書	若望
5	使徒言行録	使徒行
6	ローマの信徒への手紙	福保禄宗徒與羅瑪輩書
7	コリントの信徒への手紙一	福保禄與戈林輩第一書
8	コリントの信徒への手紙二	福保禄使徒與戈林多輩第二書
9	ガラテヤの信徒への手紙	福保禄與雅辣達輩書
10	エフェソの信徒への手紙	福保禄使徒與厄弗所輩書
11	フィリピの信徒への手紙	福保禄使徒與■理比輩書
12	コロサイの信徒への手紙	福保禄使徒與戈洛所輩書
13	テサロニケの信徒への手紙一	福保禄使徒與特撒羅第一書
14	テサロニケの信徒への手紙二	福保禄使徒與特撒羅輩第二書
15	テモテへの手紙一	福保禄使徒與氐末陡第一書
16	テモテへの手紙二	福保禄使徒與氐末陡第二書
17	テトスへの手紙	福保禄使徒與的多書
18	フィレモンへの手紙	福保禄使徒與斐肋莫書
19	ヘブライ人への手紙	福保禄使徒與赫伯輩書
20	ヤコブの手紙	（なし）
21	ペトロの手紙一	（なし）
22	ペトロの手紙二	（なし）
23	ヨハネの手紙一	（なし）
24	ヨハネの手紙二	（なし）
25	ヨハネの手紙三	（なし）
26	ユダの手紙	（なし）
27	ヨハネの黙示録	（なし）

神天聖書	聖経	BC訳
聖馬竇傳福音書卷一	使徒馬竇傳福音書	馬太傳福音書
聖馬耳可傳福音書卷二	馬耳可傳福音書	馬可傳福音書
聖路加傳福音書卷三	聖路加傳福音之書	路加傳福音書
聖若翰傳福音之書卷四	若翰傳福音之書	約翰傳福音書
使徒行傳卷五	使徒行傳	使徒行傳
聖保羅使徒與羅馬輩書卷六	使徒保羅與羅馬輩書	達羅馬人書
聖保羅與可林多輩第一書	使徒保羅與可林多輩書	達哥林多人前書
聖保羅使徒與可林多輩第二書	使徒保羅與可林多輩第二書	達哥林多人後書
聖保羅與厄拉氐亜輩書卷七	使徒保羅與厄拉氐亞輩書	達加拉太人書
聖保羅使徒與以弗所輩書	使徒保羅與以弗所輩書	達以弗所人書
聖保羅使徒與腓利比輩書	使徒保羅與腓利比輩書	達腓立比人書
聖保羅使徒與可羅所書	使徒保羅與可羅所輩書	達哥羅西人書
聖保羅使徒與弟撒羅尼亜輩書	使徒保羅與弟撒羅尼亞輩書	達帖撒羅尼迦人前書
聖保羅使徒與弟撒羅尼亜輩第二書	使徒保羅與弟撒羅尼亞輩第二書	達帖撒羅尼迦人後書
聖保羅使徒與弟摩氐第一書	使徒保羅與弟摩氐第一書	達提摩太前書
聖保羅使徒與弟摩氐第二書	使徒保羅與弟摩氐第二書	達提摩太後書
聖保羅使徒與弟多書	使徒保羅與弟多書	達提多書
聖保羅使徒與腓利們書	使徒保羅與腓利們書	達腓利門書
聖保羅與希比留輩書卷八	使徒保羅與希百耳輩書	達希百來人書
者米士或稱牙可百之公書	者米士即牙可百之公書	雅各書
聖彼多羅之第一公書	使徒彼多羅之第一公書	彼得前書
聖彼多羅之第二公書	使徒彼多羅之第二公書	彼得後書
聖若翰之第一公書	使徒若翰之第一公書	約翰第一書
聖若翰之第二書	使徒若翰之第二書	約翰第二書
聖若翰之第三書	使徒若翰之第三書	約翰第三書
聖如大或稱如大士之公書	使徒如大之公書	猶大書
聖若翰現示之書	使徒若翰顯示之書	約翰默示錄

聖書名称対照表（旧約）

	新共同訳	四史攸編
1	創世記	（なし）
2	出エジプト記	（なし）
3	レビ記	（なし）
4	民数記	（なし）
5	申命記	（なし）
6	ヨシュア記	（なし）
7	士師記	（なし）
8	ルツ記	（なし）
9	サムエル記上	（なし）
10	サムエル記下	（なし）
11	列王記上	（なし）
12	列王記下	（なし）
13	歴代誌上	（なし）
14	歴代誌下	（なし）
15	エズラ記	（なし）
16	ネヘミヤ記	（なし）
17	エステル記	（なし）
18	ヨブ記	（なし）
19	詩編	（なし）
20	箴言	（なし）
21	コヘレトの言葉	（なし）
22	雅歌	（なし）
23	イザヤ書	（なし）
24	エレミヤ書	（なし）
25	哀歌	（なし）
26	エゼキエル書	（なし）
27	ダニエル書	（なし）
28	ホセア書	（なし）

神天聖書	聖経	BC訳
創世歷代傳	神造萬物書	創世記
出以至比多地傳	出以至百多書	出埃及記
利未氏古傳	論利未輩之書	利未記
算民數傳	數以色耳勒子輩之書	民數紀略
復講法律傳	摩西復示律書	復傳律例書
若書亞傳	若書亞之書	約書亞記
審司書傳	列審司之書	士師記
路得氏傳	路得之書	路得氏記
撒母以勒上卷	撒母以勒之第一書	撒母耳前書
撒母以勒下卷	撒母以勒之第二書	撒母耳後書
列王傳上卷	王輩之第一書	列王紀略上
列王傳下卷	王輩之第二書	列王紀略下
歷代史紀上卷	列史官之第一書	歷代志略上
歷代史紀下卷	列史官之第二書	歷代志略下
以士拉傳	依沙耳亞	以士喇
尼希米亞傳	尼希米亞之書	尼希米記
以士得耳傳	依士得耳之書	以士帖記
若百書傳	若百書	約百紀
神詩書傳	大五得詩	詩篇
諺語書傳	所羅們之俗語	箴言
宣道書傳	宣道者書	傳道之書
所羅門之歌傳	所羅們之詩歌	雅歌
以賽亞書傳	先知以賽亞之書	以賽亞書
耶利米亞傳	預知者耶利未亞之書 （先知者）	耶利米記
耶利米亞悲歎書傳	先知者耶利未亞之哀詞	哀歌
依西其理書傳	預知者以西基路之書	以西結書
但依理書傳	先知者但依勒之書	但以理書
何西亞書	預知者賀西亞之書	何西書

	新共同訳	四史攸編
29	ヨエル書	(なし)
30	アモス書	(なし)
31	オバデヤ書	(なし)
32	ヨナ書	(なし)
33	ミカ書	(なし)
34	ナホム書	(なし)
35	ハバクク書	(なし)
36	ゼファニヤ書	(なし)
37	ハガイ書	(なし)
38	ゼカリヤ書	(なし)
39	マラキ書	(なし)

神天聖書	聖経	BC訳
若以利書	先知者若以利之書	約耳書
亞摩士書	預知者亞摩士之書	亞麼士書
阿巴氏亞書	先知者俄罷氏亞之書	阿巴底書
若拿書	預知者拿若之書（若拿）	約拿書
米加書	先知者米加之書	米迦書
拿戶馬書	預知者那孚模之書	拿翁書
夏巴古書	先知者夏巴革之書	哈巴谷書
洗法尼亞書	預知者西法尼亞之書	西番雅書
夏哀書	先知者夏佳之書	哈基書
洗革利亞書	預知者西加利亞之書	撒加利亞書
馬拉其書	先知者馬拉記之書	馬拉基書

あとがき

本書は2006年に関西大学大学院文学研究科に提出した同名の博士学位論文と，関連するテーマで国内外のシンポジウムや研究誌に発表した論文をまとめたものです。本書では，近代西洋人キリスト教宣教師による中国語訳聖書と関連する文献を資料として，「外国人である近代の西洋人が，外国語としての中国語と，外国文化としての中国文化をどのように学んだのか」を明らかにしようとしたものです。なお，本書は愛知大学の2012年度出版助成を受けて出版することができました。

私が中国語と中国に興味をもったそもそものきっかけは，1985年，中学一年生のときに知り合いに誘われてユネスコ主催の訪中団に偶々参加したことだったと思います。その後，関西大学に入学して最初に受けた中国語の授業が，日下恒夫先生の担当でした。日下先生の授業で中国語に惹かれ，学部では一年余り瀋陽の遼寧大学に留学することも出来ました。中国での生活を通して中国語とそれを話す中国の人々に益々興味を持つようになりました。大学院に進学後，これは後述する恩師の考え方から学んだこととも通じますが，現在まで「中国人はものごとをどんなふうにとらえて，中国語でどんなふうに表現するのか」ということを考えてきました。

本書をこうして出版できるまで，多くの方に教わり，助けられてきましたが，とくに幾人かの先生のお名前を挙げさせて頂きたいと思います。

先ず，愛知大学の荒川清秀先生は，ドイツでの初対面からしてそうだったのですが，私が愛知大学に奉職してからも，年齢差も関係なく，一同僚として気さくにお付合い下さり，様々な話題でお喋りする機会がありました。学問的なことから，一見下世話なものまで，幅広いテーマに常に知的好奇心を持ち続けている先生の姿勢からは，常に多くのことを学ばせてもらっています。また，関西大学の沈国威先生には，数多くの国内外のシンポジウムや論文集への発表の機会を紹介して頂きました。

そして，二人の恩師，内田慶市先生と故尾崎實先生のお名前を挙げねばなりません。両先生に学ぶことが出来たのは私にとって本当に幸せなことでした。内田先生は，学問に取り組むご自身の姿を見せて学ばせる，そして「方法論は自分でみつけるもの」というのが持論で，「手取り足取り」教えられたことはありません。しかし，先生からは，「あれもこれも大事」と考える懐の深さ，資料を探す「執念深さ」，立ち位置のゆるがない確かさ，常にさらに次を研究しようとする姿勢，等々いちばん大切な心構えを学んだように思います。また，先生の在外研究中にヒースロー空港で現地集合して，イギリス，フランス，ベルギー，ドイツで大学や図書館を回ったことも，西洋資料を扱った研究を始める一つのきっかけにもなりました。

尾崎先生はよく「中国人は『あるものごと』をこんなふうにとらえているから，中国語でこんなふうに表現する」というようなことを仰り，広い視野で中国語というものを捉えようという姿勢を示して下さいました。先生との思い出は，以前に『或問』第6号に記しましたが，とくに，尾崎先生が人一倍の蓄積の上にさらに，よくこう仰っていたことが現在に至るまで，私の姿勢の基本になっています。

> 研究者として，1つのテーマを深く追究することは大切です。しかし同時に，散漫になってしまう危険があるにしても，いろんなことに興味を持たないといけません。そして，それは自分で専門に決めた研究にだけ留まっていてはいけないということです。他所の学問を見なさい。そして，お芝居も観なさい，音楽も聴きなさい，絵も観なさい，旅もしなさい，本も読みなさい。いろんな芸術に親しんで，感性を磨かんといかんのです。こういうものは研究と矛盾するものではないのです。研究には，感性が必要なのです。「間」が大事なのです。「間」はお芝居でも，研究でも，ありとあらゆるものに共通します。年をとって気づいたときにはもう感性は磨けませんし，「間」は身につきません。もう遅いのです。これができるのは若いうちです。いろんなものをみなさい。ききなさい。

不惑という自身の年齢からすると,「若いうち」には手遅れの感は否めませんが, それでも常に気持ちだけはこうありたいと思う, かけがえのない恩師の言葉です。遅ればせながら, 十年越しでようやく最初の小さな一歩を踏み出せました。

本書の出版に際しては, 白帝社編集長の佐藤多賀子さんには, 何から何まで本当にお世話になりました。ここに記して感謝する次第です。

2013 年 2 月

塩山正純

事項・人名・書名・語彙索引

本文中に現れる主な事項，人名，書名，語彙を五十音順に収める。
英語と欧文及び中国語などはそれぞれ別にアルファベット順に配列した。

中国語索引

同	184・275・344・345・347・353	以	161
吐吶吧嘚	192	伊	244
[W]		已	176
		矣	170・256
往于	162	伊等	244
往于(於)	246	議會	296
位	375・382・386	由	289
尾	373	於	161・244
文	369	于	161・244
我	306	與	184・275・345・346・348・352・355
吾	306	原告	296
"吾"と"我"の使い分け	306	願意	290
無	183・260・273	[Z]	
無拘	276	哉	176
[X]		在	289
曉得	178	則	170・177・257
[Y]		者	168・253
		着	288
啞呵嘩	192	這	174・287
啞唧	191	隻	371・376・383・388
焉	176	之	158・172・241・259
也	168・252	子	271・288
耶何瓦	192	自	289
業已	402	座	373・379

著　者

塩山正純（しおやままさずみ）

1972 年 3 月和歌山県生まれ。
関西大学大学院文学研究科修了，博士（文学）。
専攻：中国語学，近代西洋人による中国語研究史。
現在，愛知大学国際コミュニケーション学部准教授。

初期中国語訳聖書の系譜に関する研究

2013 年 2 月 14 日　印刷
2013 年 2 月 20 日　発行

著　者　塩山正純
発行者　佐藤康夫
発行所　白　帝　社

〒171-0014　東京都豊島区池袋2-65-1
TEL 03-3986-3271　FAX 03-3986-3272
info@hakuteisha.co.jp　http://www.hakuteisha.co.jp/

組版・印刷　倉敷印刷㈱　　製本　カナメブックス

 Printed in Japan 6914　ISBN 978-4-86398-120-1